BÖHLAU=STUDIEN=BÜCHER
GRUNDLAGEN DES STUDIUMS

RÖMISCHE RECHTSGESCHICHTE

WOLFGANG KUNKEL

RÖMISCHE RECHTSGESCHICHTE

Eine Einführung

12., unveränderte Auflage

1990
BÖHLAU VERLAG KÖLN WIEN

CIP-Titelaufnahme der Deutschen Bibliothek

Kunkel, Wolfgang:
Römische Rechtsgeschichte : eine Einführung / Wolfgang Kunkel. - 12., unveränd. Aufl. - Köln ; Wien : Böhlau, 1990
(Böhlau-Studien-Bücher : Grundlagen des Studiums)
ISBN 3-412-20189-8

Druck und buchbinderische Verarbeitung:
Hans Richarz Publikations-Service, St. Augustin

Printed in Germany
ISBN 3-412-20189-8

CONSORTI · VITAE · SOCIAEQVE · LABORIS

VORWORT ZUR SECHSTEN AUFLAGE

Diese Einführung in die Geschichte des römischen Rechts ist in den ersten Nachkriegsjahren entstanden, als es galt, den damals herrschenden totalen Mangel an Studienbehelfen schnell zu beheben. 1948 von einem unbekannten Verleger in sehr bescheidener Ausstattung herausgebracht, wäre das Büchlein eine ephemere Erscheinung jener Notzeit geblieben, hätte nicht der Böhlau-Verlag sich seiner angenommen, seine äußere Gestalt von Auflage zu Auflage verbessert und meinen Änderungs- und Ergänzungswünschen stets verständnisvoll Rechnung getragen.

Äußerste Knappheit der Darstellung war zur Zeit der Entstehung des Buches eine Notwendigkeit. Ich mußte mich darum in der Stoffauswahl auf das Wesentlichste beschränken und doch zugleich bemüht sein, trotz aller Kürze Anschaulichkeit und ein gewisses Maß wissenschaftlichen Tiefgangs zu erreichen. Daß mir dies einigermaßen gelungen ist, darf ich vielleicht aus dem Erfolg des kleinen Werks schließen. Es hat sich, in den späteren Auflagen etwas abgerundet, neben den inzwischen erschienenen, zum Teil ausführlicheren Darstellungen behaupten können und in niederländischer, spanischer und englischer Übersetzung auch im Ausland Verbreitung gefunden.

Wie bei den voraufgehenden Bearbeitungen habe ich auch diesmal zahlreiche Veränderungen vorgenommen. Viele von ihnen betreffen nur die Ausdrucksweise und erklären sich zumeist aus dem Wunsch nach Präzisierung oder dem wachsenden Widerwillen des Autors gegen Pomp und Übertreibung. Andere sollen neuen Einsichten, fremden und eigenen, Raum geben. Ganz neugefaßt wurden die zweite Hälfte des Abschnitts über die Provinzialverwaltung der späten Republik (§ 312), die Behandlung der Rechtswissenschaft in republikanischer Zeit, die mir in ihrer bisherigen Gestalt besonders hinsichtlich des griechischen Einflusses zu pauschal und zu enthusiastisch erschien (§ 7 I u. II) sowie die Ausführungen über die Herstellung der Digesten, wo die meiner Meinung nach durchschlagenden Ergebnisse jüngster Forschung zu berücksichtigen waren (§ 11 III 1). Auch die Bemerkungen zur Interpolationskritik (§ 11 III 2) wurden etwas umgestaltet; doch gab hier die Diskussion der letzten Jahre nur Anlaß zu Nuancierungen.

Der Anhang ‚Quellen und Schrifttum' wurde ergänzt und an einigen Punkten neu gefaßt. Ich bin mir darüber im Klaren, daß der einstmals frohgemut unternommene Versuch, auf wenigen Seiten in lesbarer Form einen Überblick über die Quellen unseres Wissens und eine Vorstellung von der Entwicklung der Forschung und dem Wert wichtiger Forschungsbeiträge zu vermitteln, nur in bescheidenen Grenzen gelingen konnte. Trotzdem ziehe ich das Ergebnis dieser meiner Bemühungen auch heute noch einer bloßen bibliographischen Liste vor. Darum war ich wiederum bestrebt, den Stil dieses Abschnitts so gut wie möglich zu erhalten. Die dafür unerläßliche strenge Auswahl des anzuführenden Schrifttums wird freilich durch das stetige Anwachsen der einschlägigen Literatur immer schwerer. Hoffentlich habe ich bei dieser Auswahl nicht allzu oft aus falscher Einschätzung oder Unkenntnis fehlgegriffen.

München, im Juli 1971 Wolfgang Kunkel

Zur 7. Auflage:
Die bald nach dem Erscheinen der 6. Auflage notwendig gewordene 7. Auflage bot Gelegenheit zur Berichtigung einiger zum Teil sinnentstellender Druckfehler.

INHALT

ERSTER ABSCHNITT

DIE FRÜHZEIT

bis zur Mitte des 3. Jahrhunderts v. Chr.

ZWEITER ABSCHNITT

DAS RECHT DER RÖMISCHEN GROSSMACHT UND DES WELTREICHS

von der Mitte des 3. Jahrhunderts v. Chr. bis zur Mitte des 3. Jahrhunderts n. Chr.

DRITTER ABSCHNITT

DAS RECHT DER RÖMISCHEN SPÄTZEIT

ERSTER ABSCHNITT

DIE FRÜHZEIT
bis zur Mitte des 3. Jahrhunderts v. Chr.

§ 1. *Der Stadtstaat der Frühzeit als Ausgangspunkt der römischen Rechtsentwicklung*

I. Gebiet und Volkstum. Die Geschichte des römischen Weltrechts beginnt in einem Gemeinwesen, dessen Verhältnisse wir uns kaum bescheiden genug vorstellen können. Der römische Staat der Frühzeit gehört zu den zahlreichen Stadtstaaten des Altertums, deren Mittelpunkt eine einzige befestigte Stadtsiedlung bildete, der Schauplatz des wirtschaftlichen Verkehrs und des gesamten politischen Lebens; ringsherum breitete sich die Feldmark, auf der nur Einzelgehöfte oder offene Weiler standen. Wie groß, oder vielmehr wie klein die römische Feldmark, das „Staatsgebiet" der römischen Gemeinde, in grauer Vorzeit einmal gewesen ist, lehrt uns ein Flurumgang *(ambarvalia)* mit Opfern an verschiedenen einstmaligen Grenzpunkten, der noch bis in die christliche Zeit alljährlich im Mai stattfand: Er umschließt einen Bezirk, der sich nach allen Richtungen hin bequem in drei Stunden durchwandern läßt, noch nicht die Hälfte des Raumes, den das ehemalige Ländchen Schaumburg-Lippe, heute ein kleiner Landkreis, einnimmt. Wenn vor dem Kriege in dem dicht besiedelten Schaumburg-Lippe gegen 50 000 Menschen lebten, so werden unter den wirtschaftlichen Verhältnissen der römischen Frühzeit kaum 10 000 oder 12 000 auf der gleichen Fläche Nahrung gefunden haben.

In den dunklen ersten Jahrhunderten der römischen Geschichte sind dann Staatsgebiet und Bevölkerung Roms schon beträchtlich gewachsen: Zu Beginn des 4. Jh. v. Chr., als die Stadt bereits eine bedeutende Rolle im politischen Leben Mittelitaliens spielte und ihre Erstürmung durch die Kelten sogar in Griechenland Beachtung fand, besaß Rom etwa 1500 qkm, ungefähr das Zehnfache jenes ältesten Landgebiets, aber immer noch nicht mehr als eine gute Hälfte von Luxemburg (oder ein Zehntel des Regierungsbezirks Oberbayern). Erst im 4. und 3. Jh. v. Chr. ist Rom allmählich zu einem Staatswesen herangewachsen, das auch nach heutigen Begriffen groß genannt werden darf und schließlich ganz Italien beherrschte. Die Entwicklung zum Großstaat bedeutet aber zugleich einen entscheidenden Einschnitt in der Geschichte des römischen Rechts; denn sie brachte grundlegende Veränderungen der wirtschaftlichen und sozialen Verhältnisse, die der Rechtsordnung ganz neue Aufgaben stellten.

Die Bevölkerung Roms war, jedenfalls in ihrem Kern, latinischen Stammes. Mit den übrigen latinischen Gemeinden, seinen Nachbarn im Osten und Süden, verbanden Rom die gemeinsame Sprache, eine gleichartige Kultur, auch auf dem Gebiete des Rechts, und der uralte Stammeskult des Jupiter Latiaris, der auf dem Albanerberg, drei Stunden südöstlich von Rom, seinen Sitz hatte. Die Sprache der Latiner, das Latein, das durch den politischen Aufstieg Roms zur Weltsprache erwachsen sollte, zählt zur „indogermanischen" Sprachenfamilie, ist also dem Griechischen, dem Keltischen, dem Germanischen und den indoiranischen Sprachen urverwandt. Unter ihnen steht es dem Keltischen wohl am nächsten, während die Sprache der im Nordosten, Osten und Südosten an die Latiner angrenzenden umbrosabellischen und samnitischen Stämme eine engere Beziehung zum Griechischen aufweist. Gleich diesen Nachbarvölkern müssen auch die Latiner in vorgeschichtlicher Zeit, wahrscheinlich in der letzten Hälfte des zweiten vorchristlichen Jahrtausends, in Italien eingewandert sein. Woher und auf welchem Wege, ist umstritten. Bodenfunde scheinen dafür zu sprechen, daß die Vorfahren der Latiner einmal im südungarisch-serbischen Donaugebiet ansässig gewesen sind. Vermutlich haben sie schon auf ihrer Wanderung und dann auch in Italien andere Bevölkerungselemente und fremde Kultureinflüsse aufgenommen. Jedenfalls weist bereits die älteste für uns noch erkennbare Gestalt der latinisch-römischen Kultur Wesenszüge auf, die als »mittelmeerisch" (mediterran), z. T. wohl auch als spezifisch italisch angesehen werden müssen[1]).

Deutlicher erkennbar nach Art und Ausmaß werden die fremden Kultureinflüsse im Zeitalter der römischen Frühgeschichte, d. h. vom 6. Jahrhundert v. Chr. an. Sie gingen nunmehr in der Hauptsache von zwei kulturell überlegenen Nationen aus, den Etruskern und den Griechen.

Die nördlich unmittelbar an das römische Stadtgebiet angrenzenden Etrusker, ein in zahlreiche Stadtstaaten gegliedertes Volk mit nichtindogermanischer Sprache, dessen kulturbestimmende Oberschicht vielleicht aus dem nordwestlichen Kleinasien zugewandert war, beeinflußten zur Zeit ihrer größten Machtentfaltung (im 6. Jahrhundert v. Chr.) fast ganz Italien auf eine mehr oder weniger nachhaltige Weise. Ihre Kunst, deren Überreste die archäologische Forschung in reicher Fülle ans Licht gebracht hat, folgt in formaler Hinsicht griechischen Vorbildern, wandelt diese aber auf eine sehr charakteristische Weise ab. In ähnlicher Art haben die Etrusker offenbar auch auf anderen Kulturgebieten, insbesondere auf dem der Religion, griechische Anregungen verarbeitet. Rom stand vor allem in der zweiten Hälfte des 6. Jahrhunderts unter intensiver Einwirkung seiner etruskischen Nachbarn, die damals auch im Süden von Latium an der kampanischen Küste Fuß gefaßt hatten. Das römische Königsgeschlecht der Tarquinii war zweifellos etruskischer Abkunft, und eine Reihe von römischen Adelsfamilien, die noch im Zeitalter der Republik blühten, trägt etruskische Namen. Auf kulturellem Gebiete ist der etruskische Einfluß hauptsächlich im römischen Religionswesen faßbar. Insbesondere ist der Kult der kapito-

[1]) Diese Erkenntnis läßt die von der älteren Forschung vielfach unternommenen Versuche, die Anfänge der römischen Sozial- und Rechtsordnung von den Verhältnissen anderer indogermanischer Völker, vor allem der Germanen, aus zu verstehen, fragwürdig erscheinen.

linischen Götterdreiheit (Jupiter, Juno, Minerva) von etruskischen Städten entlehnt, der im Jahre 509 v. Chr. geweihte Jupitertempel auf dem Kapitol samt dem darin aufgestellten hölzernen Bilde des Gottes nach verläßlicher Überlieferung von etruskischen Künstlern geschaffen worden, wie denn überhaupt der ursprünglich bildlose Götterkult der Römer unter dem etruskischen Einfluß eine tiefgreifende Wandlung erfahren hat. Von Etrurien kam auch die Sitte nach Rom, aus den Eingeweiden der Opfertiere den Ausgang politischer und militärischer Unternehmungen vorauszusagen (während die dem gleichen Zweck dienende Vogelschau wahrscheinlich seit ältesten Zeiten in Rom heimisch war). Auch im Rechte Roms und im besonderen in seiner staatlichen Ordnung hat man etruskisches Gut erkennen wollen; doch bleibt es in diesem Bereich bei mehr oder weniger ungewissen Vermutungen, weil wir die entsprechenden Institutionen der Etrusker selbst nicht zuverlässig kennen. Als gesichert darf nur die Entlehnung gewisser Symbole der römischen Amtsgewalt gelten (s. u. S. 23).

Inhaltlich besser zu überblicken ist der griechische Einfluß auf Rom, wenn auch über den Weg, den er genommen hat, keine volle Klarheit besteht. Noch zu Beginn unseres Jahrhunderts rechnete die Forschung in weitem Maße mit einer unmittelbaren Einwirkung der griechischen Kultur auf Rom, die man auf die unteritalischen Griechenkolonien, namentlich auf das mächtige Cumae in Kampanien zurückführte. Heute dagegen neigt man überwiegend dazu, wenigstens für die früheste Zeit den Etruskern die Vermittlerrolle zuzuschreiben. So führt man die Schrift der Römer, das lateinische Alphabet, auf das etruskische zurück, das seinerseits wieder von den Griechen entlehnt war. Auch die griechischen Götter, die in alter Zeit, z. T. wohl schon im 6. Jahrhundert v. Chr., in Rom heimisch geworden sind – Apollo, Hermes-Merkur, Athena-Minerva, Artemis-Diana – werden wohl von den Etruskern nach Rom gebracht worden sein. Aber trotz der Brechung durch das halbbarbarische Medium der etruskischen Zivilisation sind es doch Strahlungen griechischen Geistes, die Rom schon in der Frühzeit seiner Geschichte erreicht haben. Auf dem Gebiete des Rechts, wo der griechische Einfluß um die Mitte des 5. Jh, in der Zwölftafelgesetzgebung spürbar wird, in einzelnen Punkten aber auch älter sein könnte, läßt sich etruskische Vermittlung schon darum nicht nachweisen, weil wir keine Vorstellung vom etruskischen Rechtsleben haben.

Bei allen diesen fremden Einflüssen handelt es sich indessen mehr oder weniger um die Aufnahme einzelner Kulturelemente, die mit der Kraft eines jugendlichen Volkstums erfaßt und in eigene Denkformen und Institutionen umgeprägt wurden. Erst sehr viel später hat Rom eine tiefer greifende, das ganze geistige und materielle Leben durchdringende Hellenisierung erfahren.

II. Wirtschaftliche und soziale Verhältnisse. Das Rom der Frühzeit war eine Bauerngemeinde. Zwar mag die günstige Lage der Stadt am schiffbaren Tiber, der hier überdies leicht zu überbrücken war, und an der uralten „Salzstraße" (*via salaria*) ins Sabinerland die Entwicklung von Handel und Gewerbe frühzeitig belebt haben. Das politische und wirtschaftliche Schwergewicht ruhte jedoch während der ganzen Frühzeit und lange darüber hinaus beim Grundbesitz, und zwar zunächst ausschließlich bei einer verhältnismäßig kleinen Zahl von Adelsgeschlechtern (*patricii*), die den größten Teil des römischen Bodens besaßen und als Reiter *(equites)*, den Kern des römischen Heeres bildeten. Ein gewaltiger sozialer Abstand schied sie von der Masse des Volkes (*plebs*): nach dem Zwölftafelgesetz war eine Ehe zwischen Patriziern und Plebejern nicht möglich (was dann freilich der Überlieferung nach schon im Jahre 445 v. Chr. durch eine *lex Canuleia* geändert wurde); von den Staatsämtern waren Plebejer bis zu den Standeskämpfen des 5. und 4. Jh. (s. u. S. 29 ff.), von manchen Priestertümern zu allen Zeiten ausgeschlossen. Ein beträchtlicher Teil der Plebs scheint ursprünglich aus abhängigen Kleinbauern bestanden zu haben, die auf patrizischem Boden saßen. Denn auch die patrizischen Großbesitzer waren Bauern, nicht Gutsherren im Sinne einer modernen Latifundienwirtschaft. Sie betrieben ihre Wirtschaft mit ihren Söhnen und wenigen Sklaven und konnten darum nur einen Bruchteil ihres Besitzes selber nutzen. Den Rest gaben sie als Leihgut (*precarium*) an landlose oder landarme Plebejer, die damit in den Kreis ihrer Schutzbefohlenen (*clientes*) eintraten und ihnen im Kriege und in der Politik Gefolgschaft leisten mußten. Dafür schuldete der patrizische Herr dem Klienten Schutz und Hilfe in allen Nöten. Wie streng diese Pflicht des Schutzherrn (*patronus*) genommen wurde, zeigt ein Satz der Zwölftafeln (VIII 21; s. u. S. 31 ff.), der den Patron ächtete, wenn er einen Klienten im Stiche ließ.

Es scheint, daß diese älteste Form der Klientel früh verschwunden ist, vermutlich im Zusammenhang mit dem wirtschaftlichen und politischen Aufstieg der Plebs, der schon im 5. Jh. v. Chr. begann (s. u. S. 17). Aber Schutz- und Treueverhältnisse von sehr ähnlicher Natur bestanden auch späterhin und blieben allezeit ein charakteristischer Zug des römischen Lebens. Sie beeinflußten die politische Entwicklung Roms in solchem Maße, daß die römische Staatsordnung in ihrem Wesen und in ihrer praktischen Funktion ohne die Kenntnis dieser sozialen Erscheinungen nicht verstanden werden kann. Noch die politischen Kämpfe im Zeitalter Ciceros und Caesars standen in ihrem Zeichen, und Augustus gründete seine Machtstellung unter anderem auch auf den altrömischen Gefolgschaftsgedanken. Am Ausgang der römischen Geschichte aber finden wir in dem Verhältnis zwischen Grundherrn und halbfreiem Pächter (*colonus*; s. u. S. 126) fast die gleiche Gestaltung des Klientenverhältnisses wieder wie in der Frühezit.

Der patrizische Adel (und vielleicht nur er) gliederte sich nach Geschlechtern (*gentes*). Ein gemeinsamer Name *(nomen gentile*, z. B. *Fabius, Cornelius, Julius)* und gemeinsame Kulte verbanden die Geschlechtsgenossen, solange es in Rom überhaupt noch Abkömmlinge des alten Patriziats gab; ein Erb- und Vormundschaftsrecht der Gentilen existierte bis in die Spätzeit der Republik. Zweifellos sind dies nur Überreste einer sehr viel größeren Bedeutung des Geschlechtsverbands in der Frühzeit. Nach gewissen Anzeichen scheint es möglich, daß der patrizische Grundbesitz einmal im Kollektiveigentum der Geschlechter gestanden hat. In jedem Falle aber bildeten die Geschlechtsverbände mit ihrer

Gefolgschaft von Klienten Einheiten von großer Geschlossenheit und Stärke, ein mächtiges, mitunter übermächtiges Element innerhalb und neben der erst allmählich erstarkenden staatlichen Ordnung[2]). Es scheint vorgekommen zu sein, daß ein einzelnes Geschlecht auf eigene Faust Fehden gegen die Nachbarn Roms unternahm (vgl. die Erzählung vom Untergang der Fabier im Kampf gegen Veii bei Livius 2, 50), und noch im 4. Jh. beobachtet man, wie bestimmte mächtige Adelsgeschlechter mit ihrem Anhang durch Generationen in den Magistratslisten wiederkehren.

Die absolute Herrschaft des patrizischen Adels war gesichert, solange die aus seinen Reihen rekrutierte Reiterei die eigentliche Kampftruppe des römischen Aufgebots blieb. Dies änderte sich mit der Einführung der sog. Hoplitentaktik, die sich von Griechenland her auch über Italien verbreitete und nach den Feststellungen der archäologischen Forschung schon gegen Ende des 6. Jh. in Rom Eingang fand. Das schwer gerüstete Fußvolk bildete nun den Kern der Streitmacht. Es bestand aus den Wohlhabenderen unter den plebejischen Bauern. Sie, die vorher im Felde wenig mehr bedeutet hatten als einen ungeordneten Haufen von Troßknechten, wurden damit zum Hauptträger der Lasten und der Erfolge des Kriegs. Ähnlich wie einige Menschenalter zuvor in vielen griechischen Gemeinwesen knüpfte sich auch in Rom an diese militärische Umwälzung eine Veränderung der politischen Zustände: die Plebs begann den Kampf um die Gleichberechtigung mit den patrizischen Geschlechtern. Dieser Kampf, der sich etwa ein Jahrhundert lang hinzog, endete jedoch nur dem Namen nach mit einer gewissen Demokratisierung des römischen Gemeinwesens. In Wahrheit blieb der aristokratische Charakter der Staatsführung ungebrochen. Nur teilten sich jetzt eine Anzahl von Plebejerfamilien, die im Laufe der Zeit zu Reichtum und politischem Ansehen aufgestiegen waren, mit den patrizischen Geschlechtern in die politische Macht[3]).

Die Sklaverei spielte in der bäuerlichen Gesellschaft der römischen Frühzeit eine verhältnismäßig geringe Rolle, nicht vergleichbar mit den Zuständen der späteren Republik und der Kaiserzeit; der unfreie Knecht aß mit seinem Herrn am gleichen Tisch das gleiche Brot und war mit dem halben Wergeld eines Freien gegen Personalverletzung geschützt (XII Taf. VIII 3); freigelassen, blieb er seinem ehemaligen Herrn treupflichtig, ähnlich wie ein Klient, und erwarb wohl noch nicht, wie später, das Bürgerrecht. Wie der freigelassene Knecht, so

---

[2]) Eine verbreitete, vor allem von dem italienischen Rechtshistoriker Pietro Bonfante entwickelte Lehre sieht in den *gentes* eine politische Organisationsform, die älter ist als der Staat. Sie läßt den Stadtstaat Rom aus einer Föderation von *gentes* entstehen. Eine Auseinandersetzung mit dieser Theorie ist hier nicht möglich. Sie liegt in jedem Falle jenseits des im strengen Sinne historisch Beweisbaren.

[3]) Manche der vornehmen plebejischen Familien gehen übrigens auf Adelsgeschlechter benachbarter Gemeinden zurück, die in enge Beziehungen zum römischen Adel getreten und schließlich nach Rom übergesiedelt sind.

war auch der Fremde in Rom grundsätzlich rechtlos[4]) und bedurfte des Schutzes eines einflußreichen Bürgers, es sei denn, daß er zu den stammverwandten Latinern oder einer anderen Gemeinde gehörte, der das *commercium*, d. h. die Gleichstellung mit den Bürgern im privaten Rechtsverkehr besonders zugestanden war.

Obwohl die hauswirtschaftliche Eigenerzeugung sicherlich die Regel bildete, ist doch der Umsatz von Waren gegen Geld ein sehr alter Bestandteil des italischen Wirtschaftslebens. Daß Vieh einmal Tauschmittel war, verrät noch die Bezeichnung des Geldes als *pecunia* (von *pecus)*, und die an die Gemeinde zu zahlenden Geldbußen wurden noch zur Zwölftafelzeit nach Schafen und Rindern bemessen. Doch begegnet schon seit etwa 1000 v. Chr. im italischen Bereich auch das Kupfer *(aes)* als Zahlungsmittel. Es wurde späterhin mit einer Marke als Zeichen der Reinheit versehen, in Rom aber erst vom 3. Jh. an zu plumpen, pfundschweren Münzen *(as librale)* geprägt oder vielmehr gegossen. Fremde (insbes. griechische) Münzen sind vielleicht schon geraume Zeit vorher in Umlauf gewesen.

III. Der Staat. 1. Den Begriff des Staates haben die Römer niemals im gleichen Maße entpersönlicht, wie wir es heute tun. Für sie war der Staat nicht eine abstrakte Macht, die dem Individuum befehlend oder gestattend gegenübertritt, sondern nichts anderes als die Gesamtheit der zugehörigen Individuen, nämlich der Staatsbürger, selbst. Deshalb kannten sie für ihn auch keinen anderen Namen als eben den der Bürgergemeinde: *Populus Romanus* blieb, solange es noch eine republikanische Tradition gab, d. h. bis tief in die Kaiserzeit, die technische Bezeichnung des römischen Gemeinwesens[5]). Allerdings pflegte man in offiziellen Dokumenten neben dem *populus* und vor ihm noch den Senat zu nennen (SPQR = *senatus populusque Romanus)*; hierin spiegelt sich die gewaltige Machtstellung, die der römische Senat in hoch- und spätrepublikanischer Zeit innehatte.

2. Die Volksversammlungen. Die Bürgergemeinde, die dem Staate den Namen gab, war, jedenfalls in republikanischer Zeit, zugleich des-

---

[4]) In den Zwölftafeln (s. S. 31 ff.) heißt der Fremde *hostis*; er wurde also mit demselben Wort bezeichnet, das später nur noch für den Feind gebraucht wurde. Jünger ist die Benennung des Fremden als *peregrinus*, d. h. als den, der über Land *(per agros)* gekommen ist.

[5]) *Res publica (= res populi)* war keine technische Bezeichnung für den Staat als solchen, obwohl der Gebrauch des Wortes bei den Autoren der späten Republik und der Kaiserzeit dem modernen Begriff des Staates nicht selten sehr nahekommt. Von Haus aus bezeichnet es die Angelegenheiten (oder auch das Vermögen) des *populus*, also des Staates. „Republik" im heutigen Sinne bedeutet es nur, wo es bei kaiserzeitlichen Schriftstellern in Gegensatz zur Herrschaft der Kaiser gesetzt wird; meist ist dann aber von *libera res publica* die Rede. Vgl. hierzu W. Suerbaum. Vom antiken zum frühmittelalterl. Staatsbegr. (1961), bes. 1 ff.

sen oberstes Organ. In ihrer Versammlung (*comitia*, von *com-ire*, zusammenkommen) wurde über Krieg und Frieden entschieden, wurden die Beamten gewählt und Gesetze beschlossen. Stets trat dabei das Volk nicht als ungegliederte Menge, sondern in bestimmte Verbände geordnet in Erscheinung. Die voll ausgebildete republikanische Verfassung kennt drei verschiedene Gliederungsformen der Gesamtgemeinde, die offenbar zu verschiedenen Zeiten entstanden sind und von unterschiedlicher Natur waren.

Nur die altertümlichste von ihnen, die Kurienversammlung, (*c o m i t i a c u r i a t a*), läßt sich mit Sicherheit bis in die Königszeit hinaufdatieren. In ihrer historischen Gestalt stammt sie möglicherweise aus dem 6. Jahrhundert v. Chr., ihre Anfänge reichen aber wahrscheinlich noch sehr viel weiter zurück, wohl bis in die Entstehungszeit des römischen Gemeinwesens. Die Gemeindegenossen gliederten sich in ihr nach Kurien (*curia* vermutlich = *co-viria* „Männerverband"). Diese Kurien, 30 an der Zahl, von denen je 10 ein „Drittel" (eine *tribus*) der Gesamtgemeinde bildeten, waren, ähnlich wie die Phratrien („Bruderschaften") der griechischen Städte, sakrale Verbände mit eigenen Kulten und Kultorganen. In ihnen herrschte der Einfluß der patrizischen Geschlechter. Von vielen Forschern wird sogar angenommen, daß die Plebejer den Kurien überhaupt nicht angehört haben; dies ist jedoch wenig wahrscheinlich, zumal die Kurienordnung anscheinend auch die Grundlage der ältesten römischen Heeresverfassung bildete, von der die Plebejer schwerlich ganz ausgeschlossen waren. Eine jede der drei Tribus stellte anfangs eine, später zwei und mehr Reiterschwadronen, jede Kurie ursprünglich vielleicht eine Hundertschaft (*centuria*) des Fußvolks.

Die *comitia curiata* der republikanischen Zeit hatten im wesentlichen nur sakralrechtliche Funktionen, wie sie denn zumeist auch unter dem Vorsitz des *pontifex maximus*, des Leiters des staatlichen Religionswesens (s. S. 24), zusammentraten[6]). Da die Kurienverfassung damals praktisch nicht mehr existierte, fanden die Kuriatkomitien dieser Zeit ohne wirkliche Beteiligung der Bürger statt. Die Versammlung bestand de facto nur aus 30 Amtsdienern, deren jeder eine der Kurien darstellen mußte. Welches in der Königszeit die Kompetenzen der Kurienversammlung gewesen sind, läßt sich nicht mit einiger Gewißheit sagen. Sie assistierte jedenfalls bei der Inauguration des Königs (s. S. 24) und bei einigen seiner sakralen Ritualhandlungen. Wahrscheinlich lag der Schwerpunkt ihrer Funktionen schon damals im sakralen Bereich. Ob sie jemals spezifisch politische Entscheidungen, z. B. über Krieg und Frieden, zu treffen hatte, erscheint zum mindesten zweifelhaft.

---

[6]) Unter dem Vorsitz eines Konsuls oder Prätors nur dann, wenn dieser nach seiner in den Zenturiatkomitien (s. u. S. 1) erfolgten Wahl die sog. *lex curiata de imperio* einholte, die ihm erst das formelle Recht zur Ausübung seiner Befehlsgewalt (*imperium*, s. S. 25), insbesondere im Felde, verlieh. Wahrscheinlich hatte auch dieser rein formale Akt einen sakralrechtlichen Sinn. Er könnte aus der Mitwirkung der Kurienversammlung bei der Inauguration des Königs (s. im folgenden) erwachsen sein.

Einen im eigentlichen Sinne politischen Charakter hatte dagegen von vornherein die zweite Erscheinungsform der römischen Bürgerversammlung, zu der die Gemeindegenossen nach Hundertschaften *(centuriae)* geordnet antraten. Der militärische Ursprung dieser Versammlung ist offensichtlich. Solange es ein römisches Bürgerheer gab, gliederte sich das Fußvolk in Zenturien, und eine Reihe von kriegerischen Zeremonien, die dieser Form der Volksversammlung stets eigen geblieben sind, bestätigt die Vermutung, daß die *comitia centuriata* von Hause aus nichts anderes waren als das zur Ausübung politischer Funktionen angetretene Hoplitenheer (s. o. S. 17). Ihre Entstehung muß daher in die Zeit bald nach der Einführung der Hoplitentaktik, d. h. in den Ausgang des 6. oder den Beginn des 5. Jh. fallen. Schon die Zwölftafeln scheinen denn auch die Zenturiatkomitien zu kennen (tab. IX 2: *comitiatus maximus*).

In der uns allein näher bekannten Ausgestaltung, der sog. servianischen (weil angeblich vom vorletzten König Servius Tullius eingeführten) Verfassung, hatte die Zenturienordnung freilich ihren ursprünglichen militärischen Charakter verloren und war zu einer bloßen Stimm- und Steuerordnung geworden. Sie schied die Bürger nach ihrem Vermögen in Klassen, deren jede ohne Rücksicht auf ihre Kopfstärke eine feststehende Zahl von Zenturien umfaßte. Dabei war die Gesamtzahl von 193 Zenturien so auf die Klassen verteilt, daß die Wohlhabendsten – die zu Pferde dienenden Ritter und die erste Klasse – mit 98 Zenturien bereits die absolute Mehrheit besaßen[7]). Denn die Stimmen der einzelnen Bürger wurden nur jeweils in den Zenturien gezählt; ihre Mehrheit ergab das Votum der einzelnen Zenturie; die Mehrheit der Zenturien aber entschied den Ausfall der gesamten Abstimmung. Da nun überdies die Zenturien nicht alle gleichzeitig, sondern nach der Reihenfolge der Klassen aufgerufen wurden und die Abstimmung nur solange fortgesetzt wurde, bis ein Mehrheitsvotum erreicht war, kam der unbemittelte Bürger meist gar nicht dazu, sein Stimmrecht wirklich auszuüben. Mit militärischen Rücksichten kann diese Gliederung der Bürgerschaft nichts mehr zu tun haben; sie ist offensichtlich ein Ergebnis politischer Abstimmungsarithmetik, dazu bestimmt, in dieser wichtigsten Form der Volksversammlung das Übergewicht der Besitzenden zu sichern. In den Zenturiatkomitien wurden die höchsten Magistrate (Konsuln, Prätoren und Zensoren) gewählt, auf Antrag der einberufenden Magistrate, in der Regel der Konsuln, Gesetze (*leges*, s. u. S. 38 f.) beschlossen und die formelle Entscheidung über Krieg und Frieden getroffen. Sie waren nach dem oben erwähnten Zwölftafelsatz auch allein zuständig für politische Prozesse, in denen es um den Kopf des angeklagten Bürgers *(de capite civis)* ging.

---

[7]) Bei einer späteren Reform der Zenturienverfassung (deren Zeitpunkt ebenso unklar ist wie ihre Einzelheiten) scheint sich allerdings das Verhältnis etwas zugunsten der unteren Klassen verschoben zu haben.

Anders als die Zenturiatkomitien hatten die *comitia tributa*, die dritte und wahrscheinlich jüngste Form der römischen Bürgerversammlung, offenbar von Anfang an einen durchaus zivilen Charakter. Hier gliederten sich die Bürger nach ihrer Zugehörigkeit zu den Bezirken des römischen Staatsgebietes, die gleich den drei Abteilungen der Bürgerschaft in der Kurienordnung (mit denen sie jedoch nicht erweislich zusammenhängen) *tribus* hießen. Gegen Ausgang des 5. Jh. v. Chr. gab es 20 solcher Bezirke; vier von ihnen, die *tribus urbanae*, lagen im Weichbild der Stadt, die übrigen, großenteils nach patrizischen Geschlechtern benannt, in der nächsten Umgebung Roms *(tribus rusticae)*. Vom Ende des 5. bis zur Mitte des 3. Jh. stieg dann durch Neueinrichtung ländlicher Tribus auf erobertem Boden die Gesamtzahl der Bezirke auf 35. Bei dieser Zahl blieb es, obwohl das römische Staatsgebiet auch später noch anwuchs, bis es schließlich ganz Italien umfaßte (s. u. S. 46). Man schrieb jetzt die Gemeinden, die in den römischen Bürgerverband aufgenommen wurden, ebenso wie die Einzelpersonen, die das Bürgerrecht erhielten, jeweils einer der bereits bestehenden Tribus zu. Dadurch verlor die Tribuseinteilung mehr und mehr ihren räumlichen Bezug und wurde schließlich zu einer rein personalen Gliederung der Bürgerschaft.

In den Tributkomitien bildeten die Angehörigen einer Tribus einen Stimmkörper von ähnlicher Funktion wie die Zenturie in den Zenturiatkomitien: es entschied die Mehrheit der Tribus und nicht die Mehrheit der stimmberechtigten Bürger, und da – wenigstens in der älteren Zeit[8]) – die zahlreichen, aber der Kopfzahl nach schwächeren ländlichen Tribus den bäuerlichen Besitz, die wenigen, aber starken *tribus urbanae* dagegen, die rein städtische, großenteils grundbesitzlose Bürgerbevölkerung enthielten, hatte auch in dieser Form der Volksversammlung, in der die minderen Magistrate gewählt, Gesetze beschlossen und Geldbußen wegen Gesetzesübertretungen verhängt wurden, das konservative Element lange Zeit hindurch ein sicheres Übergewicht. Erst im Laufe des 2. Jh. v. Chr. scheinen die minderbemittelten Bürger in der Tribusversammlung (nicht auch in den Zenturiatkomitien) den überwiegenden Einfluß erlangt zu haben.

In Kurien, Zenturien oder Tribus formierte sich die Bürgerschaft nur zum Zwecke der Abstimmung über die vom vorsitzenden Magistrat eingebrachten Gesetzesanträge *(rogationes)* oder Wahlvorschläge. Mitteilungen des Magistrats und Reden solcher Persönlichkeiten, die der Magistrat einführte, fanden in ungegliederter Versammlung *(contio)* statt. Stets aber trat die Bürgerschaft nur auf Berufung durch einen dafür zuständigen Magistrat zusam-

---

[8]) Schon im Jahre 312 hatte der Zensor Ap. Claudius Caecus die grundbesitzlosen Bürger (die bis dahin außerhalb der Tribus standen) in a l l e damals bestehenden Tribus eintragen lassen (Liv. 9, 46, 10 ff.). Die späteren Zensoren beschränkten sie aber auf die vier städtischen Tribus. Erst durch die sozialen Wandlungen nach den punischen Kriegen und die Aufnahme von Neubürgern veränderte sich die Zusammensetzung der ländlichen Tribus, die aber immer noch angesehener blieben als die städtischen.

men, und sie besaß – anders als z. B. in der attischen Demokratie – keinerlei Initiativrecht; sie konnte lediglich die ihr vorgelegten Anträge annehmen oder verwerfen.

3. Das Bürgerrecht. Von den Gliederungsformen der Bürgergemeinde sind vermutlich die beiden Worte abgeleitet, mit denen man deren Mitglieder, die römischen Bürger, bezeichnete. Das ältere von ihnen, *quiris* (pl. *quirites)*, das auch späterhin in alten Rechtsformularen vorkam und noch zu Ciceros Zeiten als Anrede an die Volksversammlung gebraucht wurde, hat schwerlich, wie die römischen Antiquare meinten, etwas mit der Sabinerstadt Cures und mit der Eingliederung einer sabinischen Volksgruppe in das römische Gemeinwesen zu tun; es bezeichnete vielmehr den Gemeindegenossen als Angehörigen einer Kurie. Das jüngere Wort *civis*, das in mannigfachen Ableitungen in allen Sprachen des westlichen Kulturkreises fortlebt, kommt wohl von *ciere* (aufrufen, in Bewegung setzen) und bezeichnete den Bürger als Mitglied des „Aufgebots", d. h. der Zenturienordnung.

Bürger wurde man durch Geburt in rechter Ehe *(matrimonium iustum)* zwischen Römer und Römerin oder einem Römer und einer Peregrinen, die die „Ehegemeinschaft", das *conubium*, mit römischen Bürgern besaß (s. u. S. 73), durch uneheliche Geburt von einer Römerin, durch Verleihung seitens der Bürgergemeinde oder mit deren Vollmacht seitens eines Magistrats und, zum mindesten seit der hohen Republik, auch durch Freilassung aus dem Sklavenstande. Die Bürger der Rom am engsten verbundenen und auch in anderer Beziehung gegenüber den übrigen Bundesgenossen bevorzugten Latinergemeinden erwarben nach einem alten Grundsatz, der freilich im Laufe der Zeit in verschiedener Weise eingeschränkt und schließlich 95 v. Chr. ganz abgeschafft worden ist, das römische Bürgerrecht durch die bloße Übersiedlung nach Rom. Die Großzügigkeit, mit der Rom – ganz im Gegensatz etwa zu den griechischen Stadtstaaten – von früh an sein Bürgerrecht an Fremde vergab, gehört zu den wesentlichen Ursachen seiner späteren Macht und Größe. Da das römische Bürgerrecht in republikanischer Zeit (schon wegen der sonst möglichen Pflichtenkollision, besonders hinsichtlich des Kriegsdienstes) mit der Zugehörigkeit zu einer anderen Gemeinde nicht vereinbar war, ging es demjenigen, der sich anderswo einbürgern ließ, verloren. Dies galt sowohl für den Siedler in einer von Rom gegründeten Kolonie eigenen (latinischen) Rechts (s. u. S. 43) als auch für den Straffälligen, der sich dem Vollzug der Strafe durch die Flucht in die Verbannung entzog (u. S. 35 f.).

Der römische Bürger trug die Last des Kriegsdienstes im römischen Aufgebot (den Legionen); in älterer Zeit war er auch zu Arbeitsleistungen bei der Errichtung öffentlicher Bauten und beim Straßenbau verpflichtet[9]). Regelmäßige Steuern gab es nicht. Kam die Gemeinde in finanzielle Bedrängnis, so erhob

[9]) Die Bezeichnung dieser Fronpflicht, *munus*, hängt mit *moenia*, die Mauern, zusammen. Die Errichtung und Unterhaltung der Stadtmauern war ohne Zweifel in altrömischer Zeit eine der wichtigsten Gemeinschaftsarbeiten.

sie von den Bürgern eine einmalige Umlage *(tributum)*, die als eine Art Zwangsanleihe zurückgezahlt wurde, wenn die Mittel dazu vorhanden waren. In den verschiedenen Gliederungen der Gemeindeversammlung nahmen die Bürger, wenn auch mit unterschiedlichem Gewicht ihrer Stimmen, an Gesetzgebung und Wahlen teil. Dieses Recht blieb freilich im Zeitalter der hohen Republik Neubürgern in unterworfenen Gebieten vielfach versagt *(civitas sine suffragio*, s. u. S. 42), und Freigelassene waren in seiner Ausübung durch ihre Eingliederung in die städtischen Tribus benachteiligt. Daß in republikanischer Zeit jedem freigeborenen Bürger das passive Wahlrecht, d. h. das Recht zur Bekleidung von Gemeindeämtern (Magistraturen, s. u.) zugestanden habe, ist ebensowenig bezeugt wie das Gegenteil. Die Praxis der Magistratswahlen zeigt aber, daß dieses Recht de facto zu allen Zeiten auf einen mehr oder weniger engen Kreis von wohlhabenden und angesehenen Familien beschränkt war. Wichtiger als die in ihrer realen Bedeutung sehr begrenzte Befugnis zu aktiver Teilnahme an der politischen Willensbildung war für den kleinen Bürger der Schutz vor der Willkür der Mächtigen, insonderheit der Magistrate, der ihnen seit dem Ständekampf (u. S. 29 ff.) durch das Provokationsrecht (u. S. 26) und durch das Hilfeleistungsrecht *(ius auxilii)* der Volkstribune vermittelt wurde. In diesen beiden Institutionen sah man, jedenfalls in spätrepublikanischer Zeit, den eigentlichen Ausdruck römischer Bürgerfreiheit.

4. Das Königtum. An der Spitze des römischen Gemeinwesens stand in ältester Zeit ein König *(rex)*, dem nicht nur die militärische und politische Führung, sondern auch die Vertretung der Gemeinde gegenüber den Göttern oblag. Die politische Machtstellung, die das Königtum unmittelbar vor seinem Sturze (der Überlieferung nach im J. 510 v. Chr.) innegehabt hat, spiegelt sich in den Befugnissen des republikanischen Führeramtes, das an seine Stelle getreten ist. Schon die äußeren Attribute, die der republikanische Magistrat vom König ererbt hat, deuten auf eine erhabene Stellung und eine umfassende Befehlsgewalt: so das Purpurgewand, das der republikanische Beamte nur noch beim Triumph nach siegreichem Feldzug anlegte, das aber vermutlich bei allen feierlichen Gelegenheiten die Tracht des Königs gewesen ist, so die stets zur Exekution bereiten Amtsdiener *(lictores)* mit den Beilen und Rutenbündeln *(fasces)*, die vor dem Gemeindeherrn einherschritten, und der Sitz auf hoher Bühne *(tribunal)* und elfenbeinverziertem „Wagenstuhl" *(sella curulis)* bei Gericht. Die Römer selbst führten diese Kennzeichen der Königsgewalt auf etruskische Vorbilder zurück (vgl. z. B. Liv. 1, 8, 3), und es spricht vieles für die Vermutung, daß auch die darin versinnbildlichte politische Macht des Königtums erst in der Zeit der letzten, etruskischen Könige zu voller Ausbildung gelangt ist.

Andere, altertümlichere Wesenszüge des Königstums werden sichtbar, wenn man nicht die republikanische Magistratur, sondern das Priesteramt ins Auge faßt, das die Nachfolge des Königs im sakralen Bereich angetreten hat. Der (lebenslängliche) Träger dieses Amtes heißt *rex sacrorum;* es handelt sich also im Grunde gar nicht um ein neues, vom Königtum verschiedenes Amt, sondern um das alte Königtum selbst, das in seiner sakralen Funktion erhalten blieb, solange es einen römischen Staatskult gab, weil nur ein König die dafür erforderlichen magischen Kräfte besaß. Die Art und Weise, wie dieser *rex sacrorum* bestellt wurde, beruht offenbar auf uralten Vorstellungen von der Götternähe und Zauberkraft des rechten Königs und darf daher mit hoher Wahrscheinlichkeit auch für das altrömische Königtum in Anspruch genommen werden. Der König wurde weder gewählt noch von seinem Vorgänger bestimmt, sondern von den Göttern durch Zeichen (insbes. Vogelflug) offenbart. Daher wurde noch der republikanische und kaiserzeitliche *rex sacrorum*, nachdem er von dem Obmann des sakralrechtskundigen Pontifikalkollegiums (s. u.) dem *pontifex maximus*, „gegriffen" *(captus)* war, den Göttern in Gegenwart der Kurienversammlung zur Bestätigung durch Zeichen vorgestellt *(auguratio)*. Es ist gewiß kein Zufall, daß die römische Überlieferung für Romulus und Remus (Liv. 1, 6, 4 f.) und für Numa Pompilius (Liv. 1, 18, 6 ff.) von solchen *auguria* berichtet. Ein besonderes magisch-religiöses Charisma, ähnlich dem altgermanischen „Königsheil", war also das Fundament der Königsmacht, und die sakrale Funktion des Königs war ursprünglich ebenso wesentlich wie die politisch-militärische und mit ihr untrennbar verbunden. Schon während der späteren (etruskischen) Königszeit muß indessen eine rationalere Auffassung der politischen Macht entstanden sein. Sonst wäre der Sturz des Königtums, d. h. seine Entmachtung durch strikte Beschränkung auf seine sakralen Funktionen, kaum verständlich.

5. Die republikanischen Magistraturen. Die Jahresbeamten (*magistratus* = Obrigkeiten), die nach der Vertreibung des letzten etruskischen Herrschers das Regiment übernahmen, waren jedenfalls nur noch Träger des militärischen Kommandos und der politischen Gewalt; daran ändert auch die Tatsache nichts, daß ihr Amtsantritt und ihre Amtsführung allezeit mit religiösen Akten (Einholung der Auspizien) verbunden blieb. Der eigentlich sakrale Bereich verblieb den Priestern, unter denen sich das Kollegium der *pontifices* als oberste sachkundige Instanz immer mehr in den Vordergrund schob, derart, daß sein Vorsteher zum Vorgesetzten des Königs wurde.

Die älteste Entwicklung des republikanischen Führeramtes ist in ihren Einzelheiten sehr umstritten. Im Gegensatz zu der römischen Überlieferung, welche die Doppelbesetzung des Amtes schon mit dem ersten Jahr der Republik (510 v. Chr.) beginnen läßt und die Inhaber des Amtes von vornherein Konsuln nennt, ist man heute vielfach der Ansicht, daß die Zahl der Amtsträger ursprünglich eine andere und ihr Rang verschieden gewesen sei. Eine gewisse Stütze für diese Annahme bietet unter anderem der Umstand, daß die römische Überlieferung selbst für die letzten Jahrzehnte des 5. und den Anfang des 4. Jahrhunderts größere, der Zahl nach wechselnde Beamtenkollegien kennt, die damals an Stelle der Konsuln die militärische und politische Leitung innegehabt haben sollen *(tribuni militum consulari potestate)*. Die Frage scheint nahezuliegen, ob die Konsulatsverfassung, wie sie nach dieser Periode unzweifelhaft zur festen Norm wurde, wirklich die Wiederaufnahme einer älteren

Ordnung war, die seit Generationen außer Anwendung gekommen war und kaum schon im politischen Bewußtsein verwurzelt sein konnte. Gegenüber solchen Zweifeln fällt jedoch schwer ins Gewicht, daß die einhellige Überlieferung von der ursprünglichen Zweistelligkeit des republikanischen Oberamtes in den *fasti consulares*, dem namentlichen Verzeichnis aller Höchstmagistrate, das uns größtenteils auch inschriftlich erhalten ist, eine sehr sichere Grundlage besitzt. Das Zeugnis dieser Quelle, die sich in anderen Beziehungen immer wieder als zuverlässig erweist[10]), ist mit den Indizien, die uns zur Verfügung stehen, kaum bündig zu widerlegen. So bleibt trotz allen Zweifeln am wahrscheinlichsten, daß das römische Oberamt schon zu Beginn der Republik doppelt besetzt war. Der älteste Name für die Träger dieses Amtes scheint jedoch nicht *consules*, sondern *praetores* gewesen zu sein. Vom Prätor, nicht vom Konsul spricht das Zwölftafelgesetz (s. S. 31 f.), und ein bei Livius (7, 3, 4 ff.) bezeugter alter Gesetzestext nennt den jeweils ranghöchsten Amtsträger *praetor maximus*[11]). *Praetor* (von *praeire*, vorangehen) bezeichnet offenbar in ähnlicher Weise wie das deutsche Wort „Herzog" den militärischen Befehlshaber und betont damit die elementarste und in primitiven Verhältnissen wichtigste Funktion des Amtsträgers. Doch wird man kaum bezweifeln dürfen, daß die Gewalt des Prätors von Anfang an auch eine zivile Seite hatte. Sie umfaßte insoweit die Bereiche, die man späterhin als *coercitio* (Polizeigewalt) und *iurisdicto* (Rechtssprechung) kennzeichnete und mit dem militärischen Kommando *(imperium* im engeren und eigentlichen Sinne) zu dem Begriff der allgemeinen Befehlsgewalt *(imperium* im weiteren Sinne) zusammenfaßte. Als Instrumente der politischen Leitung des Gemeinwesens kamen hinzu die Befugnis, das Volk zur Versammlung zu rufen und Wahlen und Gesetzesvorschläge zur Abstimmung zu bringen *(ius agendi cum populo)*, und das Recht zur Einberufung und Befragung des Senates *(ius agendi cum senatu)*.

Im Felde *(militiae)* durfte der Inhaber des Imperiums bis ins 2. Jh. v. Chr. hinab den ungehorsamen Bürger nach seinem Ermessen körperlich strafen und sogar hinrichten lassen: „Zuhause" *(domi)*, d. h. innerhalb der Bannmeile der

---

[10]) Ganz frei von Fälschungen sind die Konsularfasten allerdings nicht. Vor allem hat man schon in den Anfängen der römischen Geschichtsschreibung die Konsulnliste durch Vorschaltung einiger erfundener Konsulpaare verlängert, um sie mit der Annahme in Übereinstimmung zu bringen, daß der, wie man wußte, im Jahre 509 v. Chr. fertiggestellte Jupitertempel auf dem Kapitol schon von einem republikanischen Magistrat geweiht worden sei. Wahrscheinlich stammte aber die Weihinschrift auf dem Tempel, die einen M. Horatius nannte, erst aus der Zeit der Wiederherstellung des Tempels nach dem Gallierbrand (390 v. Chr.), wurde der ursprüngliche Tempel noch in der Königszeit geweiht und begann das republikanische Zeitalter Roms erst einige Jahre später.

[11]) Auch diese Liviusstelle wird als Beweis gegen die Ursprünglichkeit der Konsulatsverfassung angeführt. In der Tat paßt der Begriff des *praetor maximus* schlecht zu dem System zweier grundsätzlich gleichrangiger Amtsträger, die nur in der Ausübung ihrer Amtsgewalt abwechseln.

Stadt Rom, konnte dagegen ein vom Magistrat mit Leib- oder Lebensstrafe bedrohter römischer Bürger „die Hilfe des Volkes anrufen" *(provocatio ad populum)*, es sei denn, daß er zuvor in einem ordnungsgemäßen Gerichtsverfahren schuldig gesprochen worden war. Dieses Provokationsrecht ist vermutlich im Laufe der Kämpfe zwischen Patriziern und Plebejern entstanden und nach deren Beilegung im J. 300 v. Chr. durch eine *lex Valeria* endgültig anerkannt worden[12]). Es setzte der Koerzitionsgewalt der Magistrate mit Imperium innerhalb des stadtrömischen Bereichs eine Grenze, deren Innehaltung von den Magistraten gleichen und höheren Ranges und vor allem von den Volkstribunen (s. u. S. 30 f.), die man in solchen Fällen zu Hilfe zu rufen pflegte *(appellare)*, durch ihren Einspruch *(intercessio)* erzwungen werden konnte. Ihren sinnbildlichen Ausdruck fand diese Beschränkung des Imperiums in dem Brauche, daß die Amtsdiener des Magistrats im Weichbilde der Stadt *(intra pomerium)* nur die Rutenbündel und nicht, wie jenseits der Stadtgrenze, auch Beile führten.

Im übrigen waren der anscheinenden Allgewalt des magistratischen Imperiums schon dadurch wirksame Schranken gezogen, daß die Amtsdauer grundsätzlich auf ein Jahr befristet war (Prinzip der Annuität) und daß jeweils zwei (oder noch mehr) Amtsträger mit gleichen Befugnissen nebeneinander standen (Prinzip der Kollegialität). Kollegialität herrschte insbesondere seit der Einführung der Konsulatsverfassung (s. o.), auf jeden Fall also seit dem frühen 4. Jh. *(leges Liciniae Sextiae*, 367 v. Chr.), zwischen den beiden gleichgestellten Trägern des höchsten Imperiums, die jetzt *consules*[13]) genannt wurden. Sie führte zu seltsamen und gefährlichen Konsequenzen: zu täglich wechselndem Oberbefehl, wenn beide Konsuln gemeinsam, nicht auf getrennte Kriegsschauplätze ins Feld zogen, und zu dem Recht eines jeden von ihnen, die Amtshandlungen des anderen durch seine Interzession (s. o.) zunichte zu machen. Es ist eines der Geheimnisse des römischen Staatslebens (s. u. S. 31), daß aus diesem System nicht mehr Unheil entstanden ist. In Krisenlagen konnte man freilich die Gefahren der Kollegialität durch die Ernennung eines Diktators ausschalten. Jeder der Konsuln konnte sie vollziehen. Der Diktator seinerseits ernannte sich einen Reiterobersten *(magister equitum)* als Gehilfen. Für die Dauer seiner Amtsführung, die höchstens sechs Monate betragen sollte und in jedem Falle mit der Amtsperiode des ernennenden Konsuls ablief, hatte der Diktator die höchste militärische und zivile

---

[12]) Die römische Überlieferung kennt drei *leges Valeriae de provocatione* (509, 445 u. 300 v. Chr.), von denen jedoch nur das letzte Gesetz geschichtlich sein dürfte. Der o. S. 20 erwähnte Zwölftafelsatz über das Strafverfahren vor den Zenturiatkomitien hat mit dem Provokationsrecht nichts zu tun.

[13]) Mommsen deutete *consules* als „Kollegen", indem er das Wort von *consalire*, „zusammenspringen", ableitete; wahrscheinlicher ist indessen, daß es mit *consulere* zusammengehört und diejenigen Magistrate bezeichnet, die in der Regel den Senat zu befragen pflegten (s. u. S. 29).

Gewalt inne, während das Imperium der Konsuln ruhte (so Polybius 3, 87, 7) oder doch nur insoweit ausgeübt werden konnte, als es der Diktator gestattete[14]).

Neben den beiden Konsuln amtierte seit dem licinisch-sextischen Gesetz des Jahres 367 noch ein dritter Imperiumsträger, der nunmehr allein die alte Bezeichnung *praetor* trug. Er war den Konsuln nachgeordnet *(minor collega consulum)*, obwohl sein Imperium dem konsularischen durchaus glich. Normalerweise oblag ihm (und nicht den Konsuln) die *iurisdictio*, im Bedarfsfalle stand er aber auch an Stelle der (abwesenden oder anderweit in Anspruch genommenen) Konsuln für andere, militärische oder politische Funktionen zur Verfügung. Als von der Mitte des 3. Jh. an die Aufgaben sowohl auf dem Gebiete der Rechtspflege wie im militärisch-politischen Bereiche anwuchsen, schuf man neue Präturen, deren Inhaber teils in der stadtrömischen Jurisdiktion verwendet wurden, teils die Kriegsführung und Verwaltung in den überseeischen Besitzungen Roms übernahmen, soweit nicht die Wichtigkeit eines Kriegsschauplatzes die Entsendung eines Konsuls verlangte. Für die Struktur des republikanischen Stadtstaats und für das politische Denken der Römer ist es sehr bezeichnend, daß man der steigenden Geschäftslast nicht, wie später unter dem Prinzipat (s. S. 57 ff.), durch Schaffung spezieller Ämter Rechnung trug, sondern an dem Gedanken des einheitlichen und allumfassenden Imperiums festhielt.

Allerdings gab es seit alters auch eine Anzahl von Ämtern, die nicht nur einen begrenzten Aufgabenkreis, sondern auch beschränktere Machtbefugnisse hatten. Ihre Inhaber besaßen wohl eine ihrem Tätigkeitsbereich entsprechende Amtsgewalt *(potestas)*, aber keine allgemeine Befehlsgewalt *(imperium)*. Das älteste dieser Ämter ist das der Quästoren. Es wurde um die Mitte des 5. Jh. v. Chr., vielleicht nach dem Vorbild italischer Griechenstädte, für die Verwaltung der Staatskasse (des *aerarium populi Romani)* geschaffen[15]) und war zuerst gleich dem Konsulat ein zweistelliges Amt. Noch im selben Jahrhundert traten jedoch der Überlieferung nach zu den beiden städtischen Quästoren zwei weitere für den Kriegsdienst als Verwalter der Kriegskasse und Gehilfen des Feldherrn; seit 267 v. Chr. wurden alljährlich 8, seit Sulla 20 Quästoren gewählt; die neuen Stellen dienten der Verwaltung Italiens und der Provinzen (s. u. S. 43 ff.). Jünger als die Quästur ist das Amt der kurulischen Ädile. Zusammen mit den plebejischen Ädilen, die ursprünglich Sonderbeamte der Plebs gewesen waren (u. S. 30), versahen sie die Markt- und Straßenpolizei;

[14]) Die Diktaturfassung wird von manchen modernen Autoren für die älteste Ordnung der republikanischen Staatsführung gehalten, auf die man später in Notzeiten zurückgegriffen habe.

[15]) Im J. 447 v. Chr. sind nach Tacit., ann. 11, 22 zum ersten Mal Quästoren vom Volk gewählt worden. Mit den schon vorher in den Zwölftafeln (IX 4) erwähnten *quaestores parricidii* (= Morduntersuchern, vgl. u. S. 35), die richterliche Funktionen gehabt haben müssen, haben die Schatzmeister-Quästoren wahrscheinlich nichts zu tun.

zum Unterschied von diesen übten sie aber auch die Gerichtsbarkeit in Marktstreitigkeiten und gewissen Polizeisachen aus. Als Jurisdiktionsbeamten stand ihnen, anders als den plebejischen Ädilen, der Richterstuhl (*sella curulis*, s. o. S. 23) zu; nach diesem Unterscheidungsmerkmal sind sie benannt.

Ein Amt mit speziellem Aufgabenkreis war schließlich auch die der Überlieferung nach um die Mitte des 5. Jahrhundert entstandene Zensur. Die beiden Zensoren, die nur alle fünf Jahre jeweils auf 18 Monate gewählt wurden, hatten die Bürgerliste zu prüfen und auf dem laufenden zu halten, insbesondere auch die Einordnung der Bürger in die Klassen der servianischen Verfassung (o. S. 20) und die Tribus (o. S. 21) festzustellen und die förmliche Aufnahme der gewesenen Magistrate in den Senat zu vollziehen (*lectio senatus*); sie hatten ferner die öffentlichen Arbeiten an Unternehmer zu verdingen und die staatlichen Ländereien zu verpachten. Ihr Amt stand in besonderem Ansehen, vor allem deshalb, weil sich mit der Klassifizierung der Bürger und mit der *lectio senatus* eine Art sittenrichterliche Tätigkeit verband. Seit der Mitte des dritten Jahrhunderts wurden fast nur noch ehemalige Konsuln (*viri consulares*) zu Zensoren gewählt, und die Zensur galt als Krönung einer großen politischen Laufbahn.

Alle diese Magistraturen waren Ehrenämter (*honores*), von deren Inhabern sogar noch erhebliche persönliche Aufwendungen für das Gemeinwohl (und später vor allem für das Vergnügen der Bürgerschaft) erwartet wurden, Aufwendungen, für die der Beuteanteil des Feldherrn nur dem siegreichen Heerführer einen Ausgleich bot. Ein Gehalt bezogen nur die Polizeidiener, Boten und Schreiber, die keine Amtsträger im römischen Sinne, sondern untergeordnete Hilfskräfte der Magistrate waren. Ihr soziales Ansehen war so gering, daß man meistens Freigelassene in diesen Stellen verwendete. Auch der praktische Einfluß dieser „Dienstleute" (*apparitores*, von *apparere*, zu Gebote stehen, aufwarten) war im allgemeinen nicht sehr beträchtlich, da der Magistrat sein Amt, wenn irgend möglich, persönlich und mündlich ausübte. Erst in der Epoche des Prinzipats entstanden die Anfänge einer Bürokratie.

6. Der Senat. Der dritte Faktor des römischen Verfassungslebens neben Volksversammlung und Magistratur war der „Rat der Alten" (*senatus*). Er hat gewiß schon zur Königszeit existiert. War er damals vermutlich eine Versammlung der Häupter des patrizischen Adels, so wandelte er sich in der Republik mehr und mehr in einen Rat der gewesenen Magistrate. Denn die Bekleidung von Ämtern wurde zur normalen Voraussetzung für die Aufnahme in den Senat, und mit einer allmählich wachsenden Zahl von Magistraturen verband sich geradezu eine feste Anwartschaft auf den (grundsätzlich lebenslänglichen) Senatssitz. Als 216 v. Chr., nach der Schlacht bei Cannae, die stark gelichteten Reihen des Senats wieder aufgefüllt werden sollten, bestand eine solche Anwartschaft nur für die gewesenen Konsuln und Prätoren, 100 Jahre später auch für die Ädile; bald danach wurden die Volkstribune einbezogen und seit Sulla die Quästoren. Der Inhaber einer solchen Anwartschaft gehörte zwar vor der *lectio senatus* durch die nächsten Zensoren (s. o.) nicht im

strengen Sinne zu den Senatoren *(qui in senatu sunt)*, er durfte aber alsbald nach der Beendigung seines Amtsjahres schon vorläufig an den Senatssitzungen teilnehmen und auch seine Stimme abgeben *(quibus in senatu sententiam dicere licet)*.

Der Senat gliederte sich in Rangklassen, die dem Range der von den Senatoren bekleideten Ämter entsprachen. An erster Stelle standen demgemäß die gewesenen Konsuln *(consulares)*; es folgten die Prätorier, die Ädilizier usw. Da der vorsitzende Magistrat die Senatoren nach dieser Rangordnung zu befragen pflegte[16]), führten im Senat die „großen alten Männer" das Wort. Überhaupt war im Senat die gesamte Aktivität und Erfahrung der politischen Führungsschicht Roms versammelt. Er war in dem alljährlichen Wechsel der Magistrate der ruhende Pol des römischen Staatslebens. Hieraus erklärt sich die ungeheure Macht, die diese Körperschaft jahrhundertelang innegehabt hat. Ohne eine eigentliche gesetzgebende oder ausführende Gewalt zu besitzen, hat der Senat als ständiger Beirat der jeweils amtierenden Magistrate *(consilium publicum)* die wirkliche Leitung des Staates fest in der Hand gehalten. Seine in gutachtlicher Form abgefaßten und darum „Ratschläge" *(senatus consulta)* genannten Beschlüsse enthielten die maßgebenden politischen Entscheidungen, und durch sein Verfügungsrecht über die Gemeindefinanzen sowie durch geschickte Ausnutzung der sich aus Annuität und Kollegialität ergebenden Schranken magistratischer Gewalt vermochte er auch widerstrebende Amtsträger seinem Willen zu beugen. Die Periode der Senatsherrschaft war die stolzeste Zeit der römischen Geschichte; ihr Niedergang bedeutete zugleich den Verfall und Untergang der republikanischen Ordnung.

7. Das politische Ergebnis des Ständekampfes. Sonderorgane der Plebs. Fähig zur Bekleidung der Magistraturen und zum Sitz im Senat war zu Beginn der Republik nur der patrizische Adel. Die Plebejer mußten sich die Zulassung zu den Ämtern erst in den schweren Ständekämpfen des 5. und 4. Jh. v. Chr. erstreiten. Sie erreichten sie nur Schritt für Schritt: Auch nachdem ihnen das Konsulat eröffnet worden war (367 v. Chr.), blieben ihnen andere Magistraturen noch eine Zeitlang verschlossen. Am längsten hielt sich das patrizische Monopol bei den Priesterämtern: Das des *pontifex maximus* z. B. wurde erst 254 v. Chr. zum ersten Male mit einem Plebejer besetzt; einzelne (politisch bedeutungslose) Priesterämter blieben (aus rituellen Gründen) sogar allezeit den Patriziern vorbehalten.

In den Senat sind Plebejer vielleicht schon aufgenommen worden, ehe ihnen die Ämter offenstanden; denn deren Bekleidung war namentlich in älterer Zeit keine unbedingte Voraussetzung für die Erlangung eines Senatssitzes. Im übri-

[16]) Vom Ausgang des 3. Jh. v. Chr. bis auf Sulla gab es einen offiziellen Wortführer des Senats (*princeps senatus*), dem das Recht der ersten Meinungsäußerung zustand. Er war einer der ältesten und angesehensten Konsulare. Im letzten Jahrhundert v. Chr. pflegte man zuerst die designierten (für das folgende Amtsjahr gewählten, aber noch nicht im Amt befindlichen) Konsuln zu befragen.

gen behielten die Patrizier gerade im Senat gewisse Vorrechte, die niemals abgeschafft worden sind. Die uralte Anrede *„patres"* kam von Rechtswegen nur den patrizischen Senatoren zu. Nur die patrizischen *patres* besaßen das Recht, Beschlüsse und Wahlen der Komitien zu bestätigen *(auctoritas patrum)*, ein ursprünglich sehr bedeutungsvolles Kontrollrecht, das allerdings stark an Gewicht verlor, als man dazu überging, die Gesetzesvorlagen und Wahlvorschläge bereits vor der Einbringung in die Volksversammlung im Gesamtsenate vorzuberaten und dann gleich von den *patres* autorisieren zu lassen. Ein sehr eigenartiges Vorrecht der patrizischen Senatoren war schließlich die uralte, zweifellos in die Königszeit zurückreichende Institution des *interregnum*: Gab es infolge von Todesfällen oder Amtsniederlegungen keinen Träger des Imperiums mehr, so fiel die Regierungsgewalt (die „Auspizien") an den patrizischen Senatsteil zurück; patrizische Senatoren übernahmen, ein jeder höchstens für fünf Tage, das Regiment mit der Aufgabe, so bald wie möglich die Wahl neuer Konsuln durchzuführen. Noch im Zeitalter Ciceros ist dieses Verfahren praktisch geworden.

Nutznießer der von der Plebs erkämpften politischen Gleichberechtigung war (im wesentlichen und auf längere Sicht) nur eine verhältnismäßig kleine Zahl von plebejischen Familien, denen es gelang, das Konsulat zu erreichen und von den führenden patrizischen Geschlechtern als Partner der politischen Macht anerkannt zu werden. Sie schlossen sich mit diesen zu einem neuen regierenden Adel, der sog. Nobilität, zusammen, der sich, je länger, desto nachdrücklicher, gegen das Eindringen von Emporkömmlingen *(homines novi)* abschloß[17]).

Entscheidend für den Erfolg der Plebejer im Kampf um die Zulassung zu den Magistraturen war ohne Zweifel der Umstand, daß die Plebs eine eigene, wirksame politische Organisation besaß. Die Anfänge dieser Organisation waren vermutlich kultisch-religiöser Natur. Darauf weist der Name der wahrscheinlich ältesten Sonderbeamten der Plebs hin: Die beiden „Tempelherren" *(aediles*, von *aedes* = Tempel) werden ursprünglich Verwalter plebejischer Kultstätten gewesen sein. Sie haben denn auch im politischen Kampf der Plebs kaum eine Rolle gespielt und sind frühzeitig mit allgemeinen staatlichen Aufgaben (polizeilicher Natur) betraut worden. Dagegen war das Amt der *tribuni plebis* wohl von vornherein dazu bestimmt, die Interessen der Plebs gegenüber den herrschenden Patriziergeschlechtern zu verfechten. Eine „Verschwörung" *(coniuratio)* aller Plebejer, d. h. ein von der gesamten Plebs geschworener feierlicher Eid, daß sie jeden Angriff auf die Tribune mit dem Tode rächen werde, verlieh ihnen für die Dauer ihres Amtes Unverletzlichkeit *(sacrosanctitas)*. Die Aufgabe, sich des einzelnen Bürgers hilfreich anzunehmen, ihn gegen Unterdrückung und Unrecht zu schützen *(auxilii*

---

[17]) Der stufenweise Aufstieg einer Familie bis zum Konsulat (und damit in die Nobilität) war keine Seltenheit, wohl aber die Erreichung des Konsulats durch einen Mann ohne senatorische Vorfahren. Sie kam in einem Zeitraum von 300 Jahren nur 15mal vor.

latio), ist den Volkstribunen immer eigen geblieben. In ihrer Gesamtheit war die Plebs in dem nach Tribus gegliederten *concilium plebis* organisiert *(concilium* von *conkalare = convocare)*. Die Beschlüsse dieser von den Tribunen berufenen und geleiteten Versammlung, die schon damals den weit überwiegenden Teil der Bürgerschaft umfaßte, verliehen den plebejischen Forderungen den nötigen Nachdruck.

Nach dem Abschluß der Ständekämpfe blieben die Sonderorgane der Plebs bestehen und gliederten sich in eigentümlicher Weise in das Verfassungsleben der Gesamtgemeinde ein. Beschlüsse des *concilium plebis (plebis scita)* wurden für das Gesamtvolk verbindlich[18]). Sie entwickelten sich sogar in hoch- und spätrepublikanischer Zeit zur normalen Form der Gesetzgebung. Den Volkstribunen (deren ursprünglich vermutlich schwankende Zahl späterhin 10 betrug) maß man das Recht zur Interzession gegen Amtshandlungen aller Magistrate (mit Ausnahme des Diktators) bei: jeder einzelne von ihnen konnte also die Tätigkeit eines jeden ordentlichen Amtsträgers lahmlegen. Sie durften den Senatssitzungen beiwohnen (zuerst nur auf der Tribunenbank, die an der Tür des Sitzungsraums aufgestellt wurde) und schließlich auch den Senat einberufen und leiten *(ius agendi cum senatu)*. Die Gefahren, die in der Institution des Volkstribunats lagen, wurden während einer geraumen Zeit durch die Geschlossenheit der patrizisch-plebejischen Aristokratie und durch die großartige Strenge und Nüchternheit des politischen Denkens der Römer gebannt; der Senat fand sogar gerade in den Tribunen und ihrem Interzessionsrecht ein besonders zuverlässiges Mittel, um seinen Willen gegenüber allzu selbstbewußten Magistraten durchzusetzen. Als dann in der zweiten Hälfte des 2. Jh. v. Chr. wiederum Volkstribune auftraten, die sich dem Willen der Senatsmehrheit entgegenstellten und mit demagogischen Methoden revolutionäre Ziele verfolgten, bedeutete dies den Beginn der innerpolitischen Krise, die schließlich zum Untergang der Republik geführt hat.

§ 2. *Das ius civile der Frühzeit*

I. Die Zwölftafelgesetzgebung. Der erste einigermaßen feste Punkt in der Geschichte des römischen Rechts ist die berühmte Zwölftafelgesetzgebung, in der die Römer selbst die Grundlage ihres gesamten Rechtslebens *(fons omnis publici privatique iuris*, Liv. 3, 34, 6) erblickten. An der Geschichtlichkeit dieses Gesetzgebungswerks ist zu Unrecht gezweifelt worden[19]); auch die überlieferte Datierung auf die Jahre 451–50 v. Chr. dürfte

[18]) Nach der Überlieferung ist dies dreimal (449, 339 und 286 v. Chr.) gesetzlich anerkannt worden; glaubhaft ist wohl nur das jüngste dieser Gesetze (die *lex Hortensia de plebiscitis)*.

[19]) Insbesondere von dem italienischen Historiker Ettore Pais und dem französischen Rechtshistoriker Edouard Lambert. Hiergegen die herrschende Meinung. Doch werden immer wieder von einzelnen Autoren Ansichten geäußert, die jener radikalen Überlieferungskritik zum mindesten nahekommen.

wenigstens ungefähr zutreffen, und der von den römischen Historikern behauptete Zusammenhang mit den um diese Zeit beginnenden Ständekämpfen zwischen Patriziern und Plebejern ist glaublich. Das Gesetz war das Werk einer Zehnmännerkommission *(decemviri legibus scribundis)*, der für die Dauer ihrer Tätigkeit zugleich unter Aufhebung der ordentlichen Magistratur die gesamte politische Gewalt übertragen worden war.

Erhalten sind nur Bruchstücke des Zwölftafeltextes und auch diese nur als Zitate im Schrifttum der ausgehenden Republik und der Kaiserzeit. Wieviel uns verloren ist und in welcher Reihenfolge die einzelnen Rechtssätze im Zusammenhang des Ganzen standen, bleibt großenteils ungewiß; die modernen Rekonstruktionsversuche, wie der von Schöll (Legis XII tabularum reliquiae, 1866), nach dessen Anordnung heute zitiert zu werden pflegt, sind durchaus hypothetisch und mitunter geradezu unwahrscheinlich. Einzelne der als Zwölftafelbestimmungen überlieferten Rechtssätze mögen in Wahrheit jüngeren Ursprungs sein, und auch die echten Stücke sind zweifellos wenigstens in der Form modernisiert, denn der auf 12 hölzernen Tafeln aufgezeichnete Originaltext des Gesetzes ist früh (wohl im Gallierbrande 390 v. Chr.) untergegangen, und schon die spätere Republik kannte den Wortlaut nur in einer dem jüngeren Latein mehr oder weniger angenäherten Gestalt. Daher bereiten die erhaltenen Fragmente dem sprachlichen Verständnis keine allzu großen Schwierigkeiten, während wir das unverfälschte Latein der Zwölftafelzeit wohl nur mit beträchtlicher Mühe verstehen würden[20]). Unsicher und umstritten ist dagegen nicht selten die juristische Deutung der Zwölftafelfragmente; in solchen Fällen weist mitunter die sonstige Überlieferung oder die Vergleichung mit anderen Rechtsordnungen, vor allem mit dem germanischen und frühgriechischen Rechte, den Weg.

Das griechische Recht hat übrigens, wie bereits in anderem Zusammenhang angedeutet wurde, einen gewissen Einfluß auf die Zwölftafelgesetzgebung ausgeübt, dessen man sich auch schon im Altertum bewußt war; so stellten z. B. die römischen Juristen im Bereich der nachbarrechtlichen und vereinsrechtlichen Vorschriften Übereinstimmungen mit dem attischen Rechte fest (Gai. D. 10, 1, 13, u. D. 47, 22, 4)[21]). Doch beschränken sich die materiellen Einwirkungen des griechischen Rechts, soviel wir sehen, auf solche Einzelheiten, die den spezifisch römischen Gesamteindruck des Ganzen nicht irgend-

[20]) Eine Probe ältesten Lateins bietet die vielbehandelte und in ihrem Verständnis noch immer umstrittene Foruminschrift Dessau 4913 = Bruns, Fontes, S. 14 (Ende 6. bis Anf. 5. Jh v. Chr.). Vgl. dazu F. Leifer und E. Goldmann, Zum Problem d. Foruminschr. unter dem lapis niger (Kliobeiheft 27, 1932); dort die ältere Literatur.

[21]) Diese Übereinstimmungen beweisen aber nicht, wie die Römer annahmen, daß gerade das attische Recht die unmittelbare Vorlage der Zwölftafeln gewesen ist; denn die gleichen nachbarrechtlichen Bestimmungen finden sich auch in dem auf einem Papyrus erhaltenen Stadtrecht von Alexandria (Pap. Hal. 1, 79 ff), und sie können ebenso auch in den für uns verlorenen Gesetzen der unteritalischen Griechenstädte gestanden haben.

wie beeinträchtigten. Dies schließt wiederum nicht aus, daß der Anstoß zu einer derartigen Rechtsaufzeichnung von der Berührung mit der griechischen Kultur ausgegangen ist, eine Möglichkeit, für die auch gewisse Einzelheiten der (im ganzen freilich wenig glaubhaften) Überlieferung über die Entstehungsgeschichte des Gesetzes zu sprechen scheinen.

II. Das Zwölftafelrecht. Die Zwölftafeln waren, wie die erhaltenen Bruchstücke noch deutlich erkennen lassen, eine umfassende Aufzeichnung des damals geltenden Rechts. Sie enthielten Vorschriften über den Ablauf des gerichtlichen Verfahrens, einschließlich der Vollstreckung, und über diejenigen Rechtsgebiete, die wir heute als Privatrecht und Strafrecht scharf von einander scheiden, während sie in den Augen des altrömischen Gesetzgebers offenbar noch eine Einheit bildeten. Nicht geregelt war dagegen die politische Ordnung des Gemeinwesens samt der Gerichtsverfassung. Der Gesetzgeber wollte also nur das *ius civile,* d. h. diejenigen Normen zusammenfassen, die für das Recht des einzelnen Bürgers maßgebend waren, diese aber so vollständig wie möglich. Eine derartige Stoffabgrenzung stimmt durchaus mit dem Zweck überein, den die römische Überlieferung der Zwölftafelgesetzgebung zuschreibt: Sicherung vor allem des kleinen Mannes gegen die Willkür des patrizischen Adels im Rechtsverkehr und in der Justiz. Inwieweit der Gesetzgeber in Verfolgung dieses Zieles auch Reformen an dem überkommenen Rechtsstoff vorgenommen hat, läßt sich nicht mit Gewißheit feststellen, weil über das Recht der Vorzwölftafelzeit weithin nur Vermutungen möglich sind. Manche Einzelbestimmungen, die eine gewisse soziale Tendenz erkennen lassen, mögen immerhin auf solche Reformen zurückzuführen sein.

Die Aufzeichnung der gesamten Rechtsordnung (in den eben angedeuteten Grenzen), einer Rechtsordnung, die bis dahin mindestens zu einem sehr großen Teile ungeschrieben war[22]), stellte für die Verhältnisse jener frühen Zeit eine gewaltige Aufgabe dar. Noch in der modernisierten Gestalt, in der uns die Fragmente der Zwölftafeln vorliegen, erkennt man, wie der Gesetzgeber mit der jungen, noch ungebändigten Sprache seines Volkes ringt, um den rechten Ausdruck für seine Vorschriften zu finden. Seine Sätze sind von äußerster Knappheit, sehr gleichförmig und sehr einfach in ihrer Struktur. Auf einen wenn-Satz, der die Voraussetzung einer jeden Gesetzesnorm zu umschreiben pflegt, folgt dieser selbst in imperativischer Form. Die Subjekte, die die Verben der Sätze regieren, bleiben meistens ungenannt; sie wechseln häufig innerhalb derselben Satzperiode, so daß der Leser von Satz zu Satz aus dem Zusammen-

[22]) Vermutlich hat es schon vor den Zwölftafeln für den internen Gebrauch des Pontifikalkollegiums (s. o. S. 24) Aufzeichnungen von sakralen und zivilen Rechtsnormen und Formularen gegeben. Auf solche pontifikalen Satzungen, die später veröffentlicht worden sind (angeblich von einem *pontifex* Sex. Papirius, daher *ius Papirianum),* dürfte wenigstens ein Teil der von den Römern der späten Republik als Königsgesetze *(leges regiae)* bezeichneten Normen zurückgehen.

hang erraten muß, wer jeweils gemeint ist[23]). Vieles, was der Gesetzgeber nur angedeutet hat, und insbesondere die von ihm gebrauchten Rechtsworte waren ohne Zweifel den Zeitgenossen geläufig, boten aber schon den spätrepublikanischen Juristen Anlaß zu Kontroversen und erschweren auch dem modernen Rechtshistoriker das Verständnis des Zwölftafeltextes.

Ein großer Teil des Gesetzes – nach der heute üblichen Anordnung der Fragmente der gesamte Inhalt der ersten drei Tafeln – betraf den Prozeß, der neben einem Verfahren mit sehr altertümlicher und streng förmlicher Prozeßeinleitung (der *legis actio sacramento*[24])) doch auch schon eine jüngere und schlichtere Verfahrensart aufwies, die freilich nur für bestimmte Ansprüche zulässig war *(legis actio per iudicis postulationem)*. Im Privatrecht überwogen, wie dies bei dem bäuerlichen Charakter des frührömischen Gemeinwesens sehr natürlich ist, das Familien- und Erbrecht und das Nachbarrecht, der für das tägliche Leben des Bauern wichtigste Teil des Sachenrechts. Von Handelsgeschäften und anderen schuldrechtlichen Verträgen ist dagegen in den erhaltenen Zwölftafelfragmenten nur sehr wenig die Rede, und es ist auch kaum anzunehmen, daß das Gesetz darüber viel enthalten hat; denn dieser Teil der Rechtsordnung war offenbar noch in geringem Maße entwickelt. Die Zwölftafeln kannten eine harte Form des Schuldvertrags, bei der sich der Darlehnsnehmer durch den Empfang des Geldes, das ihm vor Zeugen zugewogen wurde, buchstäblich in die Gewalt des Gläubigers begab (weshalb man das Geschäft *nexum*, ‚Fesselung' nannte). Konnte er sich nicht rechtzeitig durch Rückzahlung lösen, so verfiel er, ohne daß es einer gerichtlichen Verurteilung bedurfte, in die Schuldknechtschaft. Neben diesem archaischen Rechtsinstitut, das erst gegen Ende

---

[23]) Zur Veranschaulichung folgen (mit möglichst wörtlicher Übersetzung) die Bestimmungen über die Ladung des Gegners vor Gericht, die der Kläger persönlich und ohne behördliche Hilfe durchzuführen hatte: *Si in ius vocat, ni it, antestamino. Igitur em capito. Si calvitur pedemve struit, manum endo iacito. Si morbus aevitasve vitium escit, iumentum dato. Si nolet, arceram ne sternito:* Wenn er vor das Gericht ruft, wenn er nicht geht, soll er Zeugen anrufen. Danach soll er ihn fassen. Wenn er Ausflüchte macht oder sich sträubt (fliehen will?), soll er die Hand auflegen. Wenn Krankheit oder Alter ein Gebrechen ist, soll er ein Zugtier geben. Wenn er nicht will, soll er einen Planwagen nicht herrichten. – Über die genaue Bedeutung von *in ius* s. u. S. 83. Der Sinn von *pedem struere* war schon unter den spätrepublikanischen Auslegern der Zwölftafeln streitig. „Handauflegung" *(manus iniectio)* ist ein Akt förmlicher Gewaltergreifung, während *capere* offenbar nicht mehr als „anfassen" bedeutet.

[24]) Die Prozeßparteien mußten, nachdem sie nach einem genau festgelegten Formular ihre Rechtsbehauptungen aufgestellt hatten, eine Prozeßwette eingehen: In vermögensrechtlichen Streitigkeiten hatte jede Partei eine Geldsumme bei den *pontifices* zu hinterlegen. Sie verfiel dem Staat (und diente dem Aufwand für den Kult der Staatsgötter), wenn der Deponent den Prozeß verlor. Handelte es sich um die Anklage wegen eines todeswürdigen Verbrechens (s. u. im Text), so trat an die Stelle des Geldeinsatzes wahrscheinlich ein feierlicher Eid. Sowohl der Geldeinsatz wie der Eid hieß *sacramentum* (= Weihung an die Gottheit).

des 4. Jh. v. Chr. abgeschafft worden ist, (s. S. 38), stand allerdings schon in den Zwölftafeln ein schlichtes, durch Frage und Antwort zustandekommendes Schuldversprechen *(sponsio)*, das in dem vereinfachten Verfahren der *legis actio per iudicis postulationem* (s. o.) eingeklagt werden konnte.

Auf das Strafrecht der Zwölftafeln soll im folgenden etwas näher eingegangen werden, weil sich an ihm der kulturgeschichtliche Standort des Gesetzes besonders deutlich erkennen läßt. Auch hier verbinden sich altertümliche und in die Zukunft weisende Züge. Das Gesetz ging allem Anscheine nach in weitestem Umfange noch vom Gedanken der privaten Rache des Verletzten aus. Eine Bestrafung von Staatswegen gab es wohl nur im Falle des Hochverrats *(perduellio)* und allenfalls bei gewissen schweren sakralen Delikten, m. a. W. nur bei solchen Straftaten, die sich unmittelbar gegen das Gemeinwesen richteten. Selbst die Verfolgung des Mörders *(parricidas)*[25]) blieb der Sippe des Getöteten (seinen Agnaten) überlassen. Über die Strafe des Mörders enthielten die Zwölftafeln, wie es scheint, keine ausdrückliche Bestimmung. Doch besagt eine alte Regel, die vermutlich noch aus der Vorzwölftafelzeit stammt, daß bei unabsichtlicher Tötung („wenn der Speer mehr aus der Hand geflohen als geworfen ist") der Täter den Agnaten des Getöteten einen Schafbock zu gestellen habe[26]). Dieser Bock war, wie Labeo, einer der führenden Juristen der augusteischen Zeit (u. S. 107) bezeugt, ein stellvertretendes Objekt der Rache: Er sollte statt des Täters fortgeführt und getötet werden, und hieraus ergibt sich wiederum, daß die Agnaten an dem, der „wissentlich mit arger List getötet" hatte[27]), Blutrache üben durften. War aber der Täter weder offenkundig *(manifestus)* noch geständig *(confessus)*, so durften sie es erst, nachdem seine Schuld gerichtlich festgestellt war. Der Bluträcher, der ohne den erforderlichen Urteilsspruch tötete, wurde selbst als Mörder angesehen. Die erhaltenen Fragmente der Zwölftafeln sagen nichts darüber aus, was geschah, wenn sich der Mörder der Rache durch die Flucht entzog. Man wird jedoch annehmen dürfen, daß die spätere Übung, dem flüchtigen Kapitalverbrecher durch magistratisches Dekret Feuer und Wasser zu untersagen *(aqua et igni interdicere)*, bis ins Recht der Zwölftafelzeit zurückreicht. Zweck dieser Interdiktion war es, dem Flüchtling jede Hilfe, auch die seiner Verwandten und Freunde, zu entziehen und auf diese Weise den Aufenthalt auf römischem Boden unmöglich zu machen. So blieb

---

[25]) In der Sprache der ausgehenden Republik und der Kaiserzeit bezeichnet das Wort nur den Verwandten – und insbesondere den Vatermörder, in der Frühzeit dagegen ganz offensichtlich den Mörder schlechthin. Wie sich dieser Bedeutungswandel erklärt und welches der etymologische Sinn von *parricidas* ist, sind vielerörterte und immer noch umstrittene Fragen.

[26]) Der Satz *si telum manu fugit magis quam iecit, aries subicitur* wird in der Überlieferung bald den *leges regiae* (s. Anm. 22), bald den Zwölftafeln zugeschrieben.

[27]) Der unter den *leges regiae* überlieferte, vielerörterte Satz *qui hominem liberum dolo sciens morti duit, parricidas esto* besagt wahrscheinlich, daß n u r derjenige, der wissentlich und willentlich einen Freien getötet habe, ein Mörder (und infolgedessen der Blutrache verfallen) sei.

ihm nur die Flucht ins Ausland, das bei der geringen Ausdehnung des römischen Staatsgebiets zur Zeit der älteren Republik nicht schwer zu erreichen war. Noch im 2. Jh. v. Chr. besaßen, wie der griechische Historiker Polybios berichtet, einige Gemeinden in nächster Nähe von Rom, wie z. B. die Latinerstädte Praeneste und Tibur und die Griechenstadt Neapel, kraft ihrer alten Bündnisverträge das Recht, den Flüchtigen aufzunehmen, der damit der Verfolgung entzogen war, den *ager Romanus* aber nicht mehr betreten durfte, fortan also in der Verbannung *(exilium)* leben mußte.

Anders als im Falle des Mordes, in dem das Tötungsrecht des Bluträchers als selbstverständlich offenbar keiner Erwähnung zu bedürfen schien, ordneten die Zwölftafeln für eine Reihe von anderen Verbrechen ausdrücklich die Todesstrafe an, wobei die Art und Weise, in der die Hinrichtung durchgeführt werden sollte, jeweils mehr oder weniger deutlich das Verbrechen spiegelt: Der vorsätzliche Brandstifter sollte verbrannt werden, der nächtliche Erntedieb am Ort seiner Tat zu Ehren der Erntegöttin Ceres aufgehängt, der falsche Zeuge in einen Abgrund gestoßen werden. Auch hier wird es sich nicht um eine öffentliche Bestrafung des Täters handeln, sondern um ein Vergeltungsrecht des Geschädigten gegen den Täter, dessen Schuld durch Urteil festgestellt war. Außer Zweifel steht dieser Charakter der Kapitalstrafe beim Diebstahl: Den Dieb durfte der Bestohlene sogar eigenmächtig töten, wenn er ihn bei Nachtzeit erwischte, oder auch am Tage, wenn der Dieb bewaffneten Widerstand leistete; nur mußte der Bestohlene dann durch lauten Hilferuf *(endoplorare = implorare)* die Nachbarn herbeiholen, damit an der Rechtmäßigkeit der Tötung kein Zweifel bestand. In jedem Falle aber konnte er den auf frischer Tat ertappten Dieb *(fur manifestus)* vor den Gerichtsmagistrat führen, der ihn ohne weiteres in seine Gewalt gab, weil die Tat offenkundig war. Der Bestohlene mochte dann den Dieb töten, ihn als Sklaven ins Ausland *(trans Tiberim,* wo bereits das Territorium der Etruskerstadt Veii begann) verkaufen oder auch ein Lösegeld für ihn annehmen. War der Dieb aber nicht auf frischer Tat ertappt worden, so versagten bereits die Zwölftafeln dem Bestohlenen die physische Rache. Er durfte lediglich eine Geldbuße vom Diebe fordern, und zwar in der Regel den doppelten Wert der gestohlenen Sache. Geldbußen ordnete das Gesetz auch für leichte Personalverletzungen an; hier waren diese Bußen jedoch im Gesetz ein für allemal fixiert: Für den Knochenbruch *(os fractum,* VIII 3) hatte der Täter, wenn der Verletzte ein Freier war, 300 As, wenn er ein Sklave war, 150 As zu erlegen, für noch geringere Injurien *(iniuria* schlechthin, VIII 4) 25 As. Dagegen ließ das Gesetz bei schweren Körperverletzungen, die ein wichtiges Glied unbrauchbar machten, grundsätzlich noch die physische Vergeltung mit dem gleichen Übel *(talio)* zu, freilich nur unter der Voraussetzung, daß sich die Beteiligten nicht über eine Geldbuße einigten und damit den Streitfall durch einen „Friedensschluß" *(pactum)* erledigten.

Die auf Geldbußen gerichteten Ansprüche des Zwölftafelrechts wegen geringerer Delikte bildeten den Ausgangspunkt für die Entwicklung des „Privatstrafrechts" der spätrepublikanischen Periode und der Kaiserzeit, das schließlich als ein Teil des Schuldrechts angesehen wurde und aus dem wiederum das Recht der unerlaubten Handlungen im deutschen bürgerlichen Gesetzbuch und in den anderen vom römischen Recht beeinflußten Privatrechtskodifikationen hervorgegangen ist. An die Stelle der auf physische Rache gerichteten Klagen wegen Mordes und anderer schwerer Verbrechen aber sind seit dem zweiten Jahrhundert v. Chr. Strafklagen getreten, die nicht nur der Verletzte oder seine Sippengenossen, sondern jedermann erheben konnte und die eine Bestrafung des Verbrechers von Staatswegen zum Ziele hatten (s. u. S. 64 ff.). So entstand ein Straf- und Strafverfahrensrecht, das nicht mehr ein Teil des *ius civile* war, sondern dem *ius publicum* zugezählt wurde. Dem Zwölftafelgesetzgeber aber lag eine solche publizistische Auffassung des Strafrechts noch gänzlich fern. Für ihn war das Racherecht des Verletzten die einzige und selbstverständliche Folge des Verbrechens, und es kam ihm nur darauf an, die Rache an der Person des Täters auf schwere Verbrechen zu beschränken und unter die Kontrolle des Gerichts zu stellen, den schuldig befundenen Täter zu isolieren und auf diese Weise das Gemeinwesen vor der Gefahr verheerender Sippenfehden freizuhalten. Insofern trägt das Strafrecht der Zwölftafeln, im ganzen gesehen, noch einen sehr altertümlichen Charakter.

Archaisch und für unsere Begriffe sehr fremdartig wirken auch gewisse Deliktstatbestände der Zwölftafeln, die den festen Glauben der römischen Frühzeit an die verderbliche Kraft magischer Beschwörungen erkennen lassen: das Besprechen der auf dem Halm stehenden Frucht, durch das die Ähren taub werden *(fruges excantare,* VIII 8 a), das Herüberlocken *(pellicere)* der geheimnisvollen Kräfte, welche die Saaten sprießen lassen, vom fremden Grundstück auf das eigene (VIII 8 b); das Raunen böser Zaubersprüche gegen die Person eines anderen *(malum carmen incantare,* VIII 1). Alle diese Verbrechen scheint das Gesetz als todeswürdig bezeichnet zu haben. Magische Vorstellungen hat man auch hinter einer seltsamen Bestimmung über die Haussuchung nach gestohlenem Gut vermutet (VIII 15 a): Der Suchende mußte das fremde Haus nackt mit einer Schüssel und einem Strick *(lance licioque)* betreten. Eine förmliche Haussuchung kannten auch andere indogermanischen Rechtsordnungen und das altjüdische Recht; jene sonderbaren Requisiten aber, für die es noch immer keine wirklich befriedigende Deutung gibt, finden sich allein in den Zwölftafeln.

III. D i e R e c h t s e n t w i c k l u n g n a c h d e n Z w ö l f t a f e l n wurde für einen Zeitraum von etwa zwei Jahrhunderten vornehmlich von der Auslegung des Zwölftafeltextes und von der auf privat- oder strafrechtlichem Gebiet zunächst noch sehr spärlichen, seit dem Ausgang des 4. Jh. v. Chr. jedoch etwas häufiger eingreifenden Volksgesetzgebung getragen.

1. D i e A u s l e g u n g d e r Z w ö l f t a f e l n und des überlieferten Schatzes von Prozeß- und Geschäftsformularen blieb bis zum Beginn des dritten Jahrhunderts ein eifersüchtig gehütetes Monopol des schon mehrfach (o. S. 24) erwähnten Priesterkollegiums der *pontifices* („Brückenmacher"). Ihr Wirken, das den Beginn der römischen Rechtswissenschaft darstellt und in dieser Eigen-

schaft später gewürdigt werden soll (u. S. 90 f.), bewegte sich zwar, dem formalistischen Geiste der Frühzeit entsprechend, im wesentlichen in den Bahnen einer buchstäblichen Interpretation, wußte aber trotzdem das Recht in bedeutsamen Einzelpunkten fortzubilden. Durch geschickte Benutzung des Gesetzeswortlauts und durch Ersinnen komplizierter Formulare schufen sie Behelfe zur Befriedigung neuer Bedürfnisse des Rechtslebens. Wohl das bekannteste Beispiel dieser schöpferischen Tätigkeit der *pontifices* ist das Formular der Entlassung eines Haussohnes aus der grundsätzlich lebenslänglichen Gewalt seines Vaters *(emancipatio)*: ein aus sieben Formalakten raffiniert zusammengefügtes Rechtsgeschäft, dessen Grundlage der Zwölftafelsatz bildete, daß der Vater die Gewalt über den Sohn verliere, wenn er den Sohn dreimal (zu unfreier Arbeit in fremden Hause) veräußere. Die Gesetzesvorschrift, die doch wohl den Zweck verfolgte, der übermäßigen Ausbeutung der Arbeitskraft eines Haussohnes durch den Vater eine Grenze zu ziehen, mußte also dazu dienen, die den Zwölftafeln noch unbekannte freiwillige Aufgabe der väterlichen Gewalt zu ermöglichen. Gleich manchen anderen Produkten pontifikaler Rechtstechnik ist dieses umständliche Formular mehr als ein halbes Jahrtausend praktiziert worden.

2. G e s e t z e *(leges)* beschloß die Bürgerschaft auf Antrag *(rogatio)* eines Magistrats, der befugt war, eine Volksversammlung zu berufen und zu leiten (der also das *ius agendi cum populo* oder *cum plebe* hatte, s. o. S. 25 u. S. 31). Von den Gliederungsformen der Gesamtbürgergemeinde (o. S. 18 ff.) dienten in der Regel die Zenturiatkomitien der Gesetzgebung. Auch sie verloren in dieser Hinsicht erheblich an Bedeutung, nachdem durch die *lex Hortensia* d. J. 286 v. Chr. die Beschlüsse der Plebs für alle Bürger verbindlich geworden waren (o. S. 31). Von da an wurde die große Mehrzahl der Gesetze auf Antrag der Volkstribune im *concilium plebis* beschlossen. Auch die für die Entwicklung des römischen Privat- und Prozeßrechts bedeutsamen Gesetze sind zumeist Plebiszite. Ihre Zahl ist übrigens im Verhältnis zu der Gesamtzahl der republikanischen Volksgesetze sehr gering: Aus den vier Jahrhunderten, die zwischen den Zwölftafeln und dem Ende der Republik liegen, kennen wir nur etwa 30 Gesetze, die für die Geschichte des Privat- und Prozeßrechts dauernde Bedeutung erlangt haben. Ein Teil von ihnen brachte allerdings grundlegende Neuerungen. Dies gilt z. B. von der *l e x P o e t e l i a P a p i r i a d e n e x i s*[28]), einem von den Konsuln des Jahres 326 v. Chr. eingebrachten Komitialgesetz, das die freiwillige Schuldknechtschaft (o. S. 34) beseitigte, und von der *l e x A q u i l i a d e d a m n o i n i u r i a d a t o* , einem Plebiszit angeblich des Jahres 286, in dem an die Stelle der kasuistischen Einzelbestimmungen des Zwölftafelgesetzes über die Sachbeschädigung eine umfassendere und für die gesamte Weiterentwicklung des Deliktsrechts höchst bedeutsame Neuregelung gesetzt wurde. Andere,

[28]) Man benennt die römischen Volksgesetze nach den Geschlechtsnamen ihrer Antragsteller. Ein Doppelname (z. B. *Poetelia Papiria)* deutet in der Regel auf ein von den beiden Konsuln (wie üblich) gemeinsam rogiertes Komitialgesetz, ein einfacher Name (z. B. *lex Aquilia)* auf ein von einem Volkstribun beantragtes Plebiszit.

für den Prozeß, das Erb- und Vermächtnisrecht, das Recht der Schenkungen, das Vormundschaftswesen und das Bürgschaftsrecht wichtige Gesetze gehören zumeist erst der Zeit nach den punischen Kriegen an.

Keines dieser Gesetze ist uns unmittelbar erhalten, und nur ausnahmsweise kennen wir, wie im Falle der *lex Aquilia,* den ungefähren Wortlaut. Darum sind auch Inhalt und historische Tragweite der einzelnen Gesetze oftmals umstritten. Auch die konkreten politischen Hintergründe sind uns in der Regel verschlossen; wo die Quellen eine Motivierung geben (wie bei der *lex Poetelia),* trägt sie mitunter einen verdächtig anekdotenhaften Charakter. Immerhin ist deutlich, daß die Mehrzahl der privatrechtlichen Gesetze sozialpolitischen Tendenzen diente (wobei nicht nur der Schutz der Verschuldeten und Bewucherten, der Unmündigen und Jugendlichen, sondern auch die Verteidigung des Familienwohlstandes gegen Verschwendung und letztwillige Zersplitterung eine Rolle spielte). Technik und Sprache der Gesetzgebung wandelten sich in Abwehr der spitzfindigen juristischen Auslegungskunst (s. o. S. 37 f.) von der monumentalen Schlichtheit und Wortkargheit der Zwölftafeln immer mehr zu pedantischer Umständlichkeit. Das Ergebnis dieser Entwicklung, den Gesetzesstil der späten Republik, kennen wir aus einer Anzahl umfangreicher *leges,* die uns inschriftlich erhalten geblieben sind. Zu ihnen zählen z. B. die *lex Acilia repetundarum* (122 v. Chr.), eines der zahlreichen Gesetze, welche die Untertanen Roms, insbesondere die Provinzialbevölkerung vor den Erpressungen der römischen Magistrate schützen sollten, und die *lex agraria* des Jahres 111 v. Chr., deren Ziel die Liquidation der gracchischen Siedelungsgesetzgebung (u. S. 49) war.

ZWEITER ABSCHNITT

DAS RECHT DER RÖMISCHEN GROSSMACHT UND DES WELTREICHS

von der Mitte des 3. Jahrhunderts v. Chr. bis zur Mitte des 3. Jahrhunderts n. Chr.

§ 3. *Staat, Wirtschaft und soziale Entwicklung*

I. Stadtstaat und Reich. Schon die im Jahre 265 v. Chr. in der Hauptsache vollendete Unterwerfung Italiens ließ Rom zu einer der stärksten Mächte im damaligen Staatensystem werden; die siegreiche Auseinandersetzung mit Karthago, deren Höhepunkt der hannibalische Krieg (219 bis 201 v. Chr.) bildete, machte es zum Herren der westlichen Mittelmeerhälfte. Nur zögernd und unter dem Zwang der Verhältnisse, hat dann die römische Regierung im 2. Jh. v. Chr. auch den Osten in ihren unmittelbaren Machtbereich gezogen, wo seit Alexander dem Großen die griechische Kultur in weiträumigen Großstaaten auf fremden Boden blühte, während das griechische Mutterland politisch ohnmächtig war und wirtschaftlich und kulturell immer tiefer sank. Ohne allzu große Anstrengungen und trotz der schweren inneren Krisen des römischen Staats wurde die Grenze der römischen Herrschaft in einem Zeitraum von kaum hundertundfünfzig Jahren bis an den Euphrat und das Schwarze Meer vorgeschoben. Rom war jetzt nicht mehr eine Großmacht unter anderen Mächten, sondern die Beherrscherin des ganzen Kulturkreises rings um das Mittelmeer, der nach den Vorstellungen des Altertums die Welt bedeutete. Das römische Reich *(imperium Romanum)* und der Erdkreis *(orbis terrarum,* οἰκουμένη*)* wurden darum seit dem Ausgang der Republik geradezu miteinander gleichgesetzt.

Juristisch betrachtet war dieses Riesenreich ein höchst verwickeltes Gebilde, ein System von Bündnissen und Abhängigkeitsverhältnissen sehr verschiedener Art, in dessen Mittelpunkt der Stadtstaat Rom stand. Dieses System war das Ergebnis einer großartigen, in jahrhundertelanger Praxis entwickelten politischen Methode, die bei aller Anpassung an die besonderen Verhältnisse des Einzelfalles doch ganz bestimmte Prinzipien erkennen läßt. Der oberste dieser Grundsätze heißt: *divide et impera;* er ist von den Römern zwar nicht in diesem Wortlaut formuliert, aber desto nachdrücklicher in den verschiedensten Beziehungen zur Anwendung gebracht worden[1]). Politische Einheiten, deren Bestand der römischen

[1]) Manche Historiker bestreiten das und betonen umgekehrt den Zusammenschluß, den die römische Herrschaft für Italien und viele vorher politisch zersplitterte Provinzialgebiete (z. B. Gallien) gebracht habe. Das eine schließt aber das andere nicht aus, und der Verf. hält die Darstellung im Text nach wie vor für zutreffend.

Herrschaft hätte gefährlich werden können, wurden zerschlagen; Bündnisse der Bundesgenossen und Untertanen Roms untereinander wurden so gut wie niemals geduldet, so daß jede der abhängigen Gemeinden nur mit Rom in rechtlichen Beziehungen stand und alle Querverbindungen im römischen Bündnissystem fehlten. Darüber hinaus verstand es Rom, die Völker und Gemeinden des Reichs, ja selbst die einzelnen Bevölkerungsklassen, innerhalb der unterworfenen Gemeinwesen durch sorgsame Unterhaltung oder Schaffung politischer und sozialer Abstufungen gegeneinander abzuschließen. So hat z. B. Augustus, als er im Jahre 30 v. Chr. Ägypten dem Reiche einverleibte, die griechisch-makedonische Oberschicht, die schon im Begriffe war, sich mit den Eingeborenen zu vermischen, alsbald wieder zu einem geschlossenen und in wirtschaftlicher wie auch kultureller Hinsicht bevorzugten Stand erhoben. Auf dem gleichen Prinzip beruht die Verschiedenheit der Bündnisse und Untertänigkeitsformen, durch die Rom die politische Stellung der abhängigen Gemeinden und Volksstämme differenzierte; hiervon wird sogleich noch genauer die Rede sein. – Ein anderer Grundsatz der römischen Reichspolitik gebot, die Untertanen in ihren inneren Verhältnissen tunlichst sich selbst zu überlassen: sie behielten, soweit möglich, ihre Selbstverwaltung und ihr heimisches Recht, und in Dingen der Religion übte Rom die weitestgehende Toleranz; mag sich das erste auch zum Teil aus der geringen Entwicklungsfähigkeit der eigenen Verwaltungsorganisation des römischen Stadtstaates (s. u. S. 44) und das zweite aus der Duldsamkeit des antiken Polytheismus erklären, beides trug jedenfalls sehr wesentlich dazu bei, den Untertanen die römische Herrschaft weniger fühlbar zu machen. – Als drittes Prinzip des römischen Imperialismus kann man schließlich das Streben nach unbedingter militärischer Sicherung des unterworfenen Gebietes bezeichnen. Es wirkte sich in der oft mit eiserner Konsequenz betriebenen Abrundung der Reichsgrenzen wie in dem Netz strategischer Straßen und befestigter Stützpunkte aus, mit dem zur Zeit der älteren Republik Italien und in der Kaiserzeit die Grenzprovinzen des Weltreichs überzogen wurden.

Für einen Überblick über die Organisation des römischen Reichs empfiehlt es sich, zwischen Italien und den außeritalischen Reichsteilen (*provinciae*) zu unterscheiden.

1. I t a l i e n bestand bis zum Beginn des letzten vorchristlichen Jahrhunderts aus zwei Gebietsmassen, dem unmittelbaren römischen Staatsgebiet (*ager Romanus*) und den Territorien der Bundesgenossen (*socii*).

a. Der *ager Romanus* war in den Kämpfen um die Herrschaft über Italien längst über die Verhältnisse eines stadtstaatlichen Territoriums hinausgewachsen; um die Mitte des 3. Jh. v. Chr. (also zu Beginn der in diesem Abschnitt zu behandelnden Periode) umfaßte er bereits ein Gebiet, das etwas kleiner als das heutige Belgien war und sich als eine im wesentlichen geschlossene Masse von Kampanien bis nach Südetrurien und nordostwärts quer durch Mittelitalien bis an die Adria hinzog. Hinzu kamen nach dem Hannibalischen Krieg, der den Bestand des römischen Bündnissystems schwer erschüttert hatte, zahlreiche ehemals bundesgenössische Gebiete namentlich in Unteritalien, die zur Strafe für den Abfall und zur Stärkung der römischen Herrschaft eingezogen wurden; und schließlich ist zu Beginn des 2. Jh. v. Chr. noch ein Teil der südlichen Poebene zum *ager Romanus* geschlagen worden, so daß nunmehr reichlich die Hälfte Italiens (bis zum Po und ohne die Inseln gerechnet) unmittelbar zu Rom gehörte. Ein Teil des *ager Romanus* bestand aus den Territorien ursprünglich selbständiger Gemeinden, die ihre staatliche Existenz völlig eingebüßt hatten, deren Bevölkerung aber zugleich in den römischen Bürgerverband aufgenommen worden war *(municipia*, von der Teilnahme an den *munera*, den Lasten der Bürger, s. o. S. 22 f.). Zumeist erhielten diese Neubürger allerdings nicht sofort das volle Bürgerrecht; sie wurden nur privatrechtlich und hinsichtlich der bürgerlichen Lasten den Altbürgern gleichgestellt, entbehrten aber zunächst der politischen Rechte, insbesondere des Stimmrechts *(civitas sine suffragio)*; erst nach längerer Bewährung und allmählicher Latinisierung ist diesen Gemeinden das Vollbürgerrecht verliehen worden. Neben den *municipia* bestanden auf dem *ager Romanus* noch eine Anzahl städtischer Siedlungen, die in der Frühzeit der römischen Eroberungspolitik und dann wieder seit dem Beginn des 2. Jh. v. Chr. als Stützpunkte der römischen Herrschaft (zuletzt auch als Bauernsiedlungen) angelegt und mit Bürgern besetzt worden waren *(coloniae civium Romanorum*, s. auch unter b); sonst gab es nur Märkte und Versammlungsorte der verstreut siedelnden römischen Bauern *(fora et conciliabula civium Romanorum)*. Eine Stadt im Rechtssinne war im Bereich des *ager Romanus* überhaupt nur Rom selbst; denn auch die Munizipien und Bürgerkolonien hatten bis ans Ende der Republik anscheinend keine volle Selbstverwaltung, sondern lediglich gewisse Organe zur Erledigung sakraler Funktionen und zur Verwaltung ihres Gemeindevermögens.

b. Im Gegensatz hierzu waren die b u n d e s g e n ö s s i s c h e n G e m e i n d e n politische Gebilde mit voller Autonomie: sie besaßen ihr besonderes Territorium, ihr eigenes Recht und eigene Verwaltung, in die sich Rom nur ausnahmsweise einmischte. Ihr Verhältnis zu Rom beruhte auf Bündnisverträgen *(foedera)*, nach denen sie im allgemeinen zur Heeresfolge (auf eigene Kosten und in eigenen Formationen), nicht aber zu unmittelbaren finanziellen Leistungen verpflichtet waren. Im übrigen waren die den einzelnen Gemeinden gewährten Bedingungen verschieden. Die Römer unterschieden grundsätzlich zwischen „gleichen" und „ungleichen" Bündnisverträgen *(foedera aequa* und *iniqua)*. Diejenigen Gemeinden, mit denen Rom ein *foedus aequum* abgeschlossen hatte, waren, rein juristisch betrachtet, souverän, was z. B. darin seinen Ausdruck fand, daß ein römischer Magistrat, der das Gebiet einer solchen Stadt betrat, korrekterweise seine Liktoren entlassen mußte, weil hier seine Befehlsgewalt ruhte. In der Praxis freilich konnte auch ein derart souveräner Bundesgenosse dem römischen Einfluß so sehr unterworfen sein, daß seine politische Rolle sich von der einer Gemeinde mit *foedus iniquum* kaum unterschied. Diese nichtsouveränen Bundesgenossen erkannten in ihrem Bündnisvertrag ausdrücklich die römische Hoheit *(maiestas populi Romani)* an und waren demgemäß rechtlich verpflichtet, den Weisungen der römischen Regierung Folge zu leisten.

Eine besondere Stellung nahmen unter den italischen Bundesgenossen Roms die lateinischen Gemeinden ein. Ursprünglich umfaßte diese Kategorie nur die stammesgleichen Nachbarstädte Roms (s. o. S. 13f.), die zugleich seine ältesten Bundesgenossen waren. Ihre Bürger waren den Römern nicht nur privatrechtlich gleichgestellt, sondern durften auch in der römischen Volksversammlung stimmen und erwarben bis ins 2. Jh. v. Chr. hinein durch Übersiedlung nach Rom das römische Bürgerrecht. Von diesen eigentlichen Latinerstädten (*prisci Latini*, Altlatiner) sind indessen nach ihrem letzten Kampf gegen Rom (340 v. Chr.) nur wenige als selbständige Gemeinwesen bestehen geblieben; die meisten wurden damals in Munizipien verwandelt. Dafür wuchs aber im Laufe der Unterwerfung Italiens eine zweite Gruppe von Gemeinden latinischen Rechts zu erheblicher Bedeutung heran; sie bestand aus befestigten Siedlungen, die Rom mit dem doppelten Zweck der Versorgung seines Bevölkerungsüberschusses und der Gewinnung militärischer und politischer Stützpunkte auf erobertem Feindesland anlegte (*coloniae*). Einige der ältesten römischen Kolonien, zumeist in unmittelbarer Nähe Roms, sind allerdings nicht als selbständige und verbündete Stadtgemeinden organisiert gewesen, sondern im römischen Bürgerverband verblieben; sie gehörten dementsprechend zum *ager Romanus* und waren rechtlich nichts anderes als Teile der Stadt Rom (*coloniae civium Romanorum*, s. auch o. S. 42). Andere Kolonien dagegen, die nicht von Rom allein, sondern in Gemeinschaft mit seinen latinischen Bundesgenossen gegründet wurden, erhielten eben deshalb den Charakter selbständiger Gemeinwesen, und diese Gestaltungsform wurde späterhin zur Regel, schon weil sie den weiter von Rom entfernten, von frisch unterworfenen Feinden umgebenen Stützpunkten eine stärkere innere Festigkeit und größere Schlagkraft verlieh. Wer in einer derartigen Kolonie angesiedelt wurde, einerlei ob Römer oder Altlatiner, verlor sein bisheriges Bürgerrecht und wurde Bürger der neuen Gemeinde. Diese aber trat in ein Bundesverhältnis zu Rom, das dem der übrigen Bundesgenossen durchaus entsprach, nur daß es wohl nicht auf einem besonderen Bündnisvertrag, sondern unmittelbar auf dem Gründungsakt beruhte. Im Verhältnis zu den römischen Bürgern genossen die Angehörigen dieser Kolonien ungefähr die gleichen Rechte wie die Altlatiner; man nannte sie deshalb *Latini coloniarii*, die Kolonien selbst *coloniae Latinae*. – Erst als der gewaltige Aufstieg der römischen Macht jedes andere Bürgerrecht neben dem römischen entwertet hatte, kehrte die römische Siedlungspolitik wieder zur Anlage von *coloniae civium Romanorum* zurück; die großen Bauernsiedlungen, die am Ende des 3. und zu Beginn des 2. Jh. im nördlichen Italien (südlich des Po) entstanden, und ebenso die Kolonien der republikanischen Spätzeit verblieben innerhalb des römischen Bürgerverbands.

2. Die Provinzen. Außerhalb Italiens befolgte die römische Politik an sich dieselben Methoden, die sich bereits bei der Unterwerfung Italiens bewährt hatten. Allein die geographische Lage der außeritaliischen Herr-

schaftsgebiete und die Verhältnisse, die die Römer in ihnen antrafen, bedingten doch erhebliche Besonderheiten in der Organisation dieser Gebiete. Während Italien unmittelbar von Rom aus regiert und zu einem erheblichen Teil (soweit es nämlich zum *ager Romanus* gehörte) sogar von Rom aus verwaltet werden konnte, hielt man schon bei den ältesten überseeischen Besitzungen (Sizilien, Sardinien und Korsika, Spanien) die ständige Anwesenheit eines römischen Statthalters für erforderlich. Dementsprechend wurden diese und alle anderen außeritalischen Erwerbungen (auch das keltische Oberitalien, das man nicht zu Italien rechnete) als Statthaltersprengel *(provinciae)* verwaltet, in die man ursprünglich ordentliche Magistrate entsandte; einen der Konsuln im allgemeinen nur dann, wenn in einer Provinz bedeutende militärische Aufgaben zu erledigen waren, andernfalls aber Prätoren, deren Zahl aus diesem Grunde vermehrt werden mußte. Als dann die Zahl der Provinzen immer mehr anwuchs und zugleich die Geschäftslast der in Rom verbleibenden Magistrate sich vermehrte, half man sich zunächst von Fall zu Fall durch Verlängerung der Amtsdauer *(prorogatio imperii)* eines Teiles der vorjährigen Statthalter. Schließlich aber fügte man (im Rahmen der sullanischen Verfassungsreform, 81 v. Chr.) zu dem stadtrömischen Amtsjahr der Konsuln und Prätoren ein weiteres, in dem sie „an Stelle eines Konsuls bzw. Prätors" *(pro consule, pro praetore)* eine Provinz zu verwalten hatten. Schon diese Entwicklung des Statthalteramtes läßt die technischen Schwierigkeiten erkennen, mit denen ein stadtstaatlich organisiertes Gemeinwesen bei der Regierung eines so großen Reichskörpers zu kämpfen hatte[2]). An eine intensive Verwaltung der Provinzen durch römische Beamte war überhaupt nicht zu denken. Der Statthalter, dem nur ein ganz kleiner Stab von Gehilfen zur Seite stand, mußte sich vielmehr im wesentlichen auf die Wahrung der römischen Hoheit und ihre militärische Sicherung, den Schutz der römischen Bürger und der Italiker, die sich in der Provinz aufhielten, und die Rechtsprechung unter ihnen beschränken. Selbst die Einhebung der von der Provinz aufzubringenden Abgaben (s. u.) ersparte man den Staatsorganen durch Verpachtung an römische Unternehmer, die sich für diese Großgeschäfte zu Gesellschaften *(societates publicanorum)* zusammenschlossen und dabei reich wurden. Die lokale Verwaltung, die Rechtspflege unter der eingesessenen Provinzbevölkerung und alle anderen örtlichen Aufgaben überließ man der Regel nach den politischen Organen der Untertanen. Diese standen zu Rom nur in seltenen Fällen in einem vertraglich begründeten Bündnisverhältnis, das dann meist aus einer Zeit stammte, in der Rom noch nicht die förmliche

[2]) Im Bewußtsein dieser Schwierigkeiten hat die römische Regierung immer wieder gezögert, ihr unmittelbares Herrschaftsgebiet weiter auszudehnen, und (namentlich im östlichen Mittelmeerraum) versucht, ihren Einfluß über einheimische Fürsten und Stadtgemeinden nach Art eines Klientelverhältnisses auszuüben. Einige Klientelfürstentümer dieser Art, z. B. das Königreich des Herodes in Palästina, existierten noch in der Frühzeit des Prinzipats.

Oberhoheit beansprucht und das betreffende Gebiet als Provinz organisiert hatte. Die weitaus meisten der städtischen Gemeinwesen in den Provinzen galten zwar auch als „Freunde und Verbündete des römischen Volkes". Ihre Anerkennung als solche beruhte aber nur auf einer einseitigen (und darum jederzeit rücknehmbaren) Entscheidung des Senats nebst Eintragung in das Verzeichnis der *amici* und *socii* des römischen Staats. Diese Gemeinden hatten, sofern ihnen nicht Lastenfreiheit *(immunitas)* zugestanden war, jährliche Abgaben *(tributa, stipendia)* nach Rom zu entrichten und Verpflegung und Unterkunft für den Statthalter, sein Gefolge und seine Truppen zu beschaffen, die Naturalverpflegung allerdings in der Regel gegen ein vom Statthalter festzusetzendes Entgelt. Grundsätzlich waren sie auch zur Heeresfolge verpflichtet. Doch pflegten die Statthalter den militärisch zumeist geringwertigen provinzialen Landsturm nur in akuten Notfällen aufzubieten. Die Anerkennung als „freie Stadt" *(civitas libera)*, die einzelne Provinzialgemeinden besaßen, bedeutete schon in der Spätzeit der Republik kaum noch mehr als die Befreiung von den Quartierlasten einer römischen Besatzung. Gewisse Teile der Provinzialbevölkerung, vor allem in den nicht urbanisierten, d. h. nicht stadtstaatlich organisierten Gebieten, besaßen vermutlich nicht einmal das eben beschriebene prekäre „Bündnisrecht", sondern waren und blieben in der Lage von Unterworfenen, die sich auf Gnade oder Ungnade ergeben hatten *(dediticii)*, und wurden nur faktisch weitgehend sich selbst überlassen, sofern sie sich ruhig verhielten. Die Bewohner mancher ländlichen Bezirke, besonders in Kleinasien, unterstanden den Stadtgemeinden, denen diese Gebiete zuerkannt (adtribuiert) waren, ohne jedoch das Bürgerrecht dieser Städte zu besitzen. Die römischen Bürger, die sich schon in republikanischer Zeit in wachsender Zahl zumeist als Geschäftsleute in den Provinzen niederließen, hatten ihren Gerichtsstand grundsätzlich vor dem Statthalter. Sie pflegten sich zu den Gerichtstagen, die dieser in bestimmten Städten seiner Provinz der Reihe nach abhielt, auch dann einzufinden, wenn sie keinen Rechtsstreit zu führen hatten. Die Angeseheneren unter ihnen, insbesondere diejenigen, die den Ritterzensus (s. u. S. 48 f.) besaßen, nahmen als Beisitzer im Statthaltergericht und als Geschworene im Zivilprozeß (s. u. S. 82) an der Rechtspflege teil. Die Anwesenheit der im Umkreis des Tagungsortes lebenden römischen Bürger gab den Gerichtstagungen des Statthalters ihren Namen *conventus* (sc. *civium Romanorum)*. Deutlich zeigt sich hierin, daß die jurisdiktionelle Tätigkeit des Statthalters in erster Linie seinen Mitbürgern galt. Wenn irgendwie das Interesse der römischen Herrschaft im Spiele war, wird er freilich von jeher auch Provinziale vor sein Gericht gezogen haben. Auch war, nach den spärlichen und räumlich sehr ungleich verteilten Zeugnissen zu urteilen, die statthalterliche Rechtsprechung schon gegen Ausgang der Republik im Vordringen gegenüber der Autonomie der Provinzialgemeinden. – Da eine jede Provinz durch den erobernden Feldherrn und eine ihm zu diesem Zweck beigeordnete Senatskommission ein besonderes Grundgesetz *(lex provinciae)* zu erhalten pflegte und man sich bei der Schaffung dieser Ordnungen tunlichst an die bestehenden Verhältnisse anschloß[3]), dürften die Rechtsverhältnisse in den Provinzen im einzelnen beträchtliche Unterschiede aufgewiesen haben.

3. Schwächen der republikanischen Reichsverwaltung. Die hier nur in den gröbsten Zügen geschilderte Organisation des Riesenreichs auf der schmalen Grundlage eines Stadtstaates war eine ebenso großartige politische Leistung, wie es die Eroberung dieses Reiches auf militärischem Gebiete war. Indessen zeigte sich im Laufe der letzten beiden Jahrhunderte v. Chr. immer deutlicher, daß sich die stadtstaatliche Verfassung Roms überlebt hatte. Schon die Hauptstadt selbst, die als politisches und wirtschaftliches Zentrum des Weltreichs bereits im 2. Jh. v. Chr. die Maße einer modernen Großstadt annahm, stellte Verwaltungsaufgaben, denen die republikanische Magistratur mit der primitiven Unmittelbarkeit ihres Regiments durchaus nicht mehr genügen konnte. Das wesentlichste kulturelle Ergebnis der republikanischen Epoche, die durch die römische Siedlungspolitik und die jahrhundertelange Kampfgemeinschaft Roms mit seinen italischen Bundesgenossen vollbrachte Romanisierung Italiens, schuf aus dem zersplitterten Volkstum der Halbinsel allmählich eine nationale Einheit römischer Prägung und ließ die Scheidung zwischen den herrschenden Römern und den beherrschten Halbbürgern und Bundesgenossen sinnlos werden; sie mußte schließlich zur Aufnahme aller Italiker in das römische Vollbürgerrecht führen, einer Maßnahme, zu der sich die römische Regierung nicht im rechten Zeitpunkt entschließen konnte, so daß sie erst durch einen außerordentlich blutigen und gefährlichen Aufstand der italischen Bundesgenossen (91–89 v. Chr.) dazu genötigt werden mußte. Nachdem sie aber einmal vollzogen war, trat die Sprengung des stadtstaatlichen Rahmens nur noch schärfer in Erscheinung als bis dahin: das „Stadtgebiet“ von Rom umfaßte jetzt ganz Italien; die aus der Idee des Stadtstaates folgende radikale Zentralisierung des politischen Lebens in der Hauptstadt mußte gelockert, den Munizipien und Kolonien ganz allgemein ein gewisses Maß von Selbstverwaltung eingeräumt werden; die stadtrömischen Volksversammlungen hatten ihren Sinn als politische Organisation des Gesamtvolks völlig verloren, seit die solidesten Elemente der Bürgerschaft, die fern von Rom lebenden Bauern und Bewohner der Landstädte nicht mehr in der Lage waren, regelmäßig daran teilzunehmen, und statt ihrer die hauptstädtische Menge das Versammlungsfeld beherrschte. Auch in der Verwaltung der Provinzen zeigten sich schwere Schäden, deren Ursache zu einem erheb-

---

3) In Sizilien galt z. B., wie wir aus Ciceros Reden gegen Verres wissen, noch ausgangs der Republik eine in der zweiten Hälfte des 3. Jh. v. Chr. von König Hieron II. von Syrakus geschaffene Steuerordnung *(lex Hieronica)*. Für Sizilien gab es auch eine von dem Prokonsul P. Rupilius und einer Senatskommission im J. 131 v. Chr. erlassene Gerichtsordnung, nach der Prozesse unter Bürgern derselben Provinzialgemeinde der autonomen Rechtsprechung dieser Gemeinde überlassen blieben, aber Streitigkeiten zwischen Provinzialen und Römern unter die Jurisdiktion des Statthalters fielen (Cic. in Verr. 2, 2,32).

lichen Teil die Unzulänglichkeit der stadtstaatlichen Regierungsmethoden war. Vor allem erwies sich der jährliche Wechsel der Statthalter als verhängnisvoll sowohl für die Verwaltung wie in besonderem Maße auch für die Bewältigung militärischer Aufgaben in den Provinzen: daher die fortwährenden Fehlschläge in Kriegen, deren für Rom günstiger Ausgang von vornherein gar nicht zweifelhaft sein konnte. Immer häufiger kam es wegen solcher Mißerfolge zur Schaffung außerordentlicher Kommandos mit Vollmachten, die den Grundsätzen der republikanischen Ordnung zuwiderliefen und ehrgeizige Generäle zu eigenmächtigem Handeln und schließlich sogar zum Umsturz der Verfassung anreizen mußten. Das Fehlen einer wirksamen Kontrolle über die Amtsführung der Statthalter und das System der Steuerverpachtung förderten eine rücksichtslose Aussaugung der Provinzen zum privaten Nutzen der römischen Oberschicht und trugen damit entscheidend zum Verfall der politischen und geschäftlichen Moral bei. Auch das seit dem frühen zweiten Jahrhundert zugunsten der Provinzialen zugelassene „Rückforderungs"-(Repetunden-)Verfahren gegen ausbeuterische Magistrate, das bei wiederholter gesetzlicher Neuordnung (*leges repetundarum*, s. o. S. 39) mehr und mehr den Charakter eines politischen Kriminalprozesses annahm[4]), vermochte der Plünderung der Provinzen nicht wirksam abzuhelfen. Es entwikkelte sich vielmehr zu einem gefährlichen Instrument innerrömischer Machtkämpfe zwischen Senatsaristokratie und Geldaristokratie (Ritterschaft, s. u. S. 48 f.) und innerhalb des senatorischen Adels.

Eine Besserung dieser Zustände setzte die Beseitigung der Schranken voraus, welche die stadtstaatliche Verfassung Roms dem Ausbau der Reichsverwaltung entgegenstellte. Da aber eine freistaatliche Ordnung nach den politischen Begriffen des Altertums eben nur in dem engen Rahmen eines Gemeindestaats möglich war, dessen Bürgerschaft sich jederzeit zu persönlicher Ausübung ihrer Rechte versammeln konnte, so war eine solche Reorganisation des Reichs kaum anders als auf dem Boden einer Monarchie durchführbar. Als Staatsform der hellenistischen Großreiche hatte die Monarchie ihre Leistungsfähigkeit auf verwaltungstechnischem Gebiet erwiesen. Die griechische Philosophie seit Aristoteles hatte sie theoretisch unterbaut und ihr das Odium einer barbarischen Regierungsform genommen. Der mit der hellenistischen Monarchie verbundene, aus orientalischen ebensowohl wie aus griechischen Vorstellungen erwachsene Herrscherkult bot ein Mittel, der Provinzialbevölkerung die römische Herrschaft sinnvoller erscheinen zu lassen und damit eine innere Festigung des Reichs anzubahnen. Ein schweres Problem jedoch blieb bei der Begründung der römischen Monarchie zu lösen: die Überwindung der trotz aller Verfallserscheinungen noch in hohem Maße lebendigen Kräfte der republikanischen Tradition und des Freiheitsbewußtseins und Herrenstolzes der Senatsaristokratie.

---

[4]) Vgl. den Repetundenprozeß gegen C. Verres (Proprätor der Provinz Sizilien 73–71 v. Chr.), der uns durch die Anklagereden Ciceros bekannt ist.

II. Wirtschaftliche und soziale Entwicklung Roms am Ausgang der Republik. Die Ausdehnung der römischen Herrschaft über Italien hatte bis ins 3. Jh. v. Chr. hinab eine stetig fortschreitende Stärkung des römischen Bauerntums zur Folge gehabt. Immer wieder waren umfangreiche Landstriche von den besiegten Italikern an Rom abgetreten und zur Anlage befestigter Bauernsiedlungen (der Kolonien, s. o. S. 43) verwendet oder auch in Einzellosen an landbedürftige Bürger ausgegeben worden. Als sich zuletzt das Tempo der römischen Eroberungen gesteigert hatte, war freilich auch viel Land unverteilt in der Hand des Staates verblieben. Ein Teil dieses *ager publicus* wurde zum Nutzen der Staatskasse verpachtet, ein anderer großer Teil dagegen im Laufe der Zeit von kapitalkräftigen Bürgern, insbesondere von dem regierenden Senatsadel, entweder zu billigem Preise ersteigert oder aber unter stillschweigender Duldung des Staates ohne Rechtstitel unter Kultur genommen (okkupiert). Wohl hauptsächlich auf diesen Ländereien entstanden zuerst die mit Sklaven betriebenen Großgüter, deren Wirtschaftsform zumeist die Weidewirtschaft, daneben, wenn es der Boden zuließ, auch der Öl- und Weinbau war, während der Getreidebau beim Fehlen landwirtschaftlicher Maschinen im Kleinbetrieb vorteilhafter war und darum im allgemeinen den Bauern und Kleinpächtern überlassen blieb. Die Menschenverluste und Verwüstungen des hannibalischen Krieges, die gerade den Bauernstand am schwersten trafen, die Konkurrenz der in den punischen Kriegen erworbenen sizilischen und afrikanischen Besitzungen Roms, die billiges Getreide in großen Massen erzeugten und auf dem Seewege leichter nach Rom verfrachten konnten als die auf den Landtransport angewiesenen entlegeneren Bezirke Italiens, und die Anziehungskraft der rasch wachsenden Großstadt Rom haben dann im 2. Jh. v. Chr. den römischen Bauernstand in Verfall gebracht. Zwar wurde die bäuerliche Betriebsform keineswegs ausgerottet, aber weithin trat der von einem Großbesitzer abhängige Pächter an die Stelle des auf eigener Scholle wirtschaftenden Bauern, und die Viehfarmen und Plantagen der stadtrömischen Kapitalisten mehrten sich. Die Hauptstadt, die schon im 3. Jh. v. Chr. mehr und mehr in den hellenistischen Weltverkehr einbezogen war, wurde bald ein Handelsmittelpunkt ersten Ranges und vor allem der beherrschende Kapitalmarkt der ganzen antiken Welt. Die ungeheuren Reichtümer, die hier durch die Kriege der Römer und die Ausbeutung der Provinzen zusammenflossen, sammelten sich in den Händen zweier verhältnismäßig kleiner Bevölkerungsgruppen: des senatorischen Adels und der sog. Ritterschaft. Die Angehörigen des Senatorenstandes beteiligten sich an Handels- und Geldgeschäften (die ihnen als nicht standesgemäß untersagt waren) höchstens insgeheim; ihr Reichtum, zumeist in Grundbesitz angelegt, war vorwiegend ererbt oder bei ihrer politischen Tätigkeit erworben: er stammte vor allem aus der Kriegsbeute des Feldherrn oder aus mehr oder weniger freiwilligen Geschenken der Provinzialbevölkerung an den Statthalter. Neben diesen zum Teil altberühmten und mächtigen senatorischen Familien bildete sich aus Stadtrömern und angesehenen Munizipalbürgern eine zweite Aristokratie der Neureichen, der Kaufleute und Finanzmänner, die aus Heereslieferungen, Steuerpachten und anderen Staatsaufträgen, aus Wuchergeschäften mit geldbedürftigen Politikern und ausgeplünderten Provinzialgemeinden und aus dem Handel in und außerhalb Italiens ungeheure Gewinne zogen und vielfach gleichfalls in Landbesitz anlegten. Diese Kapitalistenschicht nannte man „Ritterschaft" (*equites*), weil diejenigen, denen es ihr Vermögen erlaubte, in der Reiterei zu dienen, seit alters eine in mancher Hinsicht privilegierte Klasse der römischen Bürgerschaft bildeten (s. o. S. 20). Die Senatsaristokratie, mehr als früher gespalten in einander bekämpfende Gruppen, die Ritterschaft, die zwar keinen unmittelbaren Anteil an den politischen Geschäften hatte, ihre wirtschaftlichen Interessen aber sowohl durch ihre Beziehungen zu Senatoren wie durch ihren Einfluß in der politischen Strafjustiz zur Geltung brachte, und die mehr und mehr anschwellende, unruhige Masse des besitzlosen Großstadtproletariats als dankbares Objekt demagogischer Umtriebe: das waren die Faktoren der immer tumultuarischer werdenden innerpolitischen Auseinandersetzungen im letzten Jahrhundert der Republik[5]).

III. Die Krise der Republik. Diese Auseinandersetzungen, die zum Zusammenbruch der Senatsherrschaft und zur Begründung der Monarchie führen sollten, begannen mit der großangelegten sozialen Reformgesetzgebung, durch welche die (der Senatsaristokratie entstammenden) Volkstribune Tiberius und Gaius Gracchus in den Jahren 133–121 v. Chr. vor allem die bäuerliche Grundlage des römischen Staats wiederherzustellen versuchten; der größte Teil des ohne Rechtstitel in den Händen der Großbesitzer befindlichen *ager publicus* (s. o. S. 48) sollte in unveräußerliche Bauernstellen aufgeteilt und an besitzlose Bürger überwiesen werden. Auf revolutionärem Wege mit Hilfe der hauptstädtischen Masse durchgesetzt, riefen die gracchischen Reformen eine Reaktion der regierenden Schicht hervor, die bald zur Einstellung der begonnenen Siedlungstätigkeit führte (*lex agraria* d. J. 111, s. o. S. 39) und damit dem ganzen Unternehmen die nachhaltige Wirkung nahm. Der bei der gracchischen Revolution hervorgetretene Gegensatz zwischen den Führern der römischen Aristokratie, die das Senatsregiment zu stützen versuchten (den Optimaten), und gewissen Einzelgängern, die ihre politischen Ziele mit Hilfe der breiten Volksmassen zu erreichen strebten (den Popularen), blieb das beherrschende Element in der weiteren Entwicklung. Nur handelte es sich bald nicht mehr, oder jedenfalls nicht mehr in erster Linie, um soziale und poli-

[5]) Keinen Einfluß auf die politische Entwicklung der spätrepublikanischen Zeit gewannen die wiederholten Aufstände der Sklaven, deren Zahl infolge der Eroberungskriege Roms und durch den in der Osthälfte des Reichs lebhaft betriebenen Menschenhandel gewaltig angeschwollen war, und die namentlich dann, wenn sie kolonnenweise in der Gutswirtschaft oder im Gewerbebetrieb eingesetzt waren, vielfach ein menschenunwürdiges Dasein führten. Ihre Erhebungen in Sizilien und Unteritalien wurden blutig niedergeschlagen.

tische Reformen, sondern um die Macht im Staate. Mit den Auseinandersetzungen moderner Massenparteien haben die politischen Kämpfe jener Zeit wohl gewisse demagogische Methoden, im übrigen aber nur sehr wenig gemein. Vor allem waren es keine Klassenkämpfe, sondern im wesentlichen nur Machtkämpfe innerhalb der römischen Aristokratie: es ist gewiß kein Zufall, daß keiner von den großen popularen Politikern aus dem einfachen Volke und die bedeutendsten, wie die Gracchen und Cäsar, aus den ersten Familien des senatorischen Adels stammten[6]). Ferner: es gab wohl mehr oder weniger demagogische Programme, aber keine Parteien im modernen Sinne. An ihrer Stelle bildeten die mannigfachen Treuverhältnisse und politischen Freundschaften, die von jeher das Gesicht der römischen Gesellschaft und das Leben des römischen Staats entscheidend bestimmt hatten (s. o. S. 16), die eigentliche Grundlage des politischen Einflusses. Als Resultat dieser Kämpfe, die mit den verschlagensten und brutalsten Methoden geführt wurden und den besten Teil der römischen Aristokratie ausrotteten, trat immer deutlicher die Monarchie hervor. Ihr Kommen war, wie wir bereits in anderem Zusammenhang sahen, eine Notwendigkeit. Der Weg zu ihr führte über außerordentliche Militärkommandos und außerordentliche verfassungsgebende Gewalten, über politische Bündnisse und blutige Bürgerkriege zwischen den nach der Macht strebenden Rivalen zunächst zur faktischen Alleinherrschaft des Stärksten.

Wiederholt ist diese letzte Vorstufe erreicht worden, ehe es gelang, die Monarchie als eine dauernde, ideologisch und rechtlich begründete Ordnung aufzurichten: Schon S u l l a ist unumschränkter Herr im Staate gewesen (seit 82 v. Chr.); seiner politischen Herkunft aus dem optimatischen Lager getreu, hat er es aber vorgezogen, das Regime der Senatsaristokratie noch einmal zu restaurieren und sich dann freiwillig aus dem politischen Leben zurückzuziehen. Seine umfassende Reformgesetzgebung, die das Senatsregiment zu sichern suchte, indem sie z. B. die Befugnisse der Volkstribune beschnitt, Konsuln und Prätoren auf die stadtrömischen Geschäfte der politischen Leitung und der Rechtspflege beschränkte[7]) und die wiederholte Bekleidung *(iteratio)* eines Amtes erst nach 10 Jahren zuließ, vermochte die Krise der Republik nicht aufzuhalten[8]). C a e s a r , der zweite, dem nach seinem Siege über Pompeius und den Senat die faktische Alleinherrschaft zugefallen war, endete unter den

---

[6]) Auch C. Marius, den man sich gern als einen von der Pike emporgedienten Haudegen vorstellt, kam in Wahrheit aus dem Ritterstande.

[7]) Erst in einem zweiten Amtsjahr übernahmen diese Magistrate nunmehr als Prokonsuln und Proprätoren die Verwaltung der Provinzen (s. o. S. 44). De jure behielten die Konsuln und Prätoren allerdings ihr militärisches Imperium bis ans Ende der Republik, und die konsularische Gewalt ging, wenn ein Konsul in einer Provinz erschien, der des Promagistrats vor.

[8]) Nachhaltiger wirkten seine Neuerungen auf dem Gebiete des Strafrechts und des Strafverfahrens (s. u. S. 66).

Dolchen fanatischer Republikaner, als er eben im Begriff war, daraus die letzten Folgerungen zu ziehen. Erst sein Großneffe und Adoptivsohn C. Octavius, der Sohn eines Senators von nur prätorischem Range und munizipaler Abkunft, wurde der Begründer der römischen Monarchie; wir nennen ihn mit einem Ehrennamen, den ihm der Senat im Gründungsjahr der neuen Ordnung (27 v. Chr.) verliehen hat, Augustus [9]), die von ihm geschaffene, in ihrem Wesen (wenn auch nicht in der äußeren Erscheinung) monarchische Staatsform den Prinzipat.

IV. Der Prinzipat. 1. Das Wesen des Prinzipats. Wie bereits angedeutet wurde, stand der Schöpfer der römischen Monarchie vor der schweren Aufgabe, sich mit den Traditionen des republikanischen Zeitalters und mit der republikanischen Gesinnung zum mindesten der führenden Kreise der römischen Bürgerschaft auf eine einigermaßen befriedigende Weise abzufinden. An eben diesen ideellen Kräften war Cäsar gescheitert, als er mit der ihm eigenen Folgerichtigkeit einen Weg beschritt, der, wenn wir richtig urteilen, alsbald zu einer eindeutig monarchischen Ordnung hätte führen müssen. Gewarnt durch den Mißerfolg seines Adoptivvaters hat dann Augustus die Lösung des Problems in einem eigenartigen Kompromiß gesucht und gefunden, einem Kompromiß, das seiner Schöpfung ein schillerndes, nicht in feste Begriffe zu bannendes Wesen gab.

Vom Standpunkt des formalen Verfassungsrechts aus gesehen, stellte er, und zwar ausdrücklich und in feierlicher Weise, die durch die Wirren des letzten Jahrhunderts v. Chr. in ihren Grundfesten erschütterte republikanische Ordnung wieder her (28–27 v. Chr.)[10]), freilich mit einer Reihe von Vorbehalten, die, so schonend und unauffällig sie auch gefaßt waren, doch tatsächlich zur Folge hatten, daß er und seine Nachfolger die Geschicke von Staat und Reich so gut wie unbeschränkt in Händen hielten. In Wahrheit bedeutete also jene Wiederherstellung der Republik die Schaffung einer neuen monarchischen Gewalt, nur daß diese Gewalt nicht eigentlich in die Verfassung eingebaut, sondern neben sie gestellt wurde. Denn die neugeordnete republikanische Verfassung lieh zwar dem Träger der monarchischen Gewalt eine Reihe von Befugnissen von größter politischer Tragweite; aber diese Befugnisse waren, formal betrachtet, heterogene Einzelheiten; sie waren in ihren Erscheinungsformen nach Möglichkeit durch die überlieferte Begriffswelt des republikanischen

[9]) Das Wort ist unübersetzbar, weil seine Bedeutung zwischen religiösen und rein menschlichen Bezügen schwankt. Es kann geradezu „heilig" heißen, ebensowohl aber auch „erhaben", „imponierend". Wer die folgenden Seiten liest, wird verstehen, warum die Wahl gerade auf einen solchen mehrdeutigen Beinamen fiel.

[10]) Vgl. Mon. Anc. 34: *In consulatu sexto et septimo, bella ubi civilia extinxeram, per consensum universorum potitus rerum omnium rem publicam ex mea potestate in senatus populique Romani arbitrium transtuli.*

Staatsrechts bestimmt und gerade darum nicht geeignet, das Wesen der neuen Monarchie verfassungsmäßig zum Ausdruck zu bringen.

Verständlich wird die Schöpfung des Augustus deshalb nur als eine außerhalb der republikanischen Ordnung stehende und diese zu stützen und ergänzen berufene treuhänderische Gewalt. Nicht als verfassungsmäßig berufener Herrscher wollte Augustus angesehen werden; er wollte nichts anderes sein als der erste Bürger *(princeps,* daher Prinzipat) einer freien Stadt, der vermöge seines überragenden politischen Ansehens *(auctoritas)*[11]) der republikanischen Regierung bei der Aufrechterhaltung der öffentlichen Ordnung und bei der Verwaltung des Weltreichs helfend zur Seite stand. Die Last, die sich für die verfassungsmäßigen Organe des Stadtstaates als zu schwer erwiesen hatte, nahm nun ein Einzelner auf seine Schultern, begnadet mit politischer Genialität, mit außergewöhnlichen materiellen Mitteln und, nicht zuletzt, mit dem besonderen Segen der Götter: dies ist die Idee des augusteischen Prinzipats. Ihr entspricht es, wenn die Beamten, deren sich der *princeps* zur Erledigung der von ihm übernommenen Aufgaben bediente, juristisch betrachtet, nicht Staatsbeamte, sondern seine Privatbeamten und die Kasse, aus der er seine Verwaltungstätigkeit bestritt (der *fiscus Caesaris),* seine Privatschatulle war (obgleich schließlich der weitaus überwiegende Teil der Staatseinkünfte in sie geleitet wurde). Eine schonendere Form für die Beseitigung der republikanischen Freiheit und eine wirksamere Verkleidung der neuen Ordnung als dieser bewußte Verzicht auf eine Eingliederung in die Verfassung ließ sich kaum finden.

Dabei konnte sich Augustus auf Gedanken stützen, die schon in der Krisenzeit der Republik verbreitet waren und teils auf einer romantischen Betrachtung des altrömischen Staates, teils wohl auch auf den politischen Theorien der hellenistischen Philosophie beruhten; für uns sind sie greifbar in den staatsphilosophischen Schriften Ciceros, und es ist in hohem Maße lehrreich, zu sehen, wie die von diesem leidenschaftlichen Republikaner verfochtenen Ideale dazu dienen mußten, den Umsturz der freistaatlichen Ordnung zu begründen. Eine außerordentlich geschickte und lebhafte politische Propaganda hämmerte die Idee des Prinzipats dem Zeitbewußtsein ein; literarische Größen wie Livius, Horaz und Vergil traten in ihren Dienst; Bauten und Feste versinnbildlichten das Wesen und die Leistungen des neuen Regimes, und die Abbildungen und Schlagworte auf den römischen Münzen führten sie jedermann täglich vor Augen. Auch der große Rechenschaftsbericht des Augustus *(res gestae divi Augusti),* der nach seinem Tode im Senate veröffentlicht und in Rom wie in den Provinzen inschriftlich verewigt wurde, ist in erster Linie als eine offizielle Propagandaschrift zu verstehen; er ist größtenteils erhalten

[11]) Vgl. Mon. Anc. 34a. E.: *Post id tempus* (d. h. nach der Wiederherstellung der Republik in den Jahren 28/7 v. Chr.) *auctoritate omnibus praestiti, potestatis autem nihilo amplius habui quam ceteri qui mihi quoque in magistratu conlegae fuerunt.* (*Quoque* muß als Ablativ von *quisque* verstanden werden.)

und bildet für uns die unmittelbarste Quelle für die politische Gedankenwelt des Augustus (sog. Monumentum Ancyranum[12]).

Mit dem bisher Angedeuteten ist indessen nur die eine Seite des Prinzipats, sein Verhältnis zum römischen Staat und zur römischen Bürgerschaft gekennzeichnet. Ein anderes Gesicht zeigt der Prinzipat, wenn wir ihn vom Standpunkte der untertänigen Provinzialbevölkerung aus betrachten. Dieser war das auf die Vorstellungen und Empfindungen der römischen Bürgerschaft berechnete kunstvolle Nebeneinander von Republik und Prinzipat verständlicherweise ganz gleichgültig. Wollte man auch sie an der neuen Ordnung interessieren – und dies wurde schon unter Augustus, mehr noch in späteren Zeiten angestrebt –, so mußte man ihr ein einfacheres Idealbild vor Augen stellen. Sie mußte den Princeps als den gerechten und humanen Beherrscher der ganzen Kulturmenschheit, als den Erretter von den Bedrückungen und Nöten der voraufgehenden Periode, den Friedebringer und Vater des Menschengeschlechts, als den weisen Regenten im Sinne der hellenistischen Staatsphilosophie oder den Gottkönig altorientalischen Stiles verehren lernen. Darum wurde auch der religiöse Kult des lebenden Kaisers, anders als in Rom, in den östlichen Provinzen von Anfang an nicht nur geduldet, sondern sichtlich gefördert.

Da nun die Propaganda des Prinzipats durchaus nicht nur konventionelle Phrase war, vielmehr auf lebendigen Anschauungen der Reichsbevölkerung fußte und den ideellen Kern der neuen Ordnung formulierte, so kündigt sich in ihrer Zweispurigkeit bereits zu Beginn des Prinzipats der Gegensatz an, der dann mehr und mehr die politische Entwicklung der ersten nachchristlichen Jahrhunderte beherrschte: der Gegensatz zwischen der aus republikanischen Zeiten ererbten Vorstellung einer nationalrömischen Weltherrschaft und der Idee eines kosmopolitischen Weltreichs, in dem alle Nationen in gleicher Weise dem Regiment eines absoluten Herrschers unterworfen sind.

Die ganz auf die persönliche Autorität und das Charisma des Augustus gegründete Vorstellung vom „Ersten Bürger" in einem republikanischen Gemeinwesen gab der von ihm begründeten Monarchie für lange Zeit ihr formales Gepräge. Spuren dieser Vorstellung sind noch in der Terminologie des Dominats und selbst des byzantinischen Kaisertums zu erkennen. Im Bewußtsein der Reichsbevölkerung jedoch, einschließlich der Bürgerschaft und ihrer führenden Kreise, wurde der Prinzipat schon im Laufe des 1. Jh. n. Chr. zur verfassungsrechtlichen Institution und zum Mittelpunkt der gesamten staatlichen Ordnung. Dies zeigt sich unter anderem darin, daß die Juristen des 2. und des beginnenden 3. Jahrhunderts die Gewalt des Princeps auf den Volkswillen zurückführten und allen seinen Anordnungen Gesetzeskraft zuschrieben (Gai.

[12]) Weil das zuerst aufgefundene und vollständigste Exemplar dieses Rechenschaftsberichts eine Inschrift am Augustustempel von Ancyra (dem heutigen Ankara) war. Fragmente eines zweiten inschriftlichen Exemplars fand man später in den Ruinen der pisidischen Stadt Antiochia.

1, 5; Pomp. D. 1, 2, 2, 11; Ulp. D. 1, 4, 1). Als Anrede und offizielle Bezeichnung des Princeps setzte sich der alte republikanische Siegertitel *imperator* durch, den schon Augustus anstelle seines Vornamens Gaius angenommen hatte und der dann, ebenso wie die Beinamen Caesar und Augustus, zum festen Bestandteil der Titulatur des Princeps wurde.

2. Es gilt nunmehr, das Verhältnis des Prinzipats zur republikanischen Verfassung Roms noch genauer zu umschreiben. Nach wie vor bestanden die republikanischen Staatsorgane: die Magistratur, die Volksversammlungen und der Senat. Augustus und seine Nachfolger übernahmen selbst von Zeit zu Zeit das Konsulat und gehörten dem Senate als dessen Senior (*princeps senatus*, S. 29, Anm. 16) an; sie brachten damit zum Ausdruck, daß sie die republikanischen Organe auch weiterhin als die eigentlichen Träger der Staatshoheit betrachten wollten. Tatsächlich jedoch nahm die Übermacht des Princeps der republikanischen Verfassung mehr und mehr den Lebensraum. So konnte insbesondere in Wahrheit nicht mehr davon die Rede sein, daß die Konsuln, wie einstmals, das politische Leben des Staates leiteten oder gar das militärische Kommando führten; diese Aufgaben lagen jetzt allein beim Princeps. Die Zuweisung gewisser Funktionen auf dem Gebiet der Gerichtsbarkeit vermochte den politischen Wirkungskreis der Konsuln nicht zu ersetzen, und das Konsulat sank schnell zu einer bloßen Dekoration herab, mit der die Mitglieder angesehener Adelsfamilien und die verdienten Helfer des Princeps ausgezeichnet wurden. Äußerlich zeigt sich dies auch darin, daß es üblich wurde, in ein und demselben Jahre mehrere Konsulnpaare hintereinander amtieren zu lassen, jedes nur für wenige Monate oder gar Tage. Besser als das Konsulat hielten sich zunächst die minderen Magistraturen, deren speziellere Funktionen selbst zu übernehmen der Princeps keinen Anlaß hatte. So blieb z. B. den Prätoren die Jurisdiktion in Zivil- und Strafsachen prinzipiell im gleichen Umfange wie in der späteren Republik. Aber ihre Dekrete unterlagen schon im 1. Jahrhundert n. Chr. der Appellation an den Princeps oder den Senat. Vor allem aber entwickelte sich, zuerst im Bereich der Strafjustiz, später auch für Zivilprozesse, eine außerordentliche Gerichtsbarkeit kaiserlicher Beamten, die der von den Prätoren gehandhabten „ordentlichen" Rechtspflege das Wasser abgrub (vgl. u. S. 68 ff.; 129). Die Ädilen verloren ihre polizeilichen Befugnisse an neugeschaffene Polizeiorgane des Princeps, die städtischen Quästoren die Verwaltung des Ärars an einen vom Princeps ernannten *praefectus aerarii*. Das Interzessionsrecht der Volkstribune erfuhr um die Mitte des 1. Jh. entscheidende Einschränkungen.

Während die Magistratur immerhin, wenn auch nur als schwacher, mehr und mehr verblassender Abglanz ihrer einstmaligen Größe, noch bis in die Spätzeit Roms fortbestand, ist der zweite Faktor des republikanischen Verfassungslebens, die Volksversammlung, schon bald nach Augustus sang- und klanglos aus dem Bereich der politischen Realitäten verschwunden. Schon unter Tiberius verlor das Volk die Wahl der Magistrate an den Senat, zumindest soweit es sich um die wirkliche Auswahl unter mehreren Bewerbern handelte[13]): es scheint, daß auch noch späterhin über die vom Senat festgestellten Einkandidatenvorschläge ein formeller Wahlakt des Volkes stattfand, der aber doch nichts anderes sein konnte als eine ehrwürdige Zeremonie. Wenig später kam auch die Volksgesetzgebung ab (s. u. S. 117), an deren Stelle praktisch der Senatsbeschluß trat. So spielte das Volk fortan nur noch die Rolle von Statisten bei feierlichen Staatsaktionen, die durch den Glanz altrepublikanischer Tradition erhöht werden sollten. Da die Volksversammlungen, wie wir bereits gesehen haben (o. S. 46), schon längst ihren Sinn als politische Organisation der Gesamtbürgerschaft verloren hatten und durch das Überwiegen des hauptstädtischen Proletariats ein unbequemes und selbst gefährliches Verfassungsinstrument geworden waren, ist diese Entwicklung nicht weiter verwunderlich[14]).

Im Gegensatz zu Magistratur und Volk erfuhr der S e n a t durch die auf ihn übergehenden Wahl- und Gesetzgebungsbefugnisse und durch seine seit Tiberius anerkannte Strafgerichtsbarkeit (s. u. S. 70) sogar eine sehr bedeutsame Erweiterung seiner Zuständigkeiten. Allein trotz der Rücksicht, mit der ihn Augustus und die Mehrzahl seiner Nachfolger behandelten, und trotz wiederholter und redlicher Bemühungen der Kaiser, ihn zu wirklicher Mitarbeit an den Staatsgeschäften anzuhalten, verlor auch der Senat sehr schnell jede Kraft zu unabhängiger Meinungsäußerung und wurde zum bloßen Sprachrohr des kaiserlichen Willens. Die Wahlen folgten stets dem geäußerten oder auch bloß vermuteten Willen des Princeps, und die Gesetzesanträge des Princeps oder seiner Vertrauensleute wurden zumeist ohne ernsthafte Erörterung angenommen. Im zweiten Jahrhundert n. Chr. begann man darum statt des eigentlichen Senatsbeschlusses, der schon damals kaum noch mehr als eine Formalität war, den Antrag (*oratio*) des Princeps zu zitieren. Noch später, vom vierten Jahrhundert an, galt der Senat nur noch als eine der möglichen Publikationsstätten kaiserlicher Erlasse. Der Kaiser erschien in aller Regel gar nicht mehr in eigener Person, sondern ließ das Gesetz durch einen seiner Beamten mitteilen, und an die ehemalige Abstimmung des

[13]) Aus einer 1947 gefundenen Inschrift – der sog. Tabula Hebana, abgedruckt u. a. in der Ztschr. Historia 1 (1950), 105 ff. – haben wir erfahren, daß durch ein Volksgesetz des Jahres 5 n. Chr. aus Senatoren und Rittern ein Wahlkörper gebildet worden ist, der unter den Bewerbern für die Magistraturen eine Vorwahl (*destinatio*) treffen sollte, und daß dieser in 10 *centuriae* gegliederte Wahlkörper im Jahre 19 n. Chr. um weitere 5 Zenturien vermehrt worden ist. Da indessen die römischen Historiker diese Institution nicht erwähnen, vielmehr Tacitus (1, 15) ausdrücklich berichtet, im Jahre 14 n. Chr. (!) seien die Wahlen vom Volk auf den Senat übergegangen (*tum primum e campo comitia ad patres translata sunt*), kann jenes Vorwahlverfahren wohl nicht lange praktisch geübt worden sein.

[14]) Daß Augustus zum mindesten ursprünglich gewillt war, die Volkswahlen beizubehalten, zeigt sein interessanter Versuch, von den außerhalb Roms lebenden Bürgern wenigstens die Stadtratsmitglieder (*decuriones*) der Bürgerkolonien im Wege schriftlicher Stimmabgabe daran zu beteiligen (Suet. Aug. 46).

Senats erinnerten nur noch die Beifallsrufe und Segenswünsche *(acclamationes)*, mit denen die Senatoren die kaiserliche Botschaft begrüßten[15]).

Während so die republikanische Verfassung sehr bald nur noch ein Scheindasein fristete, gruppierte sich um die Person des Princeps eine neue Staatsorganisation, die im Laufe der Zeit immer weiter ausgebaut wurde.[16])

Wie wir sahen, hatte die Stellung des Princeps von vornherein ihren Schwerpunkt außerhalb der überkommenen republikanischen Ordnung in einer mit rechtlichen Begriffen nicht erfaßbaren politischen Ideologie. Aus diesem Bereich stammen der Oktavian vom Senate verliehene Beiname *Augustus* (s. o. S. 51), der Ehrentitel „Vater des Vaterlands" *(pater patriae)*, die Erhebung des verstorbenen Princeps zu göttlichen Ehren *(consecratio)* und schließlich, wie bereits angedeutet wurde, auch die Bezeichnung *princeps* selbst (die übrigens niemals unter den Titeln und Amtsgewalten der Kaiser erscheint). In der Sphäre des republikanischen Verfassungsrechts war der Prinzipat im wesentlichen nur durch zwei Befugnisse verankert, die nach dem Muster republikanischer Magistraturen geformt waren, ohne doch selbst Magistraturen zu sein: die tribunizische Gewalt *(tribunicia potestas)* und das *imperium proconsulare* des Princeps. Die dem Princeps auf Lebenszeit verliehene tribunizische Gewalt gab ihm alle Rechte eines Volkstribuns (s. o. S. 30 f.), d. h. dessen Unverletzlichkeit, das Recht zur Berufung sowohl der Volksversammlung (allerdings nur in der Gestalt des *concilium plebis)* wie des Senats und das Vetorecht gegen die Amtshandlungen aller Magistrate. Diese Befugnisse gestatteten dem Princeps jeden etwa erforderlichen Eingriff in die hauptstädtische Politik; dabei stellten sie nach den Begriffen der republikanischen Verfassung kein *imperium*, d. h. keine hoheitliche Gewalt dar, sie waren vielmehr nur Ausflüsse der Schutzfunktion der Tribune zugunsten der Bürgerschaft, genauer gesagt, zugunsten der Plebs. Die lebenslängliche Übertragung dieser Rechte an den Princeps brauchte darum nicht als eine Beeinträchtigung der republikanischen Staatsgewalt aufgefaßt zu werden. Sie bot ihm überdies die Handhabe, durch Ausübung des tribunizischen Hilferechts *(ius auxilii)* die Rolle des Vorkämpfers für das Wohl des kleinen Mannes zu spielen und insbesondere durch Annahme von Appellationen gegen die Entscheidungen der Jurisdiktionsmagistrate (s. o. S. 54) höchstrichterliche Funktionen auszuüben (vgl. über die kaiserliche Gerichtsbarkeit u. S. 70 f.). Das prokonsularische Imperium gab dem Princeps die (im einzelnen freilich, wie wir sogleich sehen werden, unterschiedlich ausgestaltete) Herrschaft über die Provinzen und das schon seit der Wende vom 2. zum 1. Jh. v. Chr. zu einer langdienenden Söldnertruppe gewordene Heer. Auf ihm beruhte, soweit sie überhaupt innerhalb des republikanischen Verfassungsrechts begründet war, die tatsächliche Machtstellung des Prinzipats. Langfristige und über den normalen Befehlsbereich der Statthalter hinausgehende Kommandogewalten

[15]) Ein drastisches Beispiel bietet das Publikationsprotokoll des Codex Theodosianus (s. u. S. 142), das die endlose Reihe der Akklamationen genau verzeichnet.

[16]) Die wichtigsten Etappen dieses Ausbaus sind die Regierungszeiten der Kaiser Claudius, Domitian und Hadrian.

in den Provinzen hatten sich in den beiden letzten Jahrhunderten der Republik immer wieder als eine militärische Notwendigkeit erwiesen (s. o. S. 47). Das prokonsularische Imperium des Princeps war darum nichts Ungewöhnliches. Es konnte als eine unerläßliche Voraussetzung für die Erhaltung des Reichs und des Friedens gelten, und da es sich nur in den Provinzen auswirkte, sah der stadtrömische Bürger kaum etwas davon. Man hütete sich auch, es ihm noch besonders vor Augen zu führen: Der Rechenschaftsbericht des Augustus schweigt ganz davon, und die offizielle Titulatur der älteren Principes weist nur undeutlich durch den nach Art eines Vornamens geführten Imperatortitel (s. o. S. 54) darauf hin[17]). Mit dieser Verschleierung des prokonsularischen Imperiums hängt es zusammen, daß das Wesen und der Umfang dieser Befugnis auch für die moderne Forschung nicht vollkommen durchsichtig ist.

Von den Provinzen hat Augustus einen Teil, und zwar die militärisch wichtigen, in denen Heere standen, in eigene Verwaltung genommen. Die übrigen überließ er den republikanischen Organen; sie wurden unter der Aufsicht des Senats wie in republikanischer Zeit durch Prokonsuln regiert; doch konnte der Princeps auch in ihre Verwaltung jederzeit eingreifen, und zwar selbst ohne vorher den Senat zu befragen[18]).

3. D e r V e r w a l t u n g s a p p a r a t d e s P r i n c e p s. Außer seinem Anteil an der Provinzialverwaltung übernahm der Princeps auch noch gewisse stadtrömische Aufgaben, deren Erledigung durch republikanische Organe entweder nicht möglich oder auch im Interesse des Prinzipats nicht erwünscht war: so die Unterhaltung einer hinlänglichen Polizei und Feuerwehr und die Getreide- und Wasserversorgung der Hauptstadt. Die Kasse des Princeps (der *f i s c u s C a e s a r i s*, s. o. S. 52), aus der die Ausgaben aller dieser Verwaltungszweige bestritten wurden, zog einen großen Teil der gesamten Reichseinnahmen, insbesondere die aus den vom Princeps unmittelbar verwalteten Provinzen, an sich und ließ sehr bald die alte republikanische Staatskasse (das *aerarium populi Romani*) an Bedeutung weit hinter sich[19]). Die Finanzverwaltung, der Schriftwechsel zwischen dem Princeps und seinen Dienststellen und die Erledigung der zahlreichen Eingaben, die namentlich aus der Provinzialbevölkerung an den Princeps gelangten, erforderten umfangreiche Zentralämter in der Umgebung des Prin-

---

[17]) Erst Trajan begann den Titel *proconsul* unter seinen Amtsgewalten aufzuführen.

[18]) Dies zeigen namentlich die in der Senatsprovinz Kyrene gefundenen Edikte des Augustus (vgl. z. B. S t r o u x - W e n g e r, Die Augustusinschr. v. Kyrene, 1928).

[19]) Allem Anscheine nach ist der *fiscus Caesaris* nicht schon zu Beginn des Prinzipats als eine einheitliche und umfassende Organisation entstanden. Unter Augustus kennen wir nur einzelne Provinzial-*fisci*, die von Freigelassenen des Princeps verwaltet wurden. Entscheidende Fortschritte im Ausbau und in der Zusammenfassung der Fiskalverwaltung sind wahrscheinlich unter Claudius erfolgt. Bei den Juristen des späteren zweiten und des dritten Jh. begegnet der Fiscus als Behörde mit eigener Rechts-, insbesondere Prozeßfähigkeit, die (seit Hadrian) von besonders dafür angestellten Beamten, den *advocati fisci*, vor Gericht vertreten wurde.

ceps und außerdem gewisse Hilfsorganisationen, wie z. B. eine schnell und zuverlässig arbeitende Staatspost *(cursus publicus)*. So entstand ein weitläufiger Verwaltungsapparat, der sich im Laufe der Zeit mehr und mehr verzweigte und die republikanischen Organe beiseiteschob. Im Gegensatz zur Einheit und Allseitigkeit des republikanischen Imperiums herrschte hier in weitem Umfange eine scharfe Ressortteilung; auch waren die Ämter des Princeps keine unbesoldeten Ehrenämter wie die republikanischen Magistraturen, sondern mit reichlich bemessenem Gehalt *(salarium*, eigentlich „Salzgeld") ausgestattet, und ihre Innehabung war nicht auf ein Jahr befristet, sondern dauerte, solange es der Princeps für gut befand.

An den Aufgaben seines Verwaltungsbereiches ließ der Princeps die beiden führenden Stände der römischen Bürgerschaft, den senatorischen Adel und die Ritter, teilnehmen, und zwar war jedem dieser Stände eine bestimmte Gruppe von Ämtern vorbehalten. Ein Senator aus der höchsten Rangklasse der Konsulare verwaltete das von Augustus geschaffene Amt des *praefectus urbi*, dem die Aufrechterhaltung von Ruhe und Ordnung in der Hauptstadt und, im Zusammenhang damit, in zunehmendem Maße auch jurisdiktionelle Aufgaben oblagen (s. u. S. 68). Senatoren waren ferner die obersten Vorsteher der öffentlichen Bauten, Wasserleitungen und Landstraßen *(curatores operum publicorum, aquarum, viarum)*. Vor allem aber wurden die obersten Kommandostellen des Heeres vom Befehlshaber einer Legion *(legatus legionis)* aufwärts und die meisten Statthalterposten in den unter der Verwaltung des Princeps stehenden Provinzen (o. S. 57) grundsätzlich nur mit Männern aus dem Senatorenstande besetzt. Die Statthalter senatorischen Ranges hießen *legati Augusti pro praetore* und hatten kraft Delegation von seiten des Princeps für den Bereich ihrer Provinz die gleichen Rechte wie ein republikanischer Magistrat, und zwar einschließlich des Kommandos über die dort stehenden Truppen. Eine geringere Zahl von Provinzen wurde von Statthaltern aus dem Ritterstande verwaltet; meist handelte es sich dabei um kleine Provinzen, deren Statthalter zu Beginn des Prinzipats *praefecti* genannt wurden, seit Claudius aber gleich anderen Beamten ihrer Rangstufe die Amtsbezeichnung *procurator* trugen[20]). Doch gehörte zu den ritterlichen Statthalterschaften auch die große und besonders wichtige Provinz Ägypten, die Augustus wegen ihrer wirtschaftlichen Bedeutung als Kornkammer des Reichs und Hauptversorgungsquelle der Stadt Rom einem Mitglied des senatorischen Adels nicht anvertrauen mochte und auch sonst durch Ausnahmebestimmungen zu sichern suchte. Angehörige des Senatorenstandes durften sie ohne besondere Erlaubnis des Princeps überhaupt nicht betreten. Die Stelle des Statthalters in Ägypten *(praefectus Alexandriae et Aegypti)* war eines der höchsten Ämter, die für einen Ritter erreichbar waren. Ungefähr den gleichen Rang hatten gewisse hauptstädtische Ritterämter, die ebenfalls als Präfekturen bezeichnet wurden, so das wegen seiner gefährlichen

[20]) Ein solcher Statthalter aus dem Ritterstand war Pontius Pilatus; er verwaltete die kleine Provinz Judaea.

Machtposition in der Regel doppelt besetzte Amt des Kommandanten der Leibgarde des Princeps (*praefectus praetorio*) und die Stelle des Polizeipräsidenten (*praefectus vigilum*) in Rom, das Amt des Chefs der Getreideversorgung (*praefectus annonae*) und das des Generalpostmeisters (*praefectus vehiculorum*). Eine große Anzahl weiterer ritterlicher Dienststellen entstand mit dem allmählichen Ausbau der einzelnen Verwaltungszweige, namentlich der Finanzverwaltung; ihre Inhaber erhielten zumeist den Rang von Prokuratoren.

Nicht mit Senatoren oder Rittern besetzt, sondern von kaiserlichen Freigelassenen verwaltet waren bis ins zweite Jahrhundert n. Chr. die unmittelbar unter dem Kaiser arbeitenden Zentralstellen. Ursprünglich rein interne Hilfsorgane des Princeps bei dessen persönlicher Verwaltungstätigkeit, gewannen sie seit Claudius eine festere Organisation und selbständigere Stellung; der „Rechnungsführer" (*a rationibus*) des Princeps, der ursprünglich keine andere Position eingenommen hatte als die entsprechenden Privatangestellten anderer wohlhabender Römer, wurde nun eine Art Reichsfinanzminister; den Schriftverkehr des Princeps erledigten jetzt, je nach seinem formalen Charakter, zwei getrennte Büros *ab epistulis* und *a libellis* (vgl. dazu unten S. 120 f.), zu denen sich noch ein besonderes Amt für die Führung des kaiserlichen Journals (*a memoria*) gesellte. Es berührt eigenartig und ist ein Ausfluß des höchstpersönlichen Charakters, den das Regiment des Princeps trug und nach seinem Wesen notwendig tragen mußte, daß diese leitenden Stellen in der Hand von Freigelassenen waren, hochgebildeten und geschäftsgewandten Männern übrigens, die meist griechischer Herkunft waren und zum Teil sehr Bedeutendes für die Reichsverwaltung geleistet haben. Erst seit Hadrian (117–138 n. Chr.) wurden auch diese Stellen stets mit Rittern besetzt.

Der Ausbau der kaiserlichen Finanzverwaltung drängte das verderbliche System der Steuerverpachtung (s. o. S. 44) mehr und mehr zurück. Diese Entwicklung kam nicht nur den Staatseinnahmen, sondern vor allem auch den Steuerschuldnern zugute, zumal der Fiscus gleich einem Privatmanne vor den Gerichten Recht nehmen mußte (s. o. Anm. 19). Die ständige Kontrolle, die der Princeps über die gesamte Reichsverwaltung, insbesondere auch über die Rechtsprechung ausübte, förderte die Rechtssicherheit und minderte die Korruption, ohne sie freilich völlig auszurotten[21]). Im ganzen gesehen wurde das Reich in den ersten zweieinhalb Jahrhunderten der Prinzipatszeit nicht nur intensiver, sondern auch weit besser verwaltet als in republikanischer Zeit.

4. Der schwächste Punkt in der kunstvollen Ordnung des Augustus war das Problem der **Nachfolge in den Prinzipat**. Da die monarchische Gewalt des „ersten Bürgers" nicht eigentlich in der Verfassung, sondern in einer

[21]) Wir besitzen auch aus der Prinzipatszeit zahlreiche Berichte über Repetundenprozesse gegen bestechliche und erpresserische Statthalter. Sie pflegten jetzt vor dem Senat oder (wenn es sich um kaiserliche Beamten aus dem Ritterstand handelte) vor dem Princeps stattzufinden (s. u. S. 70 f.).

politischen Ideologie begründet war, konnte an eine gesetzliche Regelung der Nachfolgeordnung nicht gedacht werden. Insbesondere ließ sich die formelle Anerkennung einer Erbfolge in der Familie des Princeps mit der offiziellen Theorie vom Fortbestand der Republik schlechterdings nicht vereinbaren. Eine Wahl durch das wichtigste republikanische Staatsorgan, den Senat, konnte bei der Machtlosigkeit dieses Faktors in aller Regel nur den Wert einer Förmlichkeit haben; soweit sie aber mehr bedeutete, war sie nicht erwünscht; denn der Prinzeps strebte – wenigstens im ersten Jahrhundert der neuen Ordnung und dann auch späterhin wieder – begreiflicherweise danach, die Vererbung seiner Stellung innerhalb seiner Familie, wenn sie sich auch rechtlich nicht sichern ließ, doch tatsächlich durchzusetzen. Schließlich ergab sich aus den Machtverhältnissen von vornherein auch die Möglichkeit, daß das Heer, die stärkste Stütze der Monarchie, seine Wünsche bezüglich der Nachfolge in den Prinzipat geltend machen und gegebenenfalls mit Waffengewalt durchsetzen werde.

So trat mit dem Tode des Princeps jedesmal ein mehr oder weniger kritischer Augenblick für den inneren Frieden des Reiches ein. Die Lösung des Nachfolgeproblems aber erfolgte je nach den Umständen des Einzelfalles bald im Wege der Erbfolge, bald durch die Wahl des Senats, seit dem Ende des zweiten Jahrhunderts aber fast immer durch die Entscheidung des Heeres oder, richtiger gesagt, der Heere, die weit voneinander entfernt an den Grenzen des Reiches standen und oft verschiedene Prätendenten erhoben; zwischen diesen mußte dann der Bürgerkrieg entscheiden. Das einzige, freilich auch nicht unfehlbare Mittel gegen die mit dem Thronwechsel verbundenen Gefahren war die M i t r e g e n t s c h a f t. Schon Augustus hat den von ihm ausersehenen Nachfolger bereits zu seinen Lebzeiten zu den Regierungsgeschäften herangezogen und auch äußerlich als den künftigen Princeps gekennzeichnet. Später begegnen noch klarere Fälle der Mitregentschaft und selbst einzelne Fälle der S a m t h e r r s c h a f t, bei der zwei *principes* mit gleichen Befugnissen nebeneinander stehen. Da ferner die Erfahrung lehrte, daß die Weitergabe des Prinzipats an den natürlichen Abkömmling leicht den Unrechten an die leitende Stelle des Weltreichs brachte, auf die Legitimation, die in der Familienzugehörigkeit des Nachfolgers lag, aber bei der Schwierigkeit des ganzen Thronfolgeproblems nicht wohl verzichtet werden konnte, kam am Ende des ersten Jahrhunderts (seit Nerva) die Übung auf, daß der Princeps den tüchtigsten seiner Mitarbeiter adoptierte und damit zu seinem Nachfolger designierte, ein Verfahren, das dem Reich eine Reihe seiner größten und edelsten Herrscherpersönlichkeiten (Trajan, Hadrian, Antoninus Pius und Mark Aurel) geschenkt hat und in gewisser Hinsicht die konsequente Verwirklichung der Prinzipatsidee darstellte.

Wenn nun auch, wie wir soeben sahen, die Bestimmung des Nachfolgers in den Prinzipat ein rein politischer Vorgang war, für den es keine festen Rechtsgrundsätze gab, so bedurfte doch der neue Princeps jeweils der Legitimation durch Übertragung derjenigen Befugnisse, die ihm im Rahmen der republikanischen Verfassung zustehen sollten, vor allem also durch Verleihung der tribunizischen Gewalt und des prokonsularischen Imperiums. Hierüber beschloß wohl in erster

Linie der Senat; aber man legte anscheinend Gewicht darauf, diesen bedeutsamen Akt noch durch die (im übrigen unpraktisch gewordene) Form des Volksgesetzes zu bekräftigen. So geschah es jedenfalls beim Regierungsantritt des durch eine Militärrevolution zur Herrschaft gelangten Kaisers Vespasian, dessen Bestallungsgesetz uns (allerdings nur teilweise) inschriftlich erhalten ist (sog. *lex de imperio Vespasiani*: Bruns, Fontes Nr. 56).

5. Leistungen des Prinzipats; wirtschaftliche und soziale Verhältnisse; Überwindung des Stadtstaats. Der Prinzipat hat dem Reich und damit der antiken Kulturwelt für mehr als zwei Jahrhunderte eine friedliche Entwicklung ermöglicht; denn die Thronwirren nach dem Tode des Nero und des Commodus bilden, aufs ganze gesehen, nur kurze und unbedeutende Episoden in dieser langen Friedensperiode, und die auswärtigen Kriege spielten fern an den Grenzen des Reichs, wenn sie auch zum Teil, wie die Feldzüge des Trajan und des Mark Aurel, seine wirtschaftlichen Kräfte in bedenklichem Maße beanspruchten.

Das großzügige persönliche Regiment der *principes* kam vor allem den Provinzen zugute, die unter den Verhältnissen der spätrepublikanischen Zeit außerordentlich gelitten hatten und nun, namentlich im ersten Jahrhundert n. Chr., eine Periode materieller Blüte erlebten. Italien selbst vermochte nur eine Zeitlang an diesem wirtschaftlichen Aufstieg teilzunehmen. Denn es gelang trotz aller Reformmaßnahmen nicht, die schweren sozialen Schäden der späten Republik nachhaltig zu bessern. Augustus hatte durch eine Reihe grundlegender Gesetze die gesunkene Standes- und Ehemoral heben und die Gefahren der Kinderlosigkeit und der Überfremdung der römischen Bürgerschaft durch die massenhafte Freilassung von Sklaven verschiedenster Herkunft bannen wollen[22]); seine Siedlungen in Italien bezweckten zwar in erster Linie die Versorgung der Veteranen aus den letzten Bürgerkriegen und konnten nur unter brutaler Verdrängung der bisherigen Landeigentümer durchgeführt werden. Im Ergebnis aber führten sie doch wohl zu einer nicht unbeträchtlichen Vermehrung des bäuerlichen Kleinbesitzes im Sinne des einst von den Gracchen verfolgten Programms[23]). Später haben dann Nerva, Trajan und ihre nächsten Nachfolger umfangreiche Stiftungen für die Erziehung der Kinder mittelloser Bürgerfamilien gemacht oder veranlaßt, deren Kapitalien dem italischen Grundbesitz zu mäßigem Zins als Dauerdarlehen zur Verfügung gestellt wurden und damit gleich-

---

[22]) Der Hebung der Ehemoral und der Bekämpfung der Ehe- und Kinderlosigkeit dienten die *leges Juliae de adulteriis coercendis* und *de maritandis ordinibus* des Jahres 18 v. Chr. und die *lex Papia Poppaea* (9 n. Chr.). Einen, freilich zaghaften, Versuch zur Eindämmung der Freilassungen bildeten die *lex Fufia Caninia* (2 v. Chr.) und die *lex Aelia Sentia* (4 n. Chr.). Das nähere über den Inhalt dieser Gesetze gehört in die Darstellung des römischen Privatrechts.

[23]) Vielfach werden freilich die in der Landwirtschaft unerfahrenen oder ihrer entwöhnten Veteranen ihr Landgut verpachtet und in den Städten ein bescheidenes Rentnerdasein geführt haben.

zeitig der Bekämpfung der Kinderlosigkeit und der Unterstützung der Landwirtschaft dienten. Trotz alledem aber machte der Großbesitz und mit ihm die Entvölkerung Italiens weitere Fortschritte, und der wirtschaftliche Vorsprung, den Italien zu Beginn des Prinzipats auf den Gebieten der Wein- und Ölproduktion und der gewerblichen Erzeugung den Provinzen gegenüber besaß, ging allmählich verloren. Eine zielbewußte Wirtschaftspolitik, wie sie die Neuzeit, aber auch das hellenistische Ägypten kennt, haben die Kaiser der Prinzipatszeit niemals betrieben. Sie kümmerten sich zwar um das Nächstliegende, vor allem um die Getreideversorgung Roms, die schon Augustus in seine Regie nahm und die dann mehr und mehr ausgebaut wurde; aber sie pflegten nicht die einzelnen Wirtschaftszweige um ihrer selbst willen nach einem einheitlichen Plane, und das Gesamtbild des damaligen Wirtschaftslebens bietet darum überwiegend den Eindruck eines liberalistischen laissez-faire, laissez-aller. So bahnte sich eine Entwicklung an, die auf längere Sicht zu einer Verlegung des wirtschaftlichen und schließlich auch des geistigen und politischen Schwergewichts von Italien hinweg in andere Reichsteile, vor allem des Ostens, führen mußte.

Einstweilen waren indessen noch Rom und das Römertum der Angelpunkt des Weltreichs, galt der römische Bürger als Teilhaber an der Weltherrschaft und besaß die römische Kultur eine ungeheure Expansionskraft. Der gesamte Westen des Reiches wurde in erstaunlich kurzer Frist mehr oder weniger gründlich romanisiert. In einzelnen Teilen Spaniens, in Nordafrika und Südfrankreich, hatte diese Romanisierung schon im letzten Jahrhundert der Republik eingesetzt, gefördert durch das Vordringen des römischen Kaufmanns, die Anlage römischer Bürgerkolonien und die Verleihung des Latinerrechts (s. o. S. 43) an einzelne Gemeinden. Unter dem Prinzipat machte sie rasche Fortschritte, unter anderem auch infolge der Ansiedlung der ausgedienten Soldaten in den Grenzgebieten des Reiches (die übrigens mit zur allmählichen Verödung Italiens beigetragen haben wird). Im Zusammenhang mit der R o m a n i s i e r u n g d e r P r o v i n z e n erfolgte wiederum die Aufnahme zahlreicher Einzelpersonen und ganzer Gemeinden oder selbst ganzer Provinzen in das römische Bürgerrecht oder die Latinität. Es bedarf keines Hinweises darauf, daß hiermit die formell noch immer festgehaltene stadtstaatliche Struktur des Reiches endgültig ihren Sinn verlor und das römische Bürgerrecht nun mehr und mehr den Sinn eines Reichsbürgerrechts erhielt.

Nur in den östlichen Provinzen vermochte das Römertum keine erheblichen Eroberungen zu machen, denn hier herrschte die ebenbürtige, in mancher Hinsicht sogar immer noch überlegene griechische Kultur, die von den Römern übrigens seit langem verehrt und geschont und nun von manchen Kaisern, vor allem von Hadrian, ausgesprochenermaßen gepflegt wurde. Römische und hellenische Gesittung wurden jedoch mehr und mehr als eine Einheit empfunden, und Westen und Osten wuchsen darum bis zu einem gewissen Grade zu einem kulturell geschlossenen Ganzen zusammen.

Die wirtschaftliche und kulturelle Basis dieses römisch-hellenistischen Weltreiches aber bildeten die zahllosen großen und kleinen städtischen Gemeinwesen.

Sie besaßen zwar nicht mehr wie zur Zeit der alten griechischen und italischen Stadtrepubliken die Freiheit politischer Selbstbestimmung, aber doch wenigstens in weitem Maße eine (vor Eingriffen der römischen Staatsorgane allerdings nicht geschützte) Selbstverwaltung und hatten trotz der aus der Zeit der römischen Reichsgründung herrührenden, nun allmählich verblassenden Unterschiede in der Rechtsstellung (s. o. S. 44 f.) doch alle an dem gleichen großzügigen Wirtschaftsleben und an der gleichen Zivilisation und Bildung teil. Männer aus der Oberschicht der provinzialen Bürgergemeinden begannen schon im 1. Jh. n. Chr. bis in den römischen Senat aufzusteigen. Gegen Ende des 2. Jh. stammte bereits gut die Hälfte der Senatoren aus den Provinzen, und ein beträchtlicher Teil davon war griechisch-orientalischer Herkunft. Der Prinzipat selbst kam mit Trajan (98–117 n. Chr., aus der alten Römerkolonie Italica bei Sevilla) und Hadrian (117–138 n. Chr., ebenfalls aus Italica) in die Hände spanischer Römer; nur noch wenige ihrer Nachfolger waren in Italien beheimatet.

So wurde die auf dem Siegerrecht des Stadtstaats Rom beruhende, in republikanischer Zeit begründete Reichsorganisation immer mehr von der Entwicklung überholt, und es war, im großen historischen Zusammenhang gesehen, nur ein notwendiges Ergebnis dieser Entwicklung, wenn Antoninus Caracalla durch einen berühmten Erlaß vom Jahre 212 n. Chr. (die *constitutio Antoniniana*) das römische Bürgerrecht mit einem Schlag auf das gesamte Reich erstreckte. Dieser Erlaß, aus gleichgültigen Anlässen der Tagespolitik, vor allem wohl aus aktuellem Geldbedürfnis[24]) heraus entstanden, aber gleichwohl ein Markstein in der Geschichte des römischen Reichs, ist uns auf einem Papyrus der Gießener Sammlungen erhalten (Pap. Giss. 40), allerdings in so zerfetztem Zustande, daß wichtige Fragen ungeklärt bleiben; eine bestimmte Klasse der Reichsbevölkerung, die *dediticii* (s. o. S. 45), war vielleicht von der Verleihung des Bürgerrechts ausgenommen; es ist indessen noch immer nicht zweifelsfrei erwiesen, welche Bevölkerungselemente damals zu dieser Klasse gehörten.

Mit der *constitutio Antoniniana* hatte die Idee des übernationalen Weltreichs endgültig über die Vorstellung von der Herrschaft des Stadtstaats Rom gesiegt. Die von Augustus künstlich erhaltene republikanische Verfassungsordnung, im Laufe der Zeit immer mehr ausgehöhlt und zu einer sehr fadenscheinigen Attrappe geworden, war reif zum gänzlichen Zerfall. Aus dem ersten Bürger der Stadt Rom konnte jetzt ein übernationaler Weltherrscher werden, dessen Sitz nicht mehr an Rom gebunden war, sondern allein durch die wirtschaftlichen und kulturellen Kraftverhältnisse und die militärisch-politischen Bedürfnisse des Reichs bestimmt wurde. Die wirtschaftlichen Nöte, die schon im zweiten Jahrhundert n. Chr. begannen, und die außen- und innenpolitischen Katastrophen des dritten Jahrhunderts haben diese Strukturveränderung des Reichs ver-

---

[24]) Man vermutet, daß Caracalla durch die Ausdehnung des Bürgerrechts den Ertrag der (nur von römischen Bürgern erhobenen) fünfprozentigen Erbschaftssteuer (*vicesima hereditatium*) erhöhen wollte, die seinerzeit Augustus für die Unterhaltung des Heeres eingeführt hatte.

hältnismäßig rasch und gründlich vollendet und vom Alten nur wenige ehrwürdige Trümmer und eine Anzahl versteinerter Formeln übriggelassen. Wesen und Aufbau des spätrömischen Staates, wie sie seit dem Ausgang des dritten Jahrhunderts immer deutlicher in Erscheinung treten, werden uns zu Beginn des letzten Abschnitts dieser Darstellung kurz beschäftigen.

§ 4. *Das öffentliche Strafverfahren*

I. Die Entstehung der *iudicia publica.* Das Privatstrafrecht der Zwölftafeln (s. o. S. 35 ff.) entsprach den Verhältnissen eines urwüchsigen Gemeinwesens von bescheidenen Ausmaßen und bäuerlichem Charakter. Es mußte sich mehr und mehr als unzulänglich erweisen, als sich Rom zu einer Großstadt entwickelte, die von starken sozialen Spannungen erfüllt war. Mit dem Anschwellen des städtischen Proletariats und der vermehrten Sklavenhaltung war ohne Zweifel eine erhebliche Steigerung der Kriminalität verbunden, die energische Maßnahmen zur Aufrechterhaltung der öffentlichen Sicherheit forderte. Darum entstand spätestens zu Beginn des 2., wahrscheinlich aber schon im Laufe des 3. Jh. v. Chr. eine radikale Polizeijustiz gegen Gewaltverbrecher, Brandstifter, Giftmischer und Diebe. Ihnen allen drohte die Todesstrafe (dem Dieb allerdings nur, wenn er beim Stehlen oder beim Heimbringen seiner Beute ertappt worden war). Als todeswürdiges Verbrechen galt auch schon das bloße Waffentragen in verbrecherischer Absicht, das Kaufen und Verkaufen und überhaupt der Besitz von tödlichem Gift. Wer von den Polizeiorganen ergriffen worden war, wurde von Amts wegen bestraft; das Verfahren konnte aber auch durch die Anzeige *(nominis delatio)* eines Privatmannes in Gang gebracht werden, wobei es in der Regel Sache des Anzeigenden war, den Beweis für das behauptete Verbrechen zu liefern. Zuständig für die Ausübung dieser Polizeijustiz war an und für sich der Stadtprätor als Inhaber der allgemeinen Jurisdiktionsgewalt. Er überließ jedoch die Bestrafung von Sklaven und Kriminellen aus der Unterschicht der freien Bevölkerung den *tresviri capitales,* Magistraten niederen Ranges[25]), denen auch die Sicherheitspolizei in der Stadt, die Aufsicht über das Staatsgefängnis und der Vollzug der Hinrichtungen oblag. Geständige oder auf frischer Tat ertappte Verbrecher wurden von den *tresviri,* wie es scheint, ohne gerichtliche Verhandlung exekutiert. Bei Sklaven wurde dem Geständnis durch die Folter nachgeholfen. Bestritt aber der Angeschuldigte die ihm zur Last gelegte Tat, so entschied der Beirat (das *consilium)* des mit der Sache befaßten Triumvirn über seine Schuld oder Unschuld. Vor den Prätor selbst oder einen von ihm jeweils beauftragten Verhandlungsleiter *(quaesitor)* kamen vermutlich nur sol-

---

[25]) Das Amt wurde zu Beginn des 3. Jh. v. Chr. geschaffen; man rechnete es später zum sog. Vigintivirat, dem auch ein Teil der *praefecti iure dicundo* (s. S. 81, Anm. 37), die *decemviri stlitibus iudicandis* (s. S. 82, Anm. 39) und die für die Straßenreinigung in Rom zuständigen Beamten zugezählt wurden.

che Prozesse, die sich gegen nicht geständige Bürger von einigem Ansehen richteten. Hier bedurfte es stets eines Schuldspruches des Konsiliums. Die Bestrafung des Schuldiggesprochenen war dann Sache des Prätors; er konnte zwar nicht die gesetzlich vorgesehene Todesstrafe durch eine andere Strafe ersetzen, wohl aber den Verurteilten ins Exil entweichen lassen (s. o. S. 35 f.) und gegen ihn die *aqua et igni interdictio* aussprechen.

Politische Strafprozesse waren, wie wir sahen (o. S. 20 f.), in der älteren Republik von den Volkstribunen, Ädilen oder Quästoren vor den Komitien geführt worden. Auch dieses Verfahren erwies sich in der Periode nach dem zweiten punischen Krieg sehr bald als unzeitgemäß, weil die Volksversammlung nicht mehr, wie ehedem, in ihrer Mehrheit aus bedächtig abwägenden Bauern bestand, sondern von der hauptstädtischen Menge beherrscht war, die demagogischer Beeinflussung in hohem Maße offenstand. Außerdem waren Politik und Verwaltung so kompliziert geworden, daß der gemeine Mann in vielen Fällen gar nicht mehr imstande war, den Sachverhalt der Straftat zu beurteilen. Infolgedessen wurde es mehr und mehr üblich, daß der Senat die politischen Verbrechen, insbesondere die Amtspflichtverletzungen von Provinzialstatthaltern und anderen Magistraten, den Konsuln oder einem der Prätoren zur Untersuchung und zur Verhandlung vor seinem Konsilium überwies, das aus Senatoren bestand und darum sachkundig war. Auch zur Aburteilung von Massenverbrechen, die im normalen Geschäftsgang der öffentlichen Strafjustiz nicht bewältigt werden konnten, und zur Unterdrückung staatsgefährdender Bewegungen wurden solche außerordentlichen Gerichtshöfe *(quaestiones extraordinariae)* eingesetzt.

Alle diese öffentlichen Strafgerichte *(iudicia publica)* trugen wohl bis gegen das Ende des 2. Jh. noch mehr oder weniger den Charakter der Improvisation. Sie wurden von Fall zu Fall gebildet, und die Auswahl des Konsiliums, das über die Schuldfrage zu entscheiden hatte, oblag dabei vermutlich entweder dem vorsitzenden Magistrat oder dem Senat. Nur für das Verfahren wegen Erpressungen römischer Beamten in Italien oder den Provinzen (das Repetundenverfahren, s. o. S. 47), gab es seit einer *lex Calpurnia repetundarum* des Jahres 149 v. Chr. eine besondere, für das ganze Amtsjahr aufgestellte „Richterliste", aus der jeweils unter Mitwirkung des Klägers und des Beklagten das *consilium* gebildet wurde. Den Vorsitz in diesem Verfahren führte der Fremdenprätor. Weitere „ständige" Gerichtshöfe dieser Art *(quaestiones perpetuae)* konnten anscheinend erst geschaffen werden, als die Konsilien der Strafgerichte nicht mehr ausschließlich mit Mitgliedern des Senats (der damals einen Normalbestand von nur 300 Köpfen hatte) besetzt werden mußten, d. h. nach der *lex Sempronia iudiciaria* des C. Gracchus (122 v. Chr.). Dieses Gesetz, das den Rittern den Zutritt zu den Richterbänken eröffnete, bildete den Ausgangspunkt für die Entwicklung eines Systems von Schwurgerichtshöfen, denen in der Spätzeit der Republik und zu Beginn der Kaiserzeit die ordentliche Strafjustiz oblag.

II. Die Schwurgerichte der ausgehenden Republik und der frühen Kaiserzeit. Die am Ende des 2. Jh. bereits vorhandenen, wahrscheinlich schon durch die *lex Sempronia* geschaffenen ständigen Gerichtshöfe hat Sulla im Rahmen seiner Verfassungsreformen neu geordnet und vermehrt. Es gab nunmehr Gerichtshöfe für Hochverrat und Ungehorsam gegen die vorgesetzten Staatsorgane (*quaestio maiestatis*[26])), Hinterziehung von Staatseigentum (*quaestio peculatus*), Wahlbestechung (*quaestio ambitus*), Erpressung in den Provinzen (*quaestio repetundarum*), Mord, Giftmord und Gefährdung der öffentlichen Sicherheit (*quaestio de sicariis et veneficis*), Fälschung von Testamenten oder Münzen (*quaestio de falsis*) und für schwere Injurien, einschließlich des Hausfriedensbruchs (*quaestio de iniuriis*). Andere, wie die *quaestio de vi* für Gewaltverbrechen aller Art und die *quaestio de adulteriis* für Ehebruch und Verführung ehrbarer unverheirateter Frauen kamen später hinzu, zum Teil erst durch die Kriminalgesetzgebung des Augustus, die den Abschluß der Entwicklung der *iudicia publica* bildete. An der Spitze der einzelnen Quästionen standen zumeist Prätoren[27]).

Das Verfahren vor diesen Schwurgerichten kennen wir verhältnismäßig genau, wenn auch nur unter dem Blickwinkel des Anwalts, aus den Gerichtsreden Ciceros. Es wurde nicht etwa von Amts wegen eingeleitet (sei es nun durch den Vorsitzenden oder einen öffentlichen Ankläger), sondern setzte stets die „Anzeige" (*nominis delatio*, s. S. 64) eines Privatmannes voraus. Diese Anzeige war jetzt in Wahrheit eine Anklage; denn wenn sie der zuständige Gerichtsmagistrat annahm (worüber, zum mindesten in bestimmten Fällen, nicht er selbst, sondern ein aus Richtern seiner *quaestio* gebildetes *consilium* zu entscheiden hatte), so erwarb damit der Anzeigende die Rechte und Pflichten einer Prozeßpartei; es war nunmehr seine Sache, den Gegner vor Gericht des Verbrechens zu überführen. Zur Anklageerhebung war (abgesehen vom Verfahren vor der *quaestio de iniuriis*) grundsätzlich jeder unbescholtene Bürger befugt (Popularanklage). Eben hierin zeigt sich die Besonderheit des „öffentlichen" Strafverfahrens gegenüber der Privatklage des Zwölftafelrechts, die nur dem Verletzten oder (im Falle der Tötung) seiner Sippe zugestanden hatte. Natürlich waren die Motive der Ankläger sehr mannigfaltig. Neben dem Rachedurst des Geschädigten, der

---

[26]) *Maiestas* bedeutet Hoheit (eigentlich „Höhersein"), *crimen (laesae) maiestatis* also Hoheitsverletzung. Noch das augusteische Gesetz scheint den Schutz des Staates und der republikanischen Obrigkeit in den Vordergrund gestellt zu haben; ob es den Princeps als solchen überhaupt erwähnte, ist nicht völlig sicher. Im Laufe des 1. Jh. der Kaiserzeit trat aber der Angriff auf die Person des Princeps als Gegenstand des Majestätsverbrechens mehr und mehr in den Vordergrund, und man ging in der Anwendung des Gesetzes sehr weit.

[27]) Ehe Sulla die bisherigen Provinzialprätoren zu Vorständen der Quästionen gemacht hatte, wurden diese Gerichtshöfe in der Regel von *iudices quaestionis* geleitet. Man bekleidete dieses Amt zwischen der Ädilität und der Prätur. Es bestand noch bis zur Neuordnung des Augustus fort, da die Zahl der Prätoren auch in nachsullanischer Zeit nicht für die Leitung aller Quästionen ausreichte.

im *iudicium publicum* ebenso wie in der Privatklage seine Befriedigung finden konnte, spielten Feindschaften, die mit der betreffenden Straftat gar nichts zu tun hatten, eine große Rolle, daneben politischer Ehrgeiz und namentlich auch Geldgier; denn für den siegreichen Ankläger waren in den Kriminalgesetzen Prämien von erheblicher Höhe ausgesetzt. Bei kapitaler Verurteilung des Angeklagten fiel dem Ankläger sogar ein Bruchteil des beschlagnahmten Vermögens zu. Ohne Zweifel gab es viele Leute, die das Geschäft des Anklägers gewerbsmäßig betrieben, und verhältnismäßig wenige, die bei der Anklage nur an das öffentliche Interesse dachten. Die schweren Mißstände, die sich aus dem System der Popularanklage ergaben, suchte man dadurch zu bekämpfen, daß man den Ankläger, wenn sich sein Vorbringen als grundlos erwies, einem unmittelbar anschließenden Verfahren wegen „Verleumdung" *(calumnia)* unterwarf, das ihn bescholten machte und ihm insbesondere die Befugnis nahm, fernerhin als Ankläger aufzutreten.

Hatte der Gerichtsmagistrat eine Anklage angenommen, so wurde zunächst das *consilium*, d. h. die Geschworenenbank, die über Schuld oder Unschuld des Angeklagten entscheiden sollte, durch Auslosung aus der Richterliste der betreffenden *quaestio* gebildet; dabei stand sowohl dem Ankläger wie dem Angeklagten das Recht zu, eine bestimmte Anzahl von Richtern abzulehnen. Die auf diese Weise ausgewählten Mitglieder des Konsiliums, deren Zahl zu verschiedenen Zeiten und auch bei den einzelnen Quästionen verschieden war (bis zu 75), wurden vor Beginn der Verhandlung vereidigt. Die Verhandlung selbst stand ganz im Zeichen der Parteiinitiative, mehr noch als dies heute etwa im angelsächsischen Strafprozeß der Fall ist. Der Ankläger gestellte und verhörte die Belastungszeugen, der Angeklagte die Zeugen, von denen er eine Aussage zu seinen Gunsten erwartete. Es gab scharfe Kreuzverhöre. Die Geschworenen hörten schweigend zu; jedes Gespräch untereinander war ihnen verboten. Der Gerichtsmagistrat beschränkte sich auf die zumeist sehr großzügig gehandhabte Sitzungspolizei. Die Fairneß, mit der die römischen Prozeßgesetze insbesondere dem Angeklagten Raum für seine Verteidigung gewährte, ist überaus eindrucksvoll, für unsere Begriffe sogar übertrieben. Er konnte zeitweise bis zu sechs Anwälte für sich auftreten lassen. Ihnen und ihm selbst wurde kraft ausdrücklicher Gesetzesbestimmungen eine überreichliche Redezeit durch die Wasseruhr zugemessen, insgesamt stets das Eineinhalbfache der Zeit, die der Anklage zur Verfügung stand. Das *consilium* fällte seinen Spruch in der Regel durch Stimmtäfelchen, die verdeckt in eine Urne gelegt wurden. Stimmengleichheit bedeutete Freispruch. Ergab sich eine große Zahl von Stimmenthaltungen, so wurde nochmals verhandelt. Im Repetundenprozeß, in dem es um die politische und in der Regel auch um die wirtschaftliche Existenz ehemaliger Magistrate ging und zumeist zahlreiche Einzelvorgänge geprüft werden mußten, war eine zweimalige Verhandlung über den gesamten Prozeßstoff sogar ein für allemal gesetzlich vorgeschrieben.

Auf Grund der Abstimmung des Konsiliums verkündete der Gerichtsmagistrat, daß der Angeklagte die ihm zur Last gelegte Tat nach der

Überzeugung des Gerichts begangen *(fecisse videtur)* oder nicht begangen habe. Auf eine Strafe wurde grundsätzlich nicht erkannt; sie ergab sich aus dem Gesetz, das dem Verfahren zugrunde lag. Nur in den Fällen, in denen die Strafe in einer Geldbuße bestand, die von der Höhe des angerichteten Schadens abhing, bedurfte es einer Art Strafzumessung. Sie stand dem *consilium* zu, das deshalb nach dem Schuldspruch noch einmal zu einer Verhandlung über den „Streitwert" *(litis aestimatio)* zusammentreten mußte. Der Vollzug der Strafe war Sache des Gerichtsmagistrats. Die Todesstrafe wurde, soviel wir sehen können, an den im Quästionenverfahren Verurteilten (die in der Regel den *honestiores,* d. h. den höheren Ständen angehörten, s. S. 72), im letzten Jahrhundert der Republik nicht mehr vollstreckt, der Magistrat gab ihnen vielmehr Gelegenheit zur Flucht ins Exil. Dagegen wurden Sklaven und Kriminelle aus der Unterschicht der freien Bevölkerung (die *humiliores),* die vom Polizeigericht der *tresviri capitales,* das offenbar bis an das Ende der Republik fortbestanden hat, wegen eines Kapitalverbrechens verurteilt worden waren, ohne Zweifel in aller Regel hingerichtet. Nur auf diese Weise konnte man sich des Berufsverbrechertums einigermaßen erwehren, zumal das republikanische Strafrecht noch keine Freiheitsstrafe kannte.

III. Die Entwicklung der außerordentlichen Strafjustiz und der Verfall der Schwurgerichte unter dem Prinzipat. Wie bereits angedeutet wurde, hat Augustus die spätrepublikanischen Schwurgerichte nicht etwa beseitigt, sondern im Gegenteil neugeordnet und vermehrt. Sie blieben darum auch unter dem Prinzipat die Organe der „ordentlichen" Strafjustiz *(ordo iudiciorum publicorum).* Augustus hat aber zugleich auch das Polizeiwesen und die Polizeijustiz von Grund auf reformiert, indem er einen Senator konsularischen Ranges unbefristet als Stadthauptmann *(praefectus urbi)* einsetzte und eine starke kasernierte Polizeitruppe, die *cohortes vigilum* schuf (s. S. 57). Der Stadtpräfekt und (mit begrenzter Kompetenz) auch der Kommandant der *vigiles* *(praefectus vigilum)* traten infolgedessen als Träger der Polizeijustiz an die Stelle der *tresviri capitales.* Auch außerhalb der Stadt Rom und ihrer nächsten Umgebung traf Augustus energische Maßnahmen zur Bekämpfung des Verbrechertums, vor allem des Bandenunwesens, das sich unter dem schlaffen Regiment der spätrepublikanischen Zeit und während der Bürgerkriege in Italien ausgebreitet hatte. Er überzog das Land mit Militärposten, die vermutlich zumeist von der Prätorianergarde, der einzigen Truppe, die in Italien stand, abkommandiert waren und demgemäß unter dem Oberbefehl der Gardekommandanten *(praefecti praetorio)* standen. Wahrscheinlich stand von vornherein den Kommandanten der einzelnen Militärposten eine Polizeigerichtsbarkeit über Verbrecher geringen Standes (insbesondere Sklaven) zu, während andere Kriminalfälle an die Gardepräfekten abgegeben wurden.

Man wird annehmen dürfen, daß diese von Augustus geschaffene Ordnung des Polizeiwesens nicht nur einen entscheidenden Fortschritt in der

Bekämpfung des Verbrechertums darstellte, sondern auch eine wesentliche Verbesserung der Strafjustiz. Die Polizeigerichtsbarkeit lag jetzt nicht mehr in den Händen von jungen Magistraten niederen Ranges, die alljährlich wechselten und darum wenig Zeit hatten, Erfahrungen zu sammeln. Sie wurde von bewährten Männern ausgeübt, unter denen sich mitunter sogar hervorragende Juristen befanden[28]), und deren Amtsdauer in jedem Falle eine gewisse Stabilität der Rechtsprechung ermöglichte. Aber auch im Verhältnis zu den Schwurgerichten war zum mindesten das Verfahren vor dem *praefectus urbi* in vieler Hinsicht überlegen. Es war straffer geleitet und prompter als jenes. Während es dort wegen der Umständlichkeit des gesetzlich vorgeschriebenen Ablaufs und der Machtposition, die die Parteien innehatten, zu endloser Verschleppung der Prozesse[29]) kam, konnten die Parteien, insbesondere der Ankläger, beim Stadtpräfekten auf eine rasche Entscheidung rechnen. Wie der Präfekt selbst den Prätoren, die den Schwurgerichten vorstanden, an Erfahrung und Sachkunde überlegen zu sein pflegte, so war auch sein aus Konsularen und anderen Senatoren zusammengesetztes *consilium* im allgemeinen tauglicher als die Geschworenenbänke der ordentlichen Strafgerichte. Und schließlich war das Gericht des Präfekten nicht wie die Schwurgerichte ein Spezialgerichtshof, vor dem nur bestimmte, gesetzlich genau umschriebene Delikte verhandelt werden durften; es konnte vielmehr jedes Verbrechen aburteilen, das gegen die öffentliche Ordnung und Sicherheit gerichtet war. Anders als vor den ordentlichen Gerichten bedurfte es also vor dem Gericht des *praefectus urbi* nicht mehrerer Prozesse, wenn ein und derselbe Täter gegen verschiedene Strafgesetze verstoßen hatte. All dies macht es verständlich, daß die „außerordentliche" Strafjustiz *(cognitio extra ordinem)* des *praefectus urbi* schon im Laufe des 1. Jh. n. Chr. die „ordentliche" der Geschworenenhöfe zu verdrängen begann. Immerhin bestanden zum mindesten einige von diesen auch noch im 2. Jh. Die letzte Nachricht über sie, die wir besitzen, stammt aus der Zeit der severischen Kaiser und bezieht sich auf die *quaestio de adulteriis;* wahrscheinlich existierte dieser Gerichtshof länger als die anderen, weil er sich mit Vergehen zu befassen hatte, die dem ursprünglich rein polizeilichen Aufgabenbereich des Stadtpräfekten besonders fern lagen.

Neben den Schwurgerichtshöfen des *ordo iudiciorum publicorum* und

---

[28]) Die Stadtpräfektur bekleidete unter Domitian der Jurist Pegasus, unter Marc Aurel der berühmte Salvius Julianus (s. S. 110); *praefectus vigilum* war z. B. Q. Cervidius Scaevola (u. S. 111).

[29]) Wir besitzen auf einem Papyrus eine Rede des Kaisers Claudius über die Mißstände in den ordentlichen Gerichten und insbesondere über die Prozeßverschleppung durch die Parteien (vgl. J. Stroux, Eine Gerichtsreform d. Kaisers Claudius, 1929). Zur Zeit des Kaisers Septimius Severus waren mehr als 3000 Ehebruchsprozesse vor der *quaestio de adulteriis* anhängig, von denen nur die wenigsten jemals erledigt wurden.

den außerordentlichen Gerichten des Stadtpräfekten, des *praefectus vigilum* und (im italischen Landgebiet) des *praefectus praetorio* fungierten auch der Senat und der Princeps als Organe der Strafjustiz. Die Strafgerichtsbarkeit des Senats, die sich im Anschluß an einige Fälle der spätaugusteischen Zeit[30]) unter Tiberius voll entfaltete, beschränkte sich in der Hauptsache auf Angehörige des Senatorenstandes. Sie war ohne Zweifel als ein Standesprivileg gemeint: Personen senatorischen Ranges sollten nicht in der Öffentlichkeit des schwurgerichtlichen Verfahrens und von Geschworenen abgeurteilt werden, die in ihrer Mehrzahl geringeren Standes waren. Bei der zunehmenden Fügsamkeit des Senats gegenüber dem (wirklichen oder vermeintlichen) Willen des Princeps erwies sich jedoch dieses Privileg in vielen Fällen als verhängnisvoll für den Angeklagten, vor allem, wenn es sich um politische Anschuldigungen (Majestätsprozesse, s. S. 66, Anm. 26) handelte. Für den Beschuldigten war es darum nicht selten günstiger, wenn der Kaiser die Verhandlung vor sein eigenes Gericht zog. Hieraus unter anderem erklärt es sich, daß das Senatsgericht schon seit der Mitte des 1. Jh. hinter dem Gericht des Kaisers zurücktrat.

Dem Princeps standen nach der von Augustus geschaffenen Ordnung jurisdiktionelle Befugnisse jedenfalls im Rahmen seines *imperium proconsulare* zu, das sich aber nur auf die Provinzen und das Heer erstreckte, von Hause aus vielleicht sogar nur auf diejenigen Provinzen, die seiner Verwaltung unterstanden (die sog. Kaiserprovinzen, s. o. S. 57). Dort wurden sie normalerweise von seinen Legaten ausgeübt. Wenn sich der Princeps jedoch in einer dieser Provinzen aufhielt, war er ohne Zweifel befugt, die Rolle des Gerichtsmagistrats selbst zu übernehmen. Auch lag es nahe, daß die Bewohner der Provinzen und namentlich die dort lebenden Bürger ihn als den eigentlichen Träger der für sie zuständigen Jurisdiktion gegen Entscheidungen seiner Stellvertreter anriefen. Ob der Princeps nach dem Inhalte der ihm übertragenen republikanischen Amtsgewalten auch in Rom das Recht der Jurisdiktion beanspruchen konnte, erscheint zweifelhaft[31]). Gewiß ist aber, daß er als Inhaber der *tribunicia potestas* eine Art von Kontrolle über die Rechtsprechung ausüben durfte. Denn schon die Volkstribune der republikanischen Zeit hatten auf Anrufen *(appellatio)* einer Prozeßpartei die Dekrete der Gerichtsmagistrate überprüft und gegebenenfalls kraft ihres Interzessionsrechts aufgehoben, ohne freilich, wie späterhin der

---

[30]) Für den Repetundenprozeß war schon im Jahre 4 v. Chr. durch einen zusammen mit den kyrenischen Edikten (s. Anm. 18) inschriftlich überlieferten Senatsbeschluß (das *Senatus consultum Calvisianum*) unter gewissen Voraussetzungen ein Verfahren vor einem vom Senat eingesetzten Rekuperatorenkollegium (s. u. S. 82) anstelle des Quästionenverfahrens zugelassen worden.

[31]) Die Bejahung dieser Frage hängt davon ab, ob Augustus, wie der Historiker Cassius Dio behauptet, tatsächlich die konsularische Gewalt oder nur die Ehrenrechte der Konsuln übertragen worden sind.

Kaiser, in der Lage zu sein, eine andere Entscheidung an die Stelle der kassierten zu setzen.

Die Frage, wie und wann sich von solchen verfassungsrechtlichen Ansatzpunkten aus das Gericht des Princeps zu einer festen Institution entwickelt hat, ist darum schwer zu beantworten, weil uns die römischen Historiker, auf deren Angaben wir bis in die Spätzeit des 2. Jh. n. Chr. angewiesen sind, nur eine sehr unvollständige, unscharfe und oft parteiische Darstellung der kaiserlichen Justiz überliefert haben. Sie zeigen insbesondere die Neigung, den Kaisern Strafurteile zuzuschreiben, die in Wahrheit vom Senat (wenn auch häufig unter dem Einfluß des Kaisers) gefällt worden sind. Sicher ist immerhin, daß schon Augustus des öfteren Recht gesprochen hat. Doch scheint er sich einer Einmischung in die von ihm selbst reformierte ordentliche Zivil- und Strafjustiz im allgemeinen enthalten zu haben. Die Erledigung von Appellationen überwies er zumeist an Konsulare, die er jeweils für ein Jahr mit dieser Aufgabe betraute. Noch zurückhaltender als Augustus verhielt sich offenbar Tiberius in der Ausübung der Jurisdiktion. Erst unter den folgenden Kaisern, vor allem unter Claudius, scheint die volle Entwicklung des Kaisergerichts begonnen zu haben. Sie erreichte ihren Höhepunkt in der Periode von Hadrian bis Septimius Severus. Der Kaiser konnte nunmehr, sei es aufgrund von Appellationen gegen die Entscheidungen anderer Gerichte, sei es in erster und letzter Instanz auf Ansuchen der Parteien, wahrscheinlich sogar auch kraft eigenen Entschlusses, jeden Rechtsstreit vor sein Tribunal ziehen. Obwohl viele Kaiser der Rechtsprechung einen sehr großen Teil ihrer Zeit widmeten, kann freilich immer nur ein verschwindend kleiner Teil aller Prozesse vor ihr Gericht gekommen sein. Da ihre Rechtsprechung jedoch vielfach neue Wege ging, gewannen ihre richterlichen Entscheidungen *(decreta)*, vor allem auf dem Gebiet des Zivilrechts, autoritative Geltung und wurden wie Gesetze zitiert und befolgt (s. u. S. 121 f.).

Über das Verfahren vor den „außerordentlichen" Strafgerichten der Kaiserzeit (einschließlich des Kaisergerichts) sind wir im einzelnen nur sehr mangelhaft unterrichtet[32]). Es konnte sicherlich von Amts wegen eingeleitet werden, doch war auch hier die private Anklage durchaus die Regel. Die Verhandlung wurde straffer geführt und elastischer gehandhabt als in den Schwurgerichten. Wir haben aber keinen Anlaß, daran zu zweifeln, daß dem Beschuldigten im allgemeinen ausreichende Zeit zur Verteidigung gegeben wurde. Auch der Grundsatz, daß nicht der Verhandlungsleiter, sondern sein *consilium* den Schuldspruch zu fällen habe, scheint für die außerordentliche Strafjustiz ganz

[32]) Die Berichte über das Verfahren gegen christliche Märtyrer geben darum keinen Aufschluß über das eigentliche Prozeßverfahren, weil sich die Märtyrer ja offen zum christlichen Glauben bekannten, m. a. W. geständig waren, und darum keine Verhandlung und kein Schuldspruch erforderlich war.

ebenso gegolten zu haben wie für den Prozeß vor den Schwurgerichten. Sichere Anhaltspunkte dafür haben wir allerdings nur in einigen Zeugnissen über das Kaisergericht. Es ist aber kaum denkbar, daß andere Gerichtsvorstände in diesem Punkte selbstherrlicher hätten verfahren dürfen als der Princeps.

Auch hinsichtlich der Strafen, die der Gerichtsvorstand gegen den Geständigen oder vom *consilium* schuldig Gesprochenen verhängen konnte, bestand in der außerordentlichen Strafjustiz der Kaiserzeit eine größere Bewegungsfreiheit als im Verfahren vor den Geschworenenhöfen. Während dieses an die republikanischen und augusteischen Kriminalgesetze gebunden blieb, die entweder Geldstrafen oder aber die Kapitalstrafe (d. h. in diesem Zusammenhang: Tod oder Verbannung) vorschrieben, konnten die mit außerordentlicher Strafgerichtsbarkeit betrauten Beamtenrichter auch die Überweisung in eine Fechterschule oder die Zwangsarbeit in Bergwerken und anderen öffentlichen Diensten anordnen *(condemnatio in metallum, in opus publicum)*. Diese Strafe wurde allerdings nur gegen (freie) Personen geringen Standes verhängt. Das gleiche galt in der Regel für die Todesstrafe, die an angeseheneren Bürgern von den Gemeinderäten der Munzipien aufwärts auch von den außerordentlichen Gerichten nur selten, insbesondere wegen schwerer politischer Verbrechen vollstreckt wurde. Die normale Kapitalstrafe für sie war die Deportation auf eine Insel (mit oder ohne Internierung); in leichteren Fällen begnügte man sich mit der Relegation, d. h. der Verweisung aus Rom und Italien, bzw. aus der Provinz, in der der Verurteilte seinen Wohnsitz gehabt hatte. Relegation und Deportation traten an die Stelle des Entweichenlassens in die Verbannung, weil diese durch die Ausdehnung und den Strukturwandel des Reiches ihren Sinn verloren hatte.

Mit dem Verschwinden der Schwurgerichte gingen zwar die in ihnen verkörperten Ansätze zu einer republikanischen Rechtsstaatlichkeit und Unabhängigkeit der Strafjustiz zu einem beträchtlichen Teil wieder verloren. Aber das außerordentliche Verfahren war wirksamer, geschmeidiger und im ganzen gesehen wahrscheinlich auch gerechter, vor allem gegen den kleinen Mann, der an den Errungenschaften des schwurgerichtlichen Prozesses kaum teilgehabt hatte. Zwar drohten ihm auch weiterhin härtere Strafen als den Angehörigen der oberen Stände, aber doch nicht mehr im gleichen Ausmaß wie in republikanischer Zeit die Todesstrafe, und zudem wird er vor dem Gericht des Stadtpräfekten oder des *praefectus vigilum* im allgemeinen bessere Verteidigungsmöglichkeiten gehabt haben als vor den *tresviri capitales* der Republik. Im 2. und beginnenden 3. Jh. n. Chr. lenkten kaiserliche Gerichtsentscheidungen und Rechtsbescheide die Praxis des Strafrechts und des Strafverfahrens im Sinne sorgfältiger Feststellung und Würdigung der Schuld[33]) und differenzierter Bemessung der Strafe. Die

---

[33]) Von Trajan stammt die Äußerung, daß es besser sei, die Tat eines Schuldigen unbestraft zu lassen als einen Unschuldigen zu bestrafen (Ulp. D. 48, 19, 5 pr.).

Juristen der spätklassischen Zeit (u. S. 113ff.) behandelten das Strafrecht verhältnismäßig ausführlich, wenngleich anscheinend nicht mit der gleichen Gründlichkeit wie das Zivilrecht, das eine sehr viel ältere wissenschaftliche Tradition hatte. Im Anschluß an die bescheidenen Bruchstücke dieser kaiserzeitlichen Strafrechtsliteratur, die in die justinianische Gesetzgebung Aufnahme gefunden haben, sind im Spätmittelalter die ersten Anfänge der europäischen Strafrechtswissenschaft erwachsen.

§ 5. *Die Privatrechtsentwicklung im römischen Großstaat und im Weltreich*

I. Der internationale Rechtsverkehr und das *ius gentium*. Wie wir sahen, stand Rom schon etwa seit dem dritten vorchristlichen Jahrhundert als politische und wirtschaftliche Großmacht mitten im Strom des hellenistischen Weltverkehrs. Italische Kaufleute gelangten bald bis in den Osten der Mittelmeerwelt, und fremde Händler kamen in weit größerer Zahl als zuvor nach Rom und in das römische Italien. Für den Rechtsverkehr zwischen den Angehörigen verschiedener Staaten herrschte in Rom und überhaupt in der antiken Welt als oberster Grundsatz das Prinzip der Personalität der Rechte. Das Recht eines jeden Gemeinwesens galt von Hause aus nur für die Bürger, nicht auch für Fremde. Der Fremde, dem nicht aufgrund zwischenstaatlicher Verträge eine mehr oder weniger umfassende Gleichstellung mit dem Bürger (das *commercium*, s. o. S. 18, und unter Umständen sogar das *conubium*, d. h. die Ehegemeinschaft) zugestanden war, mußte sich bei rechtlichen Konflikten ursprünglich der Hilfe eines Bürgers, seines „Gastfreundes" (*hospes*, πρόξενος) bedienen[34]). Während nun aber in dem von griechischer Kultur und Sprache beherrschten Osten dieser Zustand der rechtlichen Isolierung der einzelnen Gemeinwesen bereits durch die Bildung eines auf die Verwandtschaft aller griechischen Rechtsordnungen gegründeten gemeinhellenischen Verkehrsrechts wenigstens bis zu einem gewissen Grade praktisch überwunden war, stand das altzivile römische Recht mit seinen eigenwilligen Formen zunächst als ein Fremdkörper im internationalen Rechtsverkehr, ein Fremdkörper, der einer Anpassung durchaus zu widerstreben schien: denn wenn das hellenistische Verkehrsrecht durch die Praxis gestaltet und in hohem Grade elastisch war, so war das altrömische Zivilrecht von der formalistischen Auslegungskunst der *pontifices* (s. o. S. 37 f.) beherrscht, starr und spröde und nur mit Hilfe sehr komplizierter Geschäftsformulare an veränderte Zeitbedürfnisse anpaßbar. War in der hellenistischen Welt für wichtige Rechtsgeschäfte in weitem Umfange die Schriftlichkeit üblich, so gestand das römische Recht nur der mündlichen, an ganz bestimmte Formeln ge-

---

[34]) Innerhalb des Griechentums hat sich die Proxenie schließlich zu einer festen Einrichtung entwickelt, die mit dem modernen Konsulatswesen einige Ähnlichkeit hat.

bundenen Rede eine rechtliche Wirkung zu; und während das hellenistische Verkehrsrecht sich gerade im Verkehr zwischen Angehörigen verschiedener Gemeinwesen zu seiner Freiheit entwickelt hatte, war und blieb das römische *jus civile* dem Ausländer grundsätzlich verschlossen.

Bei dieser Sachlage mußte der Eintritt Roms in den vollen Strom des Weltverkehrs zu folgenreichen Neubildungen im römischen Rechtsleben führen. Auch Rom sah sich gezwungen, wie dies im griechischen Bereich schon längst üblich war, dem Fremden als solchem rechtlichen Schutz zu gewähren. Wann dies zuerst geschehen ist, wissen wir nicht; aber wir kennen wenigstens ein entscheidendes Datum in der Entwicklung des römischen Fremdenschutzes: um die Mitte des dritten Jahrhunderts v. Chr. waren die zwischenstaatlichen Verkehrsbeziehungen Roms offenbar so stark angewachsen, daß ein eigener Gerichtsmagistrat für Prozesse unter Fremden und zwischen Fremden und römischen Bürgern eingesetzt wurde, der „Fremdenprätor", *praetor inter peregrinos* oder *praetor peregrinus*, wie man ihn zur Unterscheidung vom Stadtprätor *(praetor urbanus)*, dem älteren Gerichtsherrn für Prozesse unter römischen Bürgern, nannte. Über seine Jurisdiktion ist uns im einzelnen so gut wie nichts bekannt. Dennoch wird man vermuten dürfen, daß sie eine erhebliche Rolle sowohl bei der Befreiung des Gerichtsverfahrens vom Formalismus des Zwölftafelrechts (s. o. S. 34) als auch bei der Anerkennung gewisser formlos abgeschlossener Schuldverträge (Kauf, Miete, Dienstvertrag, Werkvertrag, Auftrag, Gesellschaft) gespielt hat. Jedenfalls konnten diese Verträge im Gegensatz zu den altrömischen Haftungsgeschäften auch von Nichtbürgern ohne *commercium* abgeschlossen werden. Ihre verpflichtende Kraft beruhte, wie die späteren Juristen zu sagen pflegten, nicht auf dem *ius civile*, dem eigentümlichen Recht der römischen Bürger, sondern auf dem *ius gentium*. Man wollte damit zum Ausdruck bringen, daß solche Verträge bei allen Völkern Anerkennung fänden und darum nicht nur unter Römern, sondern auch zwischen Römern und Ausländern und zwischen Ausländern wirksam abgeschlossen werden könnten.

Der Begriff des *ius gentium* hat also eine andere, umfassendere Bedeutung als der daraus abgeleitete moderne Begriff des „Völkerrechts". Dieser beschränkt sich auf den Komplex der Normen, die kraft internationaler Verträge oder gemeinsamer Rechtsüberzeugung für den Verkehr der Staaten miteinander gelten. Auch solche Normen zählten allerdings zum *ius gentium*, und darum wird dieser Ausdruck auch gebraucht, wo bei den römischen Historikern (insbesondere bei Livius) von der Heiligkeit zwischenstaatlicher Verträge oder von der Unverletzlichkeit der Gesandten die Rede ist. Aber der Begriff des *ius gentium* erstreckte sich auch auf andere Gebiete der Rechtsordnung und namentlich auf das Privatrecht. Weil man wußte, daß Käufe, Dienst- und Werkverträge, Darlehen und dergleichen auch bei anderen Völkern abgeschlossen und erfüllt zu werden pflegten, nahm man an, daß die Verpflichtung aus solchen Geschäften auf Rechtsprinzipien beruhte, die allenthalben in gleicher Weise in Geltung standen. Eine gründliche Kenntnis fremder Rechtsordnungen lag dieser (wohl in spätrepublikanischer Zeit entstandenen) Theorie freilich nicht zugrunde. Um sie haben sich die Römer kaum jemals ernstlich bemüht. Es blieb ihnen z. B. allem Anscheine nach verborgen, daß die juristische Struktur des Kaufs im griechischen Rechtskreis eine ganz andere war als in ihrem eigenen Recht. Was sie als *ius gentium* ansahen und auf Römer wie auf Peregrinen anwendeten, war in Wirklichkeit römisches Recht, sowohl seiner Herkunft wie seinem Wesen nach. Denn wie stark auch die Veränderungen waren, die das Wirtschaftsleben und die Rechtspraxis durch den Einfluß des Weltverkehrs und des hellenistischen Weltrechts erfuhren, eine einfache Übernahme fremder Rechtsnormen in das römische Recht hatten diese Einflüsse nicht oder doch nur in sehr bescheidenem Maße zur Folge. Im ganzen gesehen lieferten vielmehr der Verkehr mit Fremden und die Berührung mit fremden Rechten nur die Anregung zur Bildung neuer Rechtssätze, in denen sich das typisch römische Wesen des alten *ius civile* fortsetzte. Bei einem Volkstum, das gerade damals im Begriffe war, von der schmalen Basis der Landschaft Latium aus ganz Italien zu erobern, und das noch in der Kaiserzeit ganz Spanien und Frankreich und anderen Gebieten des Reichs seine Prägung aufgedrückt hat, kann diese Eigenständigkeit des Rechtsdenkens nicht verwunderlich erscheinen. Wir werden noch sehen, daß das römische Recht seinen nationalen Charakter selbst dann noch im wesentlichen bewahrt hat, als die führende Rolle des Römertums im politischen und kulturellen Leben des Reichs bereits ausgespielt war.

II. Reichsrecht und Volksrecht. Mit der Ausdehnung des römischen Reichs wuchs auch der Geltungsbereich des römischen Rechts. Zwar galt auch im römischen Weltreich der ausgehenden Republik und des Prinzipats das Personalitätsprinzip. Nach römischem *ius civile* lebten nur die römischen Bürger, wo immer sie sich aufhielten. Den Untertanen blieb grundsätzlich ihr heimisches Recht, und wenn sie vor ihren heimischen Gerichten stritten, blieb es bei diesem Recht. Soweit sie allerdings, freiwillig oder gezwungen, ihr Recht vor den römischen Gerichten suchten, verlief der Prozeß in römischen Formen und kamen – jedenfalls im Bereich des Verkehrsrechts – im allgemeinen vermutlich römische Rechtssätze des *ius gentium* zur Anwendung, schon darum, weil die römischen Gerichte zumeist weder die positiven Normen der Untertanenrechte kannten noch in der Lage oder gewillt waren, sich in die andersartige Vorstellungswelt solcher Rechtsordnungen zu versetzen.

In der Gestalt des *ius gentium* reichte also die römische Rechtskultur allenthalben über ihren engeren Lebensbereich, die Gemeinschaft der römischen Bürger, hinaus. Zugleich aber erweiterte sich auch dieser engere Bereich des römischen Rechts fortwährend durch Ausdehnung des Bürgerrechts. Nachdem der Bundesgenossenkrieg in den achtziger Jahren des letzten

Jahrhunderts v. Chr. zur Aufnahme aller italischen Bundesgenossen in den römischen Bürgerverband geführt hatte (s. o. S. 46), galt in Italien selbst grundsätzlich nur noch römisches Recht. Die schon am Ausgang der Republik einsetzende Gründung überseeischer Bürgerkolonien und die unter dem Prinzipat immer großzügiger gehandhabte Verleihung des Bürgerrechts an Einzelpersonen und ganze Gemeinden, ja ganze Provinzen, erstreckte die Rechtsgemeinde der römischen Bürger tief in den provinzialen Raum hinein[35]); und als schließlich die Constitutio Antoniniana des Jahres 212 n. Chr. die Masse der bis dahin dem Bürgerverband noch ferngebliebenen (peregrinischen) Reichsbevölkerung einbezog (s. o. S. 63), hätte eigentlich das ganze Imperium Romanum ein einheitliches Rechtsgebiet werden müssen, in dem nur noch römisches Recht – und zwar gleichmäßig *ius civile* und *ius gentium* – angewendet wurde.

Ungefähr in dieser Weise hat man sich in der Tat das Ergebnis der Entwicklung vorgestellt, bis ausgangs des 19. Jahrhunderts die Funde ägyptischer Papyrusurkunden bewiesen, daß in dieser Provinz vor und nach der Constitutio Antoniniana eine ununterbrochene Rechtstradition geherrscht hat, die, im ganzen gesehen, durchaus auf der vorrömischen, aus griechischen und national-ägyptischen Elementen bestehenden Rechtsordnung beruhte. Daß es in den übrigen Teilen der griechischen Reichshälfte nicht wesentlich anders ausgesehen haben kann, zeigte dann eine genaue Betrachtung der Kaisergesetze des 3. Jahrhunderts n. Chr., vor allem der zahlreich erhaltenen Konstitutionen Diokletians. Diese Kaisergesetze sind ganz überwiegend sog. Reskripte, d. h. Rechtsbescheide, welche die Kaiser in konkreten Einzelfällen auf Anfragen, sei es von Privatpersonen, sei es von Beamten oder Richtern, erteilt haben (s. u. S. 120 f.). Wir beobachten nun, wie die Kaiser in sehr vielen dieser Reskripte gegenüber Anfragen, die sich nur aus den Anschauungen der griechisch-hellenistischen Rechtswelt des Ostens verstehen lassen, die Grundsätze des römischen Rechts und die sich daraus ergebenden Entscheidungen einschärfen. Also war das tatsächliche Rechtsleben der griechischen Reichshälfte auch noch nach der Constitutio Antoniniana in weitem Umfange von dem Gedankengut des einheimischen Rechts beherrscht. Das „Volksrecht" des griechischen Ostens hat sich gegenüber dem römischen „Reichsrecht" behauptet.

---

[35]) Wir kennen jedoch aus der Zeit des Augustus einen Fall individueller Bürgerrechtsverleihung, in dem den Neubürgern ausdrücklich freigestellt wurde, ob sie ihr Recht vor römischen Magistraten oder vor dem Gericht ihrer Heimatgemeinde oder schließlich in *civitates liberae* (s. o. S. 45) vor deren Gerichten nehmen wollten (Inschr. v. Rhosos an der kilikisch-syrischen Grenze, R i c c o b o n o , Fontes iuris Rom. I Nr. 55, Z. 53 ff.). Ohne Zweifel bedeutete diese Wahl des Gerichtsstandes zugleich auch eine Wahl des anzuwendenden Rechts (s. u. im Text). Ob eine solche Privilegierung mit der Bürgerrechtsverleihung an einzelne Provinzialen regelmäßig verbunden oder eine Ausnahme war, wissen wir nicht.

Es konnte wohl auch gar nicht anders sein. Durch die Constitutio Antoniniana war nur der politische Status der bisherigen Untertanen verändert worden. Nach wie vor bestand aber die Selbstverwaltung der ehemaligen Peregrinengemeinden und mit ihr wahrscheinlich in einem allerdings nicht näher zu bestimmenden Umfange auch deren eigene Gerichtsbarkeit. Das römische Recht mußte diesen lokalen Gerichten mehr oder weniger fremd sein, schon weil die Gerichtsorgane meistens kein Latein verstanden. Sie wendeten darum vermutlich ganz unbefangen ihre herkömmlichen Rechtsnormen an. Auch die Urkundenschreiber, die bei der weitgehenden Schriftlichkeit des Rechtsverkehrs im griechischen Osten eine sehr große Bedeutung für die Gestaltung des Rechtslebens hatten, gebrauchten ihre alten Formulare weiter, versuchten sie höchstens äußerlich ein wenig den Anforderungen des römischen Rechts anzupassen[36]. Wirklich zur Geltung wird das römische Recht nur dort gekommen sein, wo Männer Recht sprachen, die es tatsächlich kannten. Das war im Osten zunächst wohl nur beim Statthaltergericht der Fall.

Freilich beobachten wir, wie in den Provinzen (auch der griechischen Reichshälfte) schon seit der Mitte und namentlich seit dem Ende des 2. Jahrhunderts n. Chr. „römische Juristen" (νομικοὶ Ῥωμαῖοι) auftraten, welche Parteien und Richter berieten und auch Urkunden abfaßten, die nach römischem Recht hieb- und stichfest sein sollten. Aber abgesehen davon, daß ihr Können vermutlich sehr bescheiden und mit dem der großen hauptstädtischen Juristen gar nicht zu vergleichen war, dürfte ihre Zahl zunächst verhältnismäßig gering und ihre Wirksamkeit deshalb nicht sehr weitreichend gewesen sein. Wahrscheinlich beschränkte sich ihre Tätigkeit auf diejenigen Stellen, bei denen es in der Rechtsanwendung ohnehin auf das römische Recht ankam, d. h. im wesentlichen auf die Statthaltergerichte. Erst als im Osten des Reichs eigene Rechtsschulen entstanden, an denen römisches Recht gelehrt wurde, insbesondere die Schule von Berytos in Syrien (s. u. S. 136 f.), mag sich das römische Recht auch in der Praxis stärker ausgebreitet haben, ohne doch jemals das einheimische Recht ganz zu verdrängen. Diese Entwicklung gehört aber schon dem letzten Abschnitt der römischen Rechtsgeschichte, dem Zeitalter des Dominats an. Bei der Behandlung des Dominats wird sich auch zeigen, daß das Weiterleben der einheimischen Rechts-

---

[36]) Dafür ein bekanntes Beispiel: Das römische Recht kannte im Schuldrecht nicht das moderne Prinzip der „Vertragsfreiheit", sondern ließ nur ganz bestimmte Vertragsarten zu, unter denen die *stipulatio*, ein mündliches Frag-Antwortspiel der Parteien, einen rein formalen Charakter trug und darum, ähnlich wie heute der Wechsel, alle möglichen Verpflichtungsgründe (Kauf, Schenkung, Darlehen usw.) in sich aufnehmen konnte. Die hellenistischen Notare begriffen von Wesen und Wirkung der Stipulation nur das eine, daß jedes Geschäft gültig sei, bei dem Frage und Antwort zwischen den Parteien gewechselt worden seien. Sie hängten daher ihren heimischen Vertragsformularen die Klausel an: Καὶ ἐπερωτηθεὶς ὡμολόγησα (und befragt, habe ich es anerkannt).

welt des Ostens nicht ohne Einfluß auf die Entwicklung des römischen Rechts selbst geblieben ist.

Weit minder deutlich als die Gestaltung des Verhältnisses von Reichsrecht- und Volksrecht in der östlichen Reichshälfte erkennen wir die entsprechenden Vorgänge im lateinischen Westen. Hier fehlen uns nicht nur die massenhaften Quellen des praktischen Rechtslebens der Kaiserzeit, die wir für den Osten in den ägyptischen Papyrusurkunden besitzen; es fehlt uns auch fast jede Vorstellung von den Rechtsordnungen, die einstmals in vorrömischer Zeit in diesen Gebieten gegolten hatten. In jedem Fall ist aber anzunehmen, daß sich das römische Recht im Westen vollständiger durchgesetzt hat als im Osten. Die römische Kultur stieß hier nicht, wie im hellenistischen Bereich, auf eine gleichwertige oder gar höhere Kulturwelt und fand darum im allgemeinen keinen nachhaltigen Widerstand. Südfrankreich, Teile von Spanien und Nordafrika wurden in beträchtlichem Umfange mit römischen bzw. italischen Siedlern besetzt, und auch die Ausbreitung des römischen Bürgerrechts unter den Einheimischen begann hier viel früher und vollzog sich schneller als im Osten. Das Latein wurde die Sprache der ganzen Westhälfte des Reichs, und mit ihm faßte die römische Gesittung so festen Fuß, daß spanische, gallische oder afrikanische Autoren in zunehmenden Maße den Ton in der römischen Literatur der Prinzipatsperiode angaben. Unter solchen Umständen muß auch das römische Recht viel gründlicher zur Geltung gelangt sein als in dem niemals latinisierten Osten. Es mag sein, daß im spätrömischen „Vulgarrecht“ (s. S. 135 f.), das im 5. und 6. Jahrhundert n. Chr. in Spanien und Südfrankreich galt (wo wir allein die eigentümliche Entwicklung des westlichen Privatrechts noch erfassen können), noch Spuren vorrömischer nationaler Rechtszustände stecken. Dies nachzuweisen werden wir aber kaum jemals in der Lage sein.

III. R e c h t s q u e l l e n u n d R e c h t s s c h i c h t e n. Das altrömische *ius civile* gründete sich auf die Zwölftafeln, auf deren Auslegung und auf die nach den Zwölftafeln ergangenen Volksgesetze. Da die Volksgesetzgebung nur zögernd, meist aus besonderem politischen Anlaß und stets nur auf eng begrenzten Einzelgebieten in die Privatrechtsentwicklung eingriff, vermochte sie den großen wirtschaftlichen und sozialen Veränderungen, die das römische Leben seit dem dritten Jahrhundert v. Chr. durchmachte, nicht gerecht zu werden. Die bedeutsamsten Neubildungen im Privatrecht der ausgehenden Republik vollzogen sich daher im Bereiche der Rechtsanwendung, deren Leitung in der Hand der Jurisdiktionsmagistrate (u. S. 80 f.), in Rom vor allem der beiden mit der Zivilrechtspflege betrauten Prätoren lag: Die in der Rechtsprechung dieser Magistrate neuentstandenen Normen stellte man dem *ius civile* als „Amtsrecht“ (*i u s h o n o r a r i u m*) gegenüber. Der größte Teil des Honorarrechts galt auch im Rechtsverkehr mit Fremden, war also gleichzeitig auch *ius gentium* (s. o.); doch entstanden im Laufe der Zeit auch amtsrechtliche Sätze, der der Weiterbildung des nur unter Bürgern geltenden Gesetzesrechts dienten und darum auch ihrerseits nur unter Bürgern Anwendung fanden; umgekehrt gab es gewisse gesetzliche Bestimmungen (also *ius civile* im Sinne des Gegensatzes zum *ius honorarium)*, die auch für Fremde verbindlich waren. Die beiden Begriffspaare *ius civile – ius gentium* und *ius civile – ius honorarium* überschneiden sich also. Sie beruhen auf ganz verschiedener Fragestellung: jenes betrifft den persönlichen Geltungsbereich der Rechtsnormen, dieses ihre Entstehungsquelle.

Die magistratische Jurisdiktion behielt nominell bis in das 2. Jh. n. Chr., de facto wohl nur bis in die Anfangszeit des Prinzipats, ihre rechterzeugende Kraft. Zeitweise, vor allem in den letzten beiden Jahrhunderten der Republik, war sie das beherrschende Element in der römischen Rechtsentwicklung. Dann traten andere Faktoren neben sie, um sie bald abzulösen. Der eine von ihnen war die Rechtswissenschaft, die sich schon am Ende der Republik zu großen Leistungen erhob und unter dem Prinzipat gut zwei Jahrhunderte hindurch das produktivste Element des römischen Rechtslebens bildete. Der andere war die Kaisergesetzgebung; schon in den beiden ersten Jahrhunderten n. Chr. machte sie sich, dem Wesen des Prinzipats entsprechend zunächst getarnt als quasimagistratische Rechtsschöpfung oder als Senatsgesetzgebung, mehr und mehr geltend; in der Spätzeit trat sie dann offen hervor und übernahm nach dem Absterben der anderen Kräfte allein die Fortbildung des römischen Rechts.

Die Arbeit aller dieser rechtsschöpfenden Faktoren spiegelt sich in der Struktur der römischen Rechtsordnung. Von dem Augenblick an, in dem die magistratische Jurisdiktion seine Fortbildung in die Hand nahm, war das römische Recht keine einheitliche Stoffmasse mehr, sondern ein Neben- und Übereinander verschiedener Rechtsschichten mit mehr oder weniger stark hervortretender Eigenart. Als die klassische Rechtswissenschaft ihre Arbeit begann, fand sie neben dem *ius civile* bereits das *ius honorarium* in kräftiger Ausbildung vor: das *ius civile* in seinen Grundlagen streng und starr, in manchen Einzelpunkten freilich durch die jüngere Gesetzgebung und auch durch Entlehnungen aus dem Honorarrecht modernisiert; das *ius honorarium* fortschrittlich und frei, in steter Weiterentwicklung begriffen: beide standen einander in ähnlicher Weise gegenüber wie im englischen Recht das Common law und die aus der Praxis des Kanzlergerichts erwachsene Equity. Die klassische Rechtswissenschaft nahm den Gegensatz von *ius civile* und *ius honorarium* als etwas Gegebenes hin. Aber indem sie den vielen Verflechtungen zwischen beiden Rechtsmassen nachging und beide gemeinsam fortbildete, verwischte sie allmählich deren Grenzen. So waren wahrscheinlich die spätklassischen Juristen um die Wende vom zweiten zum dritten Jahrhundert n. Chr. die letzten, die den strukturellen Unterschied von Zivil- und Honorarrecht noch klar vor Augen hatten. Als dann der kulturelle Zusammenbruch im Laufe des dritten Jahrhunderts n. Chr. die Fäden der Tradition zerrissen und den Hochstand der Jurisprudenz zerstört hatte, flossen beide Rechtsmassen in den Augen der Spätzeit zu der Einheit eines „Juristenrechts" zusammen: *ius civile* und *ius honorarium* waren nahezu verschollene Begriffe; man sah nur noch, was unter der Hand der klassischen Juristen aus ihnen geworden war. Aber schon zur Zeit der klassischen Rechtswissenschaft hatte sich als dritte und jüngste Schicht des römischen Rechts das Kaiserrecht zu bilden begonnen; mochte man es auch damals noch nicht ganz klar als eine geschlossene neuartige Rechtsmasse erfassen können, so entwickelt es sich doch in der Spätzeit zu einer einheitlichen und eigenartigen Normengruppe, die nunmehr den Gegensatz zum Juristenrecht der klassischen Rechtswissenschaft (s. o.) bildete. Auch das Recht der römischen Spätzeit war demnach keine Einheit gleichartiger Rechtsnormen, sondern ein geschichtetes Recht.

Das Nebeneinander verschiedener, ineinandergreifender, aber in ihrer Struktur jeweils besonderer Rechtschichten ist eine Erscheinung, an die sich unser Auge erst gewöhnen muß. Es ist der Ausfluß eines durch rationelle Planung nur selten gestörten, natürlichen Wachstums, wie wir es im römischen Recht auch sonst in vielen Einzelheiten beobachten können. Gleichen die Rechtsordnungen der Gegenwart – mit Ausnahme des englischen Rechts – einem nach bestimmten Plane angelegten und gepflegten Garten, so herrscht im römischen Recht bis zu einem gewissen Grade der Zustand der freien Natur: Absterbendes steht unmittelbar neben dem neu Emporstrebenden. Jedes Rechtsinstitut zeigt noch nach langer Frist die Spuren seines Ursprungs aus dieser oder jener Schicht der Gesamtentwicklung und kann darum nur aus seiner Geschichte voll und ganz begriffen werden. Kurz, das römische Recht ist in ähnlicher Weise wie das englische eine in besonderem Grade historische Rechtsordnung. Die Jahresringe seiner Entwicklung sind ihm unverwischbar eingeprägt, wenn man es nur so nimmt, wie es wirklich gewesen ist. Das abstrakte System „römischrechtlicher" Sätze, das die Wissenschaft der Neuzeit, insbesondere die deutsche Theorie des 19. Jahrhunderts aus den römischen Quellen herausdestilliert hat, zeigt freilich kaum noch etwas von dieser eigentümlichen Struktur des antiken römischen Rechts. In ihm sind die geschichtlich gewordenen Normen des römischen Rechts in ein zeitloses rationales Schema hineingezwängt und dadurch nicht selten in ihrer Bedeutung verschoben. Wenn die heutige Forschung bemüht ist, sich von dieser ungeschichtlichen Betrachtungsweise zu lösen, so bedeutet dies nicht nur eine Präzisierung unseres historischen Wissens, sondern auch einen wesentlichen Beitrag zur Kritik des gemeinrechtlichen Systems und der darauf beruhenden Begriffswelt der modernen Kodifikationen, vor allem auch des deutschen Bürgerlichen Gesetzbuchs.

In den folgenden Paragraphen (*§§6-8*) unterziehen wir nunmehr die Entstehung und Entwicklung der drei Rechtsschichten des Honorarrechts, des Juristenrechts und des Kaiserrechts einer etwas eingehenderen Betrachtung.

§ 6. *Die zivilrechtliche Jurisdiktion und das Amtsrecht*

I. Die Jurisdiktionsmagistrate. Wie wir bei der Betrachtung der republikanischen Staatsordnung sahen (S. 25), gehörte die Rechtspflege *(iuris dictio)* zu den Funktionen der einheitlichen und umfassenden Gewalt des Oberamtes. Dabei ist es im Prinzip immer geblieben, solange die republikanischen

Magistraturen mehr waren als bloße Titel. Gerade die Höchtsmagistrate, die Konsuln, übten freilich seit dem licinisch-sextischen Gesetz d. J. 367 v. Chr. die Jurisdiktion nicht mehr aus, sondern überließen sie dem dritten umd minderen Imperiumsträger, dem Prätor. Die Prätur war also in der uns besser bekannten Periode der Republik und unter dem Prinzipat die eigentliche Jurisdiktionsmagistratur. Abgesehen von der Spezialkompetenz der kurulischen Ädile in Marktstreitigkeiten (s. o. S. 27 f.) oblag ihr grundsätzlich die gesamte Privat- und Strafrechtspflege in Rom und im römischen Italien[37]). Seit 242 v. Chr. teilten sich zwei Prätoren in diesen Aufgabenbereich: dem Inhaber der älteren Prätur, der jetzt *praetor urbanus* genannt wurde, blieb die Jurisdiktion unter römischen Bürgern, der neu hinzugekommene *praetor peregrinus* (S. 74) war für Prozesse unter Fremden und zwischen Fremden und römischen Bürgern zuständig. Namentlich dem *praetor urbanus* oblag somit ein riesiger Geschäftskreis. Zu einer weiteren Vermehrung der stadtrömischen Jurisdiktionsmagistrate ist es trotzdem nur insofern gekommen, als im Rahmen der sullanischen Reformen die zuvor als Provinzialstatthalter verwendeten Prätoren den Vorsitz in den (damals vermehrten) Schwurgerichtshöfen *(quaestiones)* erhielten (s. o. S. 66). Seitdem beschränkt sich die Zuständigkeit des Stadtprätors und des Fremdenprätors im wesentlichen[38]), seit den Justizgesetzen des Augustus durchaus auf die Privatrechtspflege.

In den Provinzen übte der Statthalter, gleich welchen Ranges, oder in seiner Vertretung der Quästor (o. S. 27) sowohl die zivilrechtliche wie die strafrechtliche Jurisdiktion unter römischen Bürgern und, soweit solche Prozesse kraft des Provinzialstatuts *(leges provinciae,* s. o. S. 45 f.) oder nach seinem Ermessen vor ihn kamen, auch unter Peregrinen.

II. Das Wesen der magistratischen Jurisdiktion und ihre Bedeutung für die Privatrechtsentwicklung. *Ius dicere* bedeutet dem Wortsinne nach nichts anderes als *iudicare.* Aber während dieses Wort ebenso wie der deutsche Ausdruck „Recht sprechen" auf die Entscheidung eines Rechtsstreites durch Urteil bezogen wurde, bezeichneten die Römer mit *ius dicere* und dem daraus abgeleiteten Terminus

---

[37]) Immerhin gab es Hilfsorgane der Justiz zur Entlastung des Prätors: Einen großen, höchst wahrscheinlich den überwiegenden Teil der Kriminalprozesse in Rom erledigte das Polizeigericht der *tresviri capitales;* in anderen Strafprozessen konnte sich der Prätor durch *quaesitores* vertreten lassen (s. hierzu o. S. 64 f.). In die italischen Landstädte auf dem *ager Romanus* wurden in republikanischer Zeit teils vom Volk gewählte, teils vom Prätor ernannte *praefecti iure dicundo* entsandt. Im letzten Jh. v. Chr. und unter dem Prinzipat gab es eine örtliche Gerichtsbarkeit der Munizipalmagistrate.

[38]) Gewisse Strafsachen, für die es keine permanente *quaestio* gab, fielen noch im letzten Jh. v. Chr. in die Zuständigkeit des *praetor urbanus.* Unter dem Prinzipat scheint für sie eine eigene Prätur bestanden zu haben.

iurisdictio die Tätigkeit des Gerichtsmagistrats, der keineswegs in eigener Person das Urteil fällte, sondern lediglich prozeßleitende oder sogar nur prozeß e i n leitende Funktionen hatte. Das Urteil fällten im republikanischen Prozeß und im „ordentlichen" Verfahren der Prinzipatszeit stets Geschworene.

Die älteste Gestalt des römischen Gerichts war wahrscheinlich eine vielköpfige Geschworenenbank, der entweder der Magistrat selbst oder ein von ihm eingesetzter Stellvertreter vorsaß. Dieser Typus hat sich im Strafprozeß bis in die Kaiserzeit erhalten (s. o. S. 66 ff.). Aber auch für Privatrechtsstreitigkeiten um Objekte von hohem Werte (insbesondere um Erbschaften) bestand noch zu Beginn des 2. Jh. n. Chr. ein solches Schwurgericht, der Gerichtshof der „Hundertmänner" *(centumviri)*, dessen hohes Alter dadurch beglaubigt wird, daß allein in ihm noch das alte Wahrzeichen der staatlichen Hoheit, eine hölzerne Lanze *(hasta)*, aufgepflanzt wurde und daß das Verfahren vor ihm stets an die Förmlichkeiten des Legisaktionsprozesses (o. S. 34) gebunden blieb. Auch dieses Gericht tagte und urteilte noch in der Kaiserzeit unter magistratischem Vorsitz[39]). Die überwältigende Mehrzahl der Zivilprozesse fand jedoch schon in der späteren Republik nicht vor den Zentumvirn statt, sondern in der Regel vor Einzelgeschworenen *(sub uno iudice)*, in einigen Sonderfällen auch vor kleinen Kollegien von „Schiedsmännern" *(arbitri)* oder sog. „Wiederbeschaffern" *(recuperatores*[40]), die alle ohne magistratische Leitung verhandelten. Dem Gerichtsmagistrat oblag dabei nur noch die Durchführung eines prozeßeinleitenden Verfahrens, in dem er über die Zulassung der Klage zu entscheiden und den oder die Geschworenen zu bestallen hatte, vor denen der Rechtsstreit ausgetragen werden sollte. In ihren Anfängen geht diese eigentümliche Gestaltung des Zivilprozesses mindestens bis auf die Zwölftafeln zurück. Diese kannten bereits für einen bestimmten Kreis von privatrechtlichen Ansprüchen eine besondere *legis actio*, die darum *l. a. per iudicis arbitrive postulationem* hieß, weil die (an gewisse Spruchformulare gebundene, s. u.) Verhandlung vor dem Prätor ihren Abschluß in einem Antrag des Klägers auf

[39]) Allerdings wurden die einzelnen Geschworenenbänke, in die das Gesamtkollegium der 105 „Hundertmänner" zerfiel, nicht von Prätoren, sondern von Magistraten geringeren Ranges, den „Zehnmännern für die Entscheidung von Rechtsstreitigkeiten" *(decemviri stlitibus iudicandis)* geleitet. Dem ganzen Gerichtshof scheint ein besonderer *praetor hastarius* („Lanzenprätor", s. o.) vorgestanden zu haben; vor ihm vollzog sich wohl auch das prozeßeinleitende Verfahren, so daß die Scheidung zwischen einer Verhandlung *in iure* und dem Verfahren *apud iudices* (unten im Text) schließlich auch hier Platz griff. Ob diese Regelung älter ist als die augusteische Prozeßreform, ist fraglich. Magistratischer Vorsitz im Zentumviralgericht ist aber in jedem Falle auch für die republikanische Zeit anzunehmen.

[40]) Der merkwürdige Name dieser Richter erklärt sich daraus, daß solche Kollegien zuerst als Sondergerichte zur Entscheidung über die Wiedergutmachung von Kriegsschäden eingesetzt worden sind.

Einsetzung eines „Richters oder Schiedsmannes" fand. Vermutlich hat die starke Beanspruchung der Gerichtsmagistrate verhältnismäßig früh dazu geführt, daß sich die Überweisung privatrechtlicher Streitigkeiten an Einzelgeschworene oder kleine Geschworenenkollegien mehr und mehr über ihren ursprünglichen Anwendungsbereich hinaus ausbreitete, bis sie schließlich zur Regel und das alte schwurgerichtliche Verfahren unter magistratischem Vorsitz zur seltenen Ausnahme wurde. Die scharfe Gliederung des Prozeßverlaufs in das einleitende Stadium vor dem Magistrat (das Verfahren *in iure*) und die eigentliche Austragung des Rechtsstreits vor dem (oder den) Geschworenen *(apud iudicem)* entwickelte sich auf diese Weise zu einem besonderen Charakteristikum des römischen Zivilprozesses, das erst im außerordentlichen Verfahren der Kaiserzeit wieder verschwand.

Die Richter und Schiedsleute, die der Magistrat *in iure*, gewöhnlich nach den Vorschlägen der Parteien, zur Entscheidung des Rechtsstreits einsetzte, waren Privatleute, die jeweils nur in dem einen Prozeß, für den sie bestellt waren, das Urteil zu fällen hatten. Aber sie waren nicht bloße Schiedsrichter, weil sie von den Parteien zwar in den meisten Fällen vorgeschlagen, aber schließlich nicht von ihnen, sondern vom Magistrat zu ihrer Aufgabe berufen waren. Insofern bildete die Jurisdiktionsgewalt des Magistrats das Fundament auch für das Verfahren *apud iudicem;* sie verlieh dem Urteilsspruch *(sententia)* des *iudex* die staatliche Autorität. Sieht man von dieser mehr formellen Auswirkung der magistratischen Gewalt ab, so erscheint freilich der Einfluß des Magistrats auf den Verlauf und den Ausgang des Prozesses auf den ersten Blick als sehr gering. Er war dies wohl auch in der Tat, solange das Verfahren *in iure* von dem strengen Formalismus der Legisaktionen (s. schon o. S. 34) beherrscht war. Nach Formularen, deren Wortlaut sich eng an die zugrundeliegenden Bestimmungen der Zwölftafeln und einiger späterer Volksgesetze anlehnte (daher *legis actiones*), mußten die Parteien Klage und Klagebeantwortung vor dem Magistrat aufsagen. Einer auf diese Weise formgerecht erhobenen Klage konnte der Magistrat schwerlich den Richter verweigern.

Dies änderte sich aber, als neben den Legisaktionen eine andere Gestaltung des Verfahrens *in iure* aufkam, bei der an Stelle der förmlichen Rede und Widerrede der Parteien eine freie Verhandlung vor dem Magistrate stattfand. Nicht nur konnten nunmehr die Parteien auch solche Ansprüche und Einwendungen vorbringen, die von keinem der wenigen Legisaktionsformulare erfaßt wurden. Auch der Magistrat war jetzt von der Bindung an den Formalismus der Legisaktionen befreit und in die Lage versetzt, seine Entscheidung über die Einsetzung eines Richters auf eine sachliche Würdigung des Parteivorbringens zu gründen. Er konnte nun auch dem Richter vorschreiben, in welchem Sinne er den Streitfall untersuchen und entscheiden solle. Damit erlangte der Magistrat, obwohl er nach wie vor nur eine prozeßeinleitende Funktion ausübte, tatsächlich die Schlüsselstellung im Ablauf des gesamten Verfahrens.

Sein Dekret über die Gewährung eines Richters *(dare iudicem* oder *iudicium)* und über dessen Aufgabe, den Beklagten unter bestimmten Voraussetzungen zu verurteilen *(condemnare)*, bei deren Fehlen aber „loszusprechen" *(absolvere)*, erließ der Magistrat mündlich am Schlusse der Verhandlung *in iure*. Es war Sache der Parteien, den Wortlaut dieses Dekrets urkundlich festzuhalten. Zu diesem Zweck riefen sie vor Beginn der Verkündung des Dekrets Zeugen auf, die dann die von den Parteien angefertigten Niederschriften durch ihre Siegel zu gewährleisten hatten. Nach diesem Zeugenaufruf nannte man den ganzen, das Verfahren *in iure* abschließenden Vorgang (dessen Kern das magistratische Dekret bildete) *litis contestatio* („Streitbezeugung")[41]. Bezüglich des Dekrets selbst sprach man einfach von *iudicium dare*. Sein Wortlaut folgte in aller Regel bestimmten Musterformularen, die im Edikt des betreffenden Magistrats bekanntgegeben waren (s. u. S. 89)[42]. Die Prozeßparteien waren darum in der Lage, sich bei ihren Anträgen an den Magistrat auf diese Musterformeln zu beziehen. Welches Formular dem prozeßbegründenden Dekret zugrundegelegt und wie es im Hinblick auf das Vorbringen der Parteien, insbesondere des Beklagten, abgewandelt werden sollte, dies waren hauptsächliche Gegenstände der Verhandlung *in iure*. Es ist deshalb leicht zu verstehen, daß Gaius (s. u. S. 112), der Jurist des 2. Jh. n. Chr., dem wir im wesentlichen unser Wissen über die Geschichte des römischen Zivilprozesses verdanken, das Besondere dieser Verfahrensart gerade im „Streiten mit Prozeßformeln" *(litigare per concepta verba, id est per formulas;* 4, 30) erblickte. Ihm folgend spricht die moderne Wissenschaft von Formularprozeß. Wahrscheinlich sind indessen die ältesten Prozeßformeln schon im jüngeren Legisaktionsverfahren (nämlich bei den *legis actiones per iudicis postulationem* und *per condictionem)* gebräuchlich gewesen. Nicht das Aufkommen der Prozeßformeln, sondern die Befreiung des Verfahrens *in iure* von der Bindung an die gesetzlich fundierten Spruchformulare der Legisaktionen ist die eigentliche, überaus folgenreiche Neuerung, die der sog. Formularprozeß brachte.

---

[41]) Vgl. Festus p. 38: *Contestari est, cum uterque reus* (= Prozeßpartei) *dicit: testes estote;* ders. p. 57: *Contestari litem dicuntur duo aut plures adversarii, quod ordinato iudicio utraque pars dicere solet: testes estote.*

[42]) Für den Fall z. B., daß der Kläger *in iure* behauptete, der Beklagte schulde ihm einen bestimmten Geldbetrag, sei es aus einem formellen Leistungsversprechen *(stipulatio*, s. o. Anm. 36) oder aus Darlehen oder infolge irrtümlicher Zahlung einer Nichtschuld, und daß der Beklagte die ihm angesonnene Leistungspflicht bestritt, enthielt das Edikt des *praetor urbanus* folgende Musterformel: *Octavius iudex esto* (Richterbestellung). *Si paret Numerium Negidium Aulo Agerio HS (= sestertiorum) decem milia dare oportere, iudex Numerium Negidium Aulo Agerio HS decem milia condemnato, si non paret absolvito.* – Die Personennamen sind in den Musterformeln wiederkehrende Blankettnamen. *Agerius (= is qui agit)* bezeichnet den Kläger, *Numerius Negidius (= is a quo numeratio postulatur et qui negat)* den Beklagten.

Man wird vielleicht vermuten dürfen, daß die formfreie Verhandlung *in iure* zuerst in solchen Fällen zugelassen worden ist, in denen ein Anspruch geltend gemacht wurde und Rechtsschutz erhalten sollte, für den eine passende *legis actio* nicht existierte. Dies heißt mit anderen Worten, daß der Formularprozeß in engstem Zusammenhang mit der Ausdehnung des Klageschutzes über den Kreis der vom alten *ius civile* anerkannten Rechtsverhältnisse hinaus entstanden ist. Zum ältesten Bereich dieser Ausdehnung gehören wahrscheinlich die Ansprüche aus formlos abgeschlossenen Kauf-, Miet-, Dienst- und Werkverträgen, aus Gesellschaftsverträgen und Aufträgen. Im Legisaktionsverfahren konnten sie offenbar nicht verfolgt werden, sofern nicht die vereinbarten Leistungen noch besonders durch formale Verpflichtungsgeschäfte zugesichert waren. Als man nun im 3. oder im beginnenden 2. Jh. v. Chr. das Bedürfnis empfand, diesen Verträgen als solchen Verbindlichkeit zuzuerkennen, gewährte der Prätor aufgrund formloser Verhandlung *in iure* ein *iudicium* mit einer Prozeßformel, die den Geschworenen anwies, das Verlangen des Klägers nicht nach strengem Gesetzesrecht, sondern nach dem Grundsatze der Vertragstreue *(ex fide bona)* zu beurteilen. So entstand eine Gruppe von treurechtlichen Ansprüchen *(bonae fidei iudicia)*, die für das wirtschaftliche Leben von großer Bedeutung waren und dem römischen Schuldrecht ein ganz anderes Gesicht gaben.

Der Hinweis auf das Prinzip der *bona fides* war indessen nur eines von mehreren Mitteln der Formelgestaltung, deren sich der Prätor bediente, um den Rechtsschutz über den Kreis der vom *ius civile* anerkannten Ansprüche hinaus zu erstrecken. Mitunter ging er dabei vom Zivilrecht selbst aus und bezog dessen Rechtsbehelfe auf Tatbestände, für die sie von Hause aus nicht zutrafen. Er wies dann den Geschworenen an, die fehlenden Voraussetzungen des betreffenden zivilrechtlichen Anspruchs als vorhanden zu unterstellen *(formulae ficticiae)*. Auf diese Weise vollzog sich z. B. die Ausdehnung der Bußansprüche wegen Diebstahls und Sachbeschädigung, die nach dem Rechte der Zwölftafeln und der *lex Aquilia* (s. o. S. 36 f. u. 38) nur zwischen römischen Bürgern entstehen konnten, auf Peregrinen, die z. B. gestohlen hatten oder bestohlen worden waren[43]). Der für solche Fälle zuständige *praetor peregrinus* gewährte kraft seiner Jurisdiktionsgewalt auch ohne gesetzliche Grundlage ein *iudicium* und schrieb dem Geschworenen vor, so zu entscheiden, wie wenn beide Prozeßparteien das römische Bürgerrecht besäßen. Sehr oft verzichtete aber der Prätor überhaupt darauf, die Geschworenen auf irgendwelche bereits bestehenden Normen zu verweisen, und umschrieb in der Prozeßformel nur einen hypothetischen Sachverhalt, bei dessen Vorliegen der Beklagte verurteilt werden

[43]) Vor der Schaffung dieser Prozeßformel (deren Alter wir nicht kennen) wird also wohl der peregrinische Dieb dem freien Zugriff des bestohlenen Bürgers ausgesetzt und der bestohlene Peregrine ohne Rechtsschutz gewesen sein.

sollte. Bei einer derartigen Formelgestaltung hatte der Geschworene den Anspruch des Klägers weder nach den Grundsätzen des *ius civile* noch nach dem Maßstab der *bona fides* auf seine Berechtigung zu prüfen; er hatte lediglich zu untersuchen, ob die in der Formel angegebenen faktischen Voraussetzungen der Verurteilung zutrafen (daher *formulae in factum conceptae*[44]). Über die Rechtsfrage, d. h. über die Frage, ob und unter welchen Voraussetzungen der Anspruch des Klägers Rechtsschutz verdiene, entschied in solchen Fällen der Magistrat selbst durch die Gewährung des *iudicium* und die Gestaltung der Prozeßformel. Er trat damit, wenn auch zunächst nur für den Einzelfall des auf Grund der Formel zu entscheidenden Prozesses, geradezu an die Stelle des Gesetzgebers.

Schließlich setzte sich das Formularverfahren auch im Bereich der altzivilen Ansprüche durch. Eine *lex Aebutia*, die aller Wahrscheinlichkeit nach dem 2. Jh. v. Chr. angehörte, aber nicht genauer datierbar ist, ließ es vielleicht nur für bestimmte Ansprüche anstelle des Legisaktionsprozesses zu. Den endgültigen Sieg des Formularverfahrens brachte dann die Gerichtsreform des Augustus: Seit der *lex Iulia iudiciorum privatorum* (17 v. Chr.) wurden die Spruchformeln der Legisaktionen nur noch in wenigen Sonderfällen, vor allem im Verfahren vor dem Zentumviralgerichtshof (s. o. S. 82), bei der Prozeßeinleitung gebraucht.

Die Erstreckung des Formularprozesses auf den Bereich der Ansprüche des alten Zivilrechts führte dazu, daß die neuernde Tätigkeit der Jurisdiktionsmagistrate auch hier wirksam wurde. Einwendungen des Beklagten, die im Legisaktionsverfahren nicht beachtet werden konnten, wurden jetzt in der Weise berücksichtigt, daß in die Prozeßformel eine Ausnahme *(exceptio)* von der Verurteilungsanweisung aufgenommen wurde. Berief sich z. B. der Beklagte gegenüber einer Klage aus Darlehen oder aus förmlichem Schuldversprechen auf eine formlos vereinbarte Stundungs- oder Erlaßabrede, so wies der Magistrat den Richter an, nur dann zu verurteilen, wenn nicht das Zustandekommen einer solchen Abrede erwiesen werde[45]). Auf solche Weise wurde die Starrheit und Strenge des alten *ius civile* erheblich gemildert. In manchen Fällen nahm sich der Magistrat sogar das Recht, gesetzlich wohlbegründete Ansprüche, die ihm aber unbillig schienen, von vornherein abzuweisen, indem er dem Kläger die Gewährung einer Prozeß-

---

[44]) Beispiel einer *formula in factum concepta:* Die Formel der berühmten Klage wegen arglistiger Schädigung *(actio de dolo): Si paret dolo malo Numerii Negidii factum esse, ut Aulus Agerius Numerio Negidio fundum de quo agitur mancipio daret* ... („Wenn es sich herausstellt, daß durch Arglist des Beklagten bewirkt worden ist, daß der Kläger dem Beklagten das Grundstück, um das der Prozeß geht, übereignet hat ...", – es folgt die Anweisung an den Richter, in diesem Falle zu verurteilen, andernfalls die Klage abzuweisen).

[45]) *Nisi inter Aulum Agerium et Numerium Negidium* (s. Anm. 42) *convenit, ne ea pecunia (intra biennium) peteretur* (sog. *exceptio pacti conventi).*

formel und damit überhaupt das Verfahren *apud iudicem* verweigerte (*denegare actionem*).

Gegen die Entscheidungen (*decreta*) des Gerichtsmagistrats gab es kein anderes Rechtsmittel als die Interzession eines anderen Magistrats von gleichem oder höherem Range (o. S. 26), insbesondere aber der Volkstribune, die ja in erster Linie dazu berufen waren, dem Bürger gegen Ungerechtigkeit beizustehen (o. S. 30 f.). Die Interzession mußte dem Magistrat, gegen dessen Dekret sie gerichtet war, alsbald ins Angesicht erklärt werden. Darum pflegte die Prozeßpartei, die sich ungerecht behandelt fühlte, sofort einen Volkstribun (oder auch das ganze Tribunenkollegium) „herbeizurufen" (*appellare*, davon Appellation = Berufung). Die Interzession erfolgte nach einer Prüfung des Sachverhalts, bei der auch der Gerichtsmagistrat Gelegenheit hatte, die Gründe seiner Entscheidung darzulegen. Sie hatte lediglich kassatorische Wirkung: Das angefochtene Dekret des Jurisdiktionsmagistrats wurde ungültig, aber niemand konnte ihn zwingen, eine andere Entscheidung an die Stelle der vernichteten zu setzen. Wer dies erreichen wollte, mußte gegebenenfalls sein Glück bei einem anderen zuständigen Magistrat, insbesondere nach Ablauf des Amtsjahres beim Nachfolger des erfolglos Angegangenen, versuchen.

Welche außerordentliche Bedeutung die Jurisdiktion etwa seit dem Ausgang des 3. Jh. v. Chr. für die Entwicklung des römischen Privatrechts gewann, dürfte schon durch die Beispiele deutlich geworden sein, mit deren Hilfe wir soeben die Technik der magistratischen Rechtsschöpfung zu verstehen suchten. Wir sahen, daß zahlreiche Ansprüche Anerkennung fanden, die dem alten *ius civile* noch fremd waren, und daß das Zivilrecht selbst durch Nichtanwendung veralteter Sätze korrigiert und durch Zulassung neuartiger Einwendungen in seiner Strenge gelockert wurde. Auf diese Weise wurde das Recht, ohne daß es einer wesentlichen Mitwirkung der Gesetzgebung bedurfte, rein durch die Gerichtspraxis den Anforderungen angepaßt, welche die wirtschaftliche Entwicklung und ein verfeinertes, an den Prinzipien der Vertragstreue (*fides*, o. S. 85) und der Billigkeit (*aequitas*) orientiertes Rechtsempfinden stellten. Formell war dieser gewaltige Fortschritt das Werk einer langen Reihe von Jahresbeamten, von denen nur einige zufälligerweise mehr vom Recht verstanden als der durchschnittliche vornehme Römer ihrer Zeit. Wir werden indessen sehen, daß hinter den Entschlüssen dieser Männer die Gutachten und die Ratschläge standen, welche die führenden Juristen des Zeitalters teils den streitenden Parteien, teils den Jurisdiktionsmagistraten selbst erteilten.

III. Die Rechtsbildung im Bereiche der Jurisdiktion fand ihren Niederschlag in den Edikten der Jurisdiktionsmagistrate. Edikte waren magistratische Bekanntmachungen, deren Inhalt und Tragweite an sich sehr verschieden sein konnten. Zum Teil waren es einmalige Mitteilungen und Anordnungen, die alsbald mit dem Wegfall ihres Anlasses gegenstandslos wurden, zum Teil aber auch Kundgebungen, die für die ganze Amtszeit des edizierenden Magistrats Geltung behielten. Zu dieser zweiten Gruppe, den Daueredikten *(edicta perpetua)*, gehörten die Jurisdiktionsedikte: Prätoren, Ädile, Provinzialstatthalter und wohl auch die den Provinzialstatthaltern beigegebenen Quästoren pflegten nämlich zu Beginn ihres Amtsjahres die Grundsätze, die sie bei der Jurisdiktion zu befolgen, und die Formulare, die sie bei der Erteilung von Prozeßformeln zugrunde zu legen gedachten, auf einer geweißten Holztafel *(album)* öffentlich auszustellen *(proponere)*. Sie boten damit den Parteien die Grundlage für ihre Anträge *(postulationes)* im Verfahren *in iure*. Die Parteien konnten sich dem Magistrat gegenüber zum mindesten von der spätrepublikanischen Zeit an auf den Inhalt des Edikts wie auf ein Gesetz berufen; denn der Magistrat war seit einer *lex Cornelia* des Jahres 67 v. Chr. an sein Edikt gebunden. Immerhin stand es auch nach diesem Gesetz in seiner Macht, von Fall zu Fall neue Rechtsbehelfe zu gewähren, die im Edikt noch nicht vorgesehen waren.

Nach Ablauf des Amtsjahres erschien mit dem neuen Magistrat auch ein neues Edikt. Aber begreiflicherweise nahm der Nachfolger in aller Regel das Edikt des Vorgängers zum Muster und brachte nur die seiner Meinung nach notwendigen Änderungen und Ergänzungen an. Auf diese Weise bildete sich wohl schon sehr früh ein fester Grundstock von Ediktsnormen, der von Jahr zu Jahr immer wieder proponiert wurde *(edictum tralaticium)* und sich nur allmählich um neue Stücke vermehrte. Mit der Zeit wurden die Edikte schließlich ein ziemlich vollständiges Abbild der Jurisdiktionspraxis, eine Kodifikation des honorarischen Rechts, die zwar nicht den Rang eines Gesetzbuches besaß, vor einem Gesetzbuch aber auch die Entwicklungsfähigkeit voraushatte, die sich aus der alljährlichen Neupublikation ergab: jeder neuantretende Magistrat hatte die Gelegenheit, Veraltetes auszuscheiden und neue Rechtsbehelfe in das Edikt aufzunehmen, die, wenn sie sich bewährten, zu dauernden Bestandteilen der tralatizischen Ediktsmasse werden konnten. Unter dem Prinzipat begann die produktive Kraft der prätorischen Praxis vermutlich sehr bald nachzulassen, aber erst um das Jahr 130 n. Chr. wurden die Jurisdiktionsedikte in ihrem Wortlaut endgültig festgelegt: im Auftrag Hadrians unterzog sie damals Salvius Julianus, einer der größten römischen Juristen (s. u. S. 110 f.), einer abschließenden Redaktion, die durch Senatsbeschluß bestätigt wurde und künftig nur noch vom Princeps selbst geändert werden durfte (c. Tanta 18)[46].

[46]) Die Nachrichten über die julianische Ediktsredaktion sind von A. Guarino (in mehreren Schriften, zuletzt Storia del dir. rom., 4. Aufl., 460 ff.) in Zweifel gezogen worden, weil die zeitgenössische Überlieferung schweigt – schwerlich mit Recht. Justinians präzise Angaben können nicht erfunden sein, und die julianische Redaktion wird auch schon bei einem Historiker des 4. Jh. erwähnt, der seinerseits aus einer Quelle der diokletianisch-konstantinischen Zeit geschöpft zu haben scheint.

Die Jurisdiktion der Gerichtsmagistrate verlor damit endgültig ihre rechtsschöpferische Bedeutung; statt ihrer führten nunmehr die Rechtswissenschaft und in zunehmendem Maße die Kaisergesetzgebung die Entwicklung des römischen Rechts weiter.

Die Edikte enthielten Musterformulare sowohl für die bereits im alten Zivilrecht begründeten wie für die im Rahmen der Jurisdiktion neugeschaffenen Ansprüche; bei den letztgenannten Ansprüchen ging der Formel jeweils eine besondere Rechtsschutzverheißung voraus[47]) (sog. Edikt im engeren Sinne). Andere Ankündigungen in den Edikten betrafen die Verweigerung des Rechtschutzes unter bestimmten Voraussetzungen *(denegatio actionis*, s. o. S. 86 f.) und die Wiedereinsetzung in den vorigen Stand *(restitutio in integrum)*, durch die solche Ansprüche wiederhergestellt werden konnten, die nach strengem Zivilrecht nicht mehr bestanden. Weiter gab es in den Edikten eine Anzahl von magistratischen Geboten und Verboten *(interdicta)*, die zumeist der Aufrechterhaltung des Rechtsfriedens und der öffentlichen Ordnung dienten und vor allem auch die Grundlage des Besitzschutzes bildeten, endlich Einredeformulare *(exceptiones*, s. o. S. 86) und Formulare für Verträge, die im Laufe eines Prozesses zwischen den Parteien geschlossen werden mußten oder konnten *(stipulationes praetoriae*, bzw. *aediliciae)*.

Unsere Kenntnis von den Jurisdiktionsedikten ist im übrigen recht lükkenhaft. Von den Edikten des *praetor peregrinus* und der Provinzialstatthalter haben wir nur sehr dürftige Nachrichten; es scheint, daß unter dem Prinzipat in allen Provinzen im wesentlichen der gleiche Ediktstext proponiert war, und zwar ein Text, der sich vom Edikt des Stadtprätors kaum unterschied. Aus dem Ädilenedikt ist uns wenig mehr erhalten als die Bestimmungen über die Mängelhaftung beim Kauf von Sklaven und Vieh; freilich waren dies wohl die einzigen für das Privatrecht wichtigen Stücke dieses Ediktes. Allein das Edikt des *praetor urbanus* ist uns durch die umfangreichen Bruchstücke der von Juristen der Kaiserzeit verfaßten Ediktskommentare, die in den Digesten Justinians überliefert sind (s. u. S. 104), ziemlich genau bekannt, jedoch nur in seiner letzten, von Julian redigierten Fassung, so daß wir über seine Entwicklungsgeschichte wiederum nichts Näheres wissen. Allgemeine historische Erwägungen führen ebenso wie die wenigen Zeugnisse, die wir für das Aussehen früherer Ediktsredaktionen haben, zu der Vermutung, daß die Hauptmasse des Ediktstoffs sich bereits in der Zeit zwischen dem dritten Jahrhundert und 80 v. Chr. angesammelt hat.

---

[47]) Als Beispiel mag das Edikt über die Geschäftsführung ohne Auftrag *(negotiorum gestio)* dienen: *Ait praetor:* SI QUIS NEGOTIA ABSENTIS, SIVE QUIS NEGOTIA, QUAE CUISQUE CUM IS MORITUR FUERINT, GESSERIT, IUDICIUM EO NOMINE DABO. Vgl. D. 3, 5, 3 pr.

IV. Das „Amtsrecht" (*ius honorarium*, s. schon S. 78 f.), das aus der Jurisdiktion der römischen Gerichtsmagistrate erwuchs, unterschied sich von dem *ius civile* der Zwölftafeln und in noch stärkerem Maße von der Privatrechtsordnung eines modernen Gesetzbuchs durch seine prozessuale Einkleidung; Rechte und Pflichten erschienen darin stets in der Gestalt von Klagemöglichkeiten *(actiones)*, Einrederechten *(exceptiones)* und anderen prozessualen Behelfen. Auch das alte Zivilrecht wurde von der Jurisdiktion weithin in diesem Sinne umgeprägt, sodaß der gesamte Rechtsstoff, den die klassische Rechtswissenschaft (§ 7 III) übernahm und weiterbildete, mehr oder weniger von dem „aktionenrechtlichen Denken" beherrscht war.

Überhaupt bildete das Amtsrecht im Verhältnis zum Zivilrecht keine gesonderte und in sich geschlossene Rechtsmasse. Es knüpfte vielmehr großenteils unmittelbar an zivilrechtliche Normen an, indem es sie ergänzte, einschränkte, ausdehnte oder umbildete. Gewisse Institute amtsrechtlicher Herkunft (wie z. B. die *bonae fidei iudicia*, s. o. S. 85) sind überdies späterhin als Zivilrecht aufgefaßt worden. Nur ausnahmsweise traten einander Zivilrecht und Amtsrecht so scharf gegenüber, wie im Bereich des Eigentums und des Erbrechts: Hier kam es geradezu zu einer Doppelung der Begriffe: dem zivilen Eigentum *(dominium ex iure Quiritium)* stand eine amtsrechtliche „Vermögenszugehörigkeit" *(in bonis habere)* gegenüber, dem zivilen Erbrecht *(hereditas)* ein amtsrechtlicher „Nachlaßbesitz" *(bonorum possessio)*. Nur das Verhältnis von Common law und Equity im englischen Recht bietet eine Parallele für dieses Ineinandergreifen zweier miteinander in Geltung stehender Ordnungen. Auch dort gibt es neben der ownership in law eine ownership in equity, und wie in Rom können es zwei verschiedene Personen sein, denen an einer und derselben Sache das Eigentum im Sinne der einen und der anderen Ordnung zusteht.

§ 7. Die Rechtswissenschaft und das Juristenrecht

I. Frühgeschichte der römischen Rechtswissenschaft. Die Geschichte der römischen Rechtswissenschaft beginnt mit den *pontifices*, jenem Priesterkollegium, das uns bereits als ein wichtiger Faktor bei der Weiterbildung des Zwölftafelrechts bekannt geworden ist (s. o. S. 37 f.). Als Zauberer und Kalendermacher des römischen Gemeinwesens – dies war sicherlich ihre ursprüngliche Funktion – beherrschten die *pontifices* vermutlich von jeher nicht nur die Regeln für den Verkehr der Gemeinde mit den Göttern (das *ius sacrum*), sondern auch die wirksamen Formeln für den Verkehr der Gemeindegenossen untereinander: die Klagformulare des altrömischen Prozesses und die Formeln für den Abschluß von Rechtsgeschäften. Denn wie beim Gebet, so kam nach der Auffassung der römischen Frühzeit auch im Rechtsverkehr unter Menschen alles auf den Gebrauch der richtigen Worte an; nur wer die rechte Formel wußte, vermochte die Gottheit wirksam anzurufen und den Menschen zu binden oder zu lösen. Wie alle Zauberkunst war das Wissen der *pontifices* von Hause aus geheim: der im Archiv des Kollegiums (den *libri pontificales*) aufgezeichnete Formelschatz war lange Zeit hindurch nur den Mitgliedern zugänglich, und nur unter diesen vererbten sich die im Laufe vieler Generationen entwickelten und erprobten Methoden der Rechtsanwendung. Die Monopolstellung, die dieses Geheimwissen auf dem Gebiet der Rechtskunde dem Pontifikalkollegium verlieh, blieb auch dann noch bestehen, als das magische Element in den Formularen des bürgerlichen Rechtsverkehrs kaum noch empfunden wurde; auch die Zwölftafelgesetzgebung vermochte sie nicht zu zerstören, denn abgesehen davon, daß das Gesetz gerade die von den *pontifices* gepflegten Formulare offenbar nicht enthalten hat, bedurfte der Zwölftafeltext selbst der Auslegung durch das rechtskundige Kollegium, wenn er auf längere Sicht den Anforderungen des Rechtslebens genügen sollte. Erst als – der Überlieferung nach zu Beginn des dritten vorchristlichen Jahrhunderts – die Formelsammlungen des Pontifikalarchivs veröffentlicht wurden und Mitglieder des Kollegiums begannen, ihre Rechtsauskünfte öffentlich, d. h. vor aller Ohren und unter offener Darlegung der maßgebenden Gesichtspunkte zu erteilen, war die Alleinherrschaft der *pontifices* wenigstens im Prinzip gebrochen und der Weg offen für die Entwicklung einer freien, d. h. nicht mehr an das Priesteramt gebundenen Rechtskunde. Wenn gleichwohl auch noch unter den Juristen der nächsten anderthalb Jahrhunderte die Mitglieder des Pontifikalkollegiums und verwandter Priesterschaften eine beherrschende Rolle spielten, so ist dies ein sprechender Beweis für die Macht der Tradition im römischen Leben.

Wie vordem die *pontifices*, so befaßten sich auch die Vertreter der sich nun entfaltenden freien Rechtskunde hauptsächlich mit der Begutachtung von Rechtsfragen (dem *respondere de iure*). Sie pflegten ihre Gutachten unentgeltlich zu erteilen, wie dies auch der alljährlich mit der Beratung der Bürger betraute *pontifex* getan hatte. Denn auch nach ihrer Loslösung vom Pontifikalkollegium wurde die Rechtskunde nicht zu einem Beruf, der dem Broterwerb dienen mußte. Sie blieb vielmehr gleich der Politik ein Betätigungsfeld angesehener und wohlhabender Männer zumeist senatorischen Ranges, die jede Lohnarbeit als standeswidrig ansahen. Was der Rechtskundige von seiner Praxis erhoffte, war nicht Geld, sondern Steigerung seiner sozialen Geltung, Vermehrung der Zahl seiner Freunde und Anhänger und auf der so geschaffenen Grundlage eine erfolgreiche politische Laufbahn.[48]) Zu den Ratsuchenden, die sich an ihn zu wenden pflegten, zählten

[48]) Ein anderer Weg zu diesen Zielen war die Tätigkeit als Gerichtsredner, d. h. als Kläger oder Anwalt *(patronus, advocatus)* vornehmlich in Strafprozessen. Sie war von der des gutachtenden Juristen durchaus verschieden (was nicht ausschließt, daß

nicht nur Privatleute, die Prozesse zu führen hatten oder irgendwelche wichtige Geschäfte unternehmen wollten, sondern vor allem auch die Organe der Rechtspflege, die Gerichtsmagistrate und die zur Entscheidung eines Rechtsstreites eingesetzten Geschworenen. Diese waren um so mehr auf die Hilfe der Juristen angewiesen, als sie selbst sehr oft nur unzulängliche Rechtskenntnisse besaßen, wie denn bei ihrer Bestellung nicht sachliche oder gar fachliche Qualifikation, sondern Abstammung, Ansehen und Beziehungen, zum Teil sogar der Zufall einer Losung[49]) den Ausschlag gaben. Auch in dem Beirat *(consilium)*, mit dem sich Magistrate und geschworene Richter – wie überhaupt jeder Römer, der eine bedeutsame Entscheidung zu treffen hatte – stets zu umgeben pflegten, wird der juristische Ratgeber selten gefehlt und häufig das maßgebende Wort gesprochen haben. Die glänzenden Schöpfungen des magistratischen Amtsrechts dürften darum in Wahrheit zum ganz überwiegenden Teil das Werk der Juristen sein, die als Gutachter oder als Mitglieder des Konsiliums die schaffende Hand der Jurisdiktionsmagistrate gelenkt haben.

Die Erteilung von Rechtsgutachten war und blieb bis in die Spätzeit der klassischen Jurisprudenz, für einen Zeitraum also von mehr als vier Jahrhunderten, das Kernstück aller Juristenarbeit. Alle anderen Erscheinungsformen juristischer Tätigkeit hängen damit mehr oder weniger eng zusammen. Dies gilt insbesondere auch für einen Arbeitszweig, der gerade der Frühzeit der römischen Rechtskunde eigentümlich ist und ihr im modernen rechtshistorischen Schrifttum die Bezeichnung als Periode der „Kautelarjurisprudenz" eingetragen hat[50]): für die Abfassung von Geschäfts- und Prozeßformularen. Eines der ältesten uns bezeugten Werke der römischen Rechtsliteratur, die „Geschäftsbedingungen für den Verkauf verkäuflicher Gegenstände" (*venalium vendendorum leges*) des Manius Manilius (Konsul 149 v. Chr.), bestand, dem Titel nach zu urteilen, ganz oder doch im wesentlichen aus einer Sammlung von Musterformularen für Kaufverträge. Erhalten geblieben sind derartige Formulare für Käufe, Dienst- und

---

gelegentlich auch Juristen als Gerichtsredner aufgetreten sind). Die von F. Wieacker (Sein u. Werden im Recht, Festg. f. U. v. Lübtow, 1970, 183 ff.) mit Recht hervorgehobene Tatsache, daß unter den Juristen der republikanischen Zeit die mächtigsten Adelsgeschlechter Roms kaum vertreten sind, mag damit zusammenhängen, daß die Träger ererbten Ruhmes und ererbter Macht nicht darauf angewiesen waren, sich den Zugang zu den Ämtern durch besondere Leistungen zu erkämpfen.

[49]) Unter den Prätoren eines jeden Amtsjahres wurden die verschiedenen Aufgabenbereiche (Jurisdiktion *inter cives* oder *inter peregrinos*, Statthalterschaften, bzw. nach Sulla Vorsitz in Strafgerichten) verlost. Auch die Geschworenen im Zivilprozeß wurden ausgelost, sofern sich die Parteien nicht auf eine bestimmte Person einigen konnten.

[50]) *Cautio* (von *cavere*, sich vorsehen) bedeutet die Vertragsurkunde. Die Weiterbildung *cautela* begegnet zwar im antiken Sprachgebrauch nur in dem speziellen Sinne von „Sicherheitsleistung", nahm aber später auch die allgemeinere Bedeutung „Vertragsklausel" an.

Werkverträge in einer Schrift über die Landwirtschaft *(de agri cultura)*, deren Verfasser, der ältere Cato (Konsul 195, Zensor 184), von den Späteren nicht nur als großer Staatsmann, sondern auch als hervorragender Kenner des Rechts gefeiert wurde. Auch noch im letzten Jahrhundert der Republik scheinen sich die Juristen vielfach mit der Gestaltung von Vertragsformularen befaßt zu haben. Zwar sind uns Werke, die speziell diesem Zweck gewidmet waren, aus der Spätzeit der Republik nicht bezeugt.[51]) Aber einige für besonders komplizierte Verträge noch in der Kaiserzeit übliche Formulare tragen die Namen führender Juristen des letzten Jh. v. Chr.; so die dem Vermächtnisrecht angehörende *cautio Muciana* (nach Q. Mucius Scaevola, u. S. 98) und die *stipulatio Aquiliana*, eine Generalquittung, die dazu diente, alle bisher zwischen den Vertragspartnern bestehenden Verbindlichkeiten in ein neues, einheitliches Forderungsrecht umzuwandeln (nach C. Aquilius Gallus, u. S. 99). Unbekannt sind uns, von ganz wenigen Ausnahmen abgesehen, die Entstehungszeit und die Verfasser der Prozeßformeln des sog. Formularprozesses; doch wird man annehmen dürfen, daß auch sie zum mindesten in ihrer großen Mehrzahl von Juristen des 2. und des letzten Jahrhunderts v. Chr. geschaffen worden sind. Die der republikanischen Jurisprudenz eigentümliche Pflege des Formelwesens wurzelte sicherlich noch in dem unfreien Buchstabenglauben altrömischer Rechtsauslegung; sie trat deshalb in den Hintergrund, als die Jurisprudenz gegen Ende der Republik den Weg zu einer freieren und großzügigeren Betrachtungsweise gefunden hatte. Aber sie war dennoch ein höchst bedeutungsvoller Beitrag zur Entwicklung des römischen Rechtsdenkens; denn nur durch eine solche jahrhundertelange Formulierungsarbeit konnte die klare und knappe Prägnanz der römischen Rechtssprache zu ihrer klassischen Vollendung gesteigert werden, und in den Prozeßformeln hat die Kautelarjurisprudenz ein kostbares Erbgut hinterlassen, von dem die jüngere Rechtswissenschaft bis ans Ende der klassischen Periode zehren konnte.

In engstem Zusammenhang mit der Gutachtertätigkeit der römischen Juristen stand schließlich auch der Rechtsunterricht, der in der Frühzeit, von der wir hier reden, gewiß noch ganz und gar den Charakter einer praktischen Unterweisung trug: den gutachtenden Juristen umgaben seine Schüler; sie hörten seine Bescheide und durften mit ihm die Gründe und Gegengründe erörtern. Auch späterhin, noch in der Kaiserzeit, bildete diese *„disputatio fori"* den eigentlichen Kern des juristischen Unterrichts; nur schob sich davor – vielleicht nicht einmal immer – ein Anfängerlehrgang mit zusammenhängendem Lehrvortrag, selbstverständlich bei einem privaten Rechtslehrer, denn staatliche oder staatlich anerkannte Rechts-

[51]) Immerhin enthält auch noch das Buch des M. Terentius Varro, eines Zeitgenossen Ciceros und Cäsars, über die Landwirtschaft *(de re rustica)* eine beträchtliche Zahl von Vertragsformularen.

schulen mit einem umfassenden Unterrichtsplan gab es erst in der oströmischen Rechtskultur der Spätzeit (s. u. S. 136 f.).

II. Die Rechtswissenschaft der ausgehenden Republik. Ihre aus der Tradition des Pontifikalkollegiums stammende Eigenart hat die Jurisprudenz in weitem Maße auch dann bewahrt, als Rom unter den Einfluß griechischen Geistes geriet. Griechische Philosophie und Redetechnik wurden im letzten Jahrhundert der Republik zu Elementen der römischen Bildung. Die Theorie der Rhetorik, schon zu Beginn des letzten vorchristlichen Jahrhunderts von römischen Autoren in lateinischer Sprache dargestellt, fand alsbald auch praktische Anwendung, vor allem in der Gerichtsrede. Doch anders als in diesen Bereichen, in denen sich in Rom eigene Ansätze wissenschaftlichen Denkens nicht gebildet hatten, stand es auf dem Gebiete des Rechts. Hier gab es ja in Rom bereits eine dem praktischen Leben zugewandte Rechtskunde, während die griechischen Philosophen, soweit sie sich überhaupt mit spezifischen Rechtsproblemen befaßten, im allgemeinen bei spekulativer Betrachtung verharrten und die Rhetoren das Recht auf eine Weise behandelten, die der Tradition der römischen Jurisprudenz durchaus zuwiderlief. Bemühte sich diese um eine objektiv richtige Auslegung und Anwendung der Rechtsnormen, so lehrten die Rhetoren die Kunst, das Interesse der Partei, für die der Redner jeweils auftrat, erfolgreich zu verfechten. Sie empfahlen darum im einen Falle eine sehr freie, im anderen eine wortwörtliche Gesetzesauslegung und lieferten Argumente sowohl für die strikte Anwendung der Rechtsnormen als auch für eine Entscheidung nach der Billigkeit und gegen das Gesetz. Eine derart doppelzüngige Behandlung von Rechtsproblemen konnte den römischen Juristen zwar Anregungen geben; die Jurisprudenz zu erobern und zu beherrschen war sie aber nicht imstande.

So verlief die Entwicklung der römischen Rechtswissenschaft auch weiterhin in ihrer eigenen Bahn; sie blieb in ihrer Gesamterscheinung etwas spezifisch Römisches und darf wohl als die bedeutendste Leistung römischen Geistes und als der wichtigste Beitrag Roms zur Entwicklung der europäischen Kultur angesehen werden. Doch ist nicht zu bezweifeln, daß griechisches Wissen und griechische Denkmethoden in mannigfacher Weise auf die Entfaltung der Jurisprudenz eingewirkt haben. Mit Recht hat man darauf hingewiesen, daß schon die Entstehung eines juristischen Schrifttums in Rom, wie überhaupt die Entstehung einer lateinischen Literatur, mit den Impulsen zusammenhängt, die von der Begegnung mit der literarischen Kultur der Griechen ausgegangen sind. Im übrigen freilich sind Art, Herkunft und Bedeutung der griechischen Einflüsse auf die Rechtswissenschaft der späten Republik und der Kaiserzeit lebhaft umstritten, und es mag zweifelhaft erscheinen, ob es jemals möglich sein wird, alle in diesem Zusammenhang auftauchenden Fragen exakt zu beantworten und auf diese Weise ein sicher begründetes Urteil darüber zu gewinnen, wieviel von dem Erscheinungsbild der römischen Jurisprudenz auf altrömische Tradition, wieviel auf die Befruchtung durch die griechische Wissenschaft zurückzuführen ist. Die folgenden Bemerkungen sollen einen (notwendigerweise unvollständigen) Eindruck von der Kompliziertheit des Problems und vom gegenwärtigen Stande der Diskussion vermitteln.

Die Stärke der altrömischen Tradition zeigt sich besonders deutlich in der Anordnung des Rechtsstoffs in den Schriften der römischen Juristen. Die großen Werke, deren Aufbau wir aus den erhaltenen Fragmenten rekonstruieren können, folgen in dieser Hinsicht noch bis ans Ende der klassischen Zeit einem Schema, das weder vom Standpunkt moderner Rechtsdogmatik noch im Vergleich mit der Anlage der Schriften griechischer Gelehrter als ein rational begründetes „System" bezeichnet werden kann und letztlich möglicherweise auf die Folge der Rechtsmaterien in der Zwölftafelgesetzgebung zurückgeht. Nur in dem knappen Anfängerlehrbuch des Gaius (u. S. 112), das um die Mitte des 2. Jh. n. Chr. entstanden ist (vielleicht allerdings auf einer etwa hundert Jahre älteren Vorlage beruht), finden wir eine systematische Gliederung, die gewiß unmittelbar oder mittelbar von dem Vorbild griechischer Werke angeregt ist. Sie blieb indessen, wie es scheint, ohne Nachfolge bei den späteren Klassikern.

Stoffliche Entlehnungen aus den Lehren der griechischen Philosophie sind hie und da mit größerer oder geringerer Sicherheit festgestellt worden. Die schon von Cicero in das römische Schrifttum eingeführte, bis auf Aristoteles zurückgehende Theorie des Naturrechts, einer höchsten, über den Gesetzen der einzelnen Gemeinwesen stehenden Ordnung, war den Juristen ohne Zweifel geläufig. Sie mag auf die Bildung der Kategorie des *ius gentium* (o. S. 74 f.) Einfluß gehabt und Anlaß dazu gegeben haben, daß man gelegentlich von einem bloß „natürlichen" Besitz und von bloß „natürlichen" Verbindlichkeiten sprach. Ganz unmittelbar erscheint jedoch die Naturrechtslehre in unserer Überlieferung erst bei den Juristen des späten 2. und des beginnenden 3. Jh. n. Chr. und auch bei ihnen nur als flüchtige Präambel, als ein mit leichter Hand aufgesetzter Überbau über der traditionsbestimmten Erörterung des positiven römischen Rechts. Etwas tiefer reicht wohl der (übrigens nicht unbestrittene) Einfluß, den die physikalischen Vorstellungen der griechischen Philosophen auf die Lehre der römischen Juristen über die Identität und die Veränderung von Sachen ausgeübt haben. Hier bediente man sich der griechischen Begriffe zur Lösung konkreter Rechtsprobleme, insbesondere bei der Entscheidung der Frage, wem im Falle der Verbindung oder Vermischung von Sachen verschiedener Eigentümer oder bei der Verarbeitung fremder Sachen das Eigentum an dem Produkt der Verbindung oder Verarbeitung zustehen solle. Die auf diese Weise gefundenen Lösungen gehören freilich nicht immer zu den besten Leistungen der römischen Jurisprudenz. Es mag noch weitere Beispiele solcher Entlehnungen aus der griechischen Theorie geben; doch wird es sich dabei stets um Einzelheiten handeln, die zwar das Wissen der Juristen um die Ergebnisse griechischer Spekulation und ihre Bereitschaft beweisen, von diesem Wissen Gebrauch zu machen, aber noch nicht auf eine tiefgreifende Veränderung der Jurisprudenz unter griechischem Einfluß hindeuten.

Eine solche Veränderung könnte sich nicht auf die Übernahme einzelner Theoreme und Begriffe beschränken, sie müßte vielmehr die Methode des juristischen Denkens in voller Breite umfassen. In der Tat nimmt man zumeist an, die spätrepublikanischen Juristen hätten die Kunst der dialektischen Argumentation von den Griechen erlernt und erst dadurch sei ihre zuvor noch primitive Rechtskunde zum Rang einer Rechtswissenschaft aufgestiegen. Im Hinblick auf die fundamentale Bedeutung, die das griechische Vorbild auf den meisten anderen Gebieten des römischen Geisteslebens gehabt hat, liegt diese Auffassung nahe. Sie einwandfrei zu erweisen ist aber kaum möglich, vor allem darum, weil wir von den älteren Juristen viel zu wenig wissen, um den Abstand ihrer Arbeitsweise von den Methoden der spätrepublikanischen und kaiserzeitlichen Rechtswissenschaft deutlich ermessen zu können. Daß man die juristische Kunst der Alten jedenfalls nicht unterschätzen sollte, legen die Prozeßformulare nahe, die zu einem beträchtlichen Teil schon vor dem Wirksamwerden eines intensiven griechischen Einflusses auf das Denken der Römer entstanden sein dürften. Sie enthalten bereits viel von den begrifflichen Strukturen und den Arbeitsmethoden, die wir auch noch bei den spätrepublikanischen und kaiserzeitlichen Juristen vorfinden. Im übrigen ist es bezeichnend, daß man sich in der modernen Forschung durchaus nicht einig darüber ist, aus welchem Teilbereich der griechischen Wissenschaft der methodische Einfluß auf die römische Jurisprudenz vornehmlich gekommen sei. Bald weist man auf die Theorie der Rhetorik hin, die dem praktischen Sinn der Römer mehr entsprochen habe als die mehr oder weniger spekulativ orientierte Philosophie, bald auf die dialektische Methodik der Philosophen, wobei wiederum verschiedene Schulrichtungen der griechischen Philosophie ins Auge gefaßt werden. Hierin wird deutlich, wie schwer es ist, solche Einflüsse auf eine in ihrer Zielsetzung eigenständige, dem griechischen Denken fremde Disziplin, wie es die römische Jurisprudenz war, exakt nachzuweisen. Gelungen ist dies bisher wohl nur in einigen wenigen Einzelpunkten, die für eine Antwort auf die Frage, ob die römischen Juristen ihr meisterliches Können mehr der eigenen Tradition oder griechischen Vorbildern verdankten, schwerlich eine hinreichende Grundlage bieten. So lassen sich etwa die uns nur selten glücklich erscheinenden Versuche spätrepublikanischer und frühkaiserzeitlicher Juristen, den Inhalt von Rechtsbegriffen mit Hilfe von oft recht wunderlichen Wortableitungen zu definieren, mit Sicherheit auf die grammatische Theorie der stoischen Philosophen zurückführen. Ein weiteres, besonders eindrucksvolles Beispiel der Übernahme griechischer Methodik erschloß uns der kürzlich erbrachte Nachweis, daß einige der führenden Juristen des 1. und 2. Jh. n. Chr. die Prinzipien der stoischen

Aussagelogik nicht nur gekannt, sondern auch im Zusammenhang mit der Auslegung von Rechtsgeschäften in einiger Ausführlichkeit dargelegt haben. Solche theoretisierenden Betrachtungen sind aber in den Fragmenten der klassischen Juristenschriften, die auf uns gekommen sind, eine große Seltenheit. Ob sie in den ungekürzten Originalschriften der Klassiker häufiger vorkamen, vermag niemand zu sagen, und überdies bleibt die praktische Bedeutung jener Exkurse in die Theorie der Logik für die Auslegungsarbeit der Juristen, einstweilen jedenfalls, ziemlich unklar.

Einen entscheidenden, von altrömischem Formalismus befreienden Einfluß griechischer, und zwar rhetorischer Methodik glaubte freilich schon vor geraumer Zeit der bedeutende Philologe J. Stroux nachweisen zu können. Seine Thesen haben sich jedoch als anfechtbar erwiesen. Die im Jahre 93 v. Chr. von den *centumviri* (o. S. 82) in der *causa Curiana*, dem Erbschaftsprozeß eines Manius Curius, gefällte Entscheidung, in der Stroux den Durchbruch zu einer freien Auslegungsmethode erblickte, hatte schwerlich eine solche historische Bedeutung, mochte sie auch unter den Zeitgenossen als Erfolg des gefeierten Redners L. Licinius Crassus über den großen Juristen Q. Mucius Scaevola viel Aufsehen erregen.[52])

Wie neuere Untersuchungen gezeigt haben, sind die römischen Juristen bei der Auslegung von Gesetzen und Rechtsgeschäften niemals einer einheitlichen Doktrin gefolgt. Sie haben stets unterschiedliche Methoden angewendet, darunter auch solche, die offensichtlich auf eine alte Tradition ihrer eigenen Disziplin zurückgingen. Dies gilt z. B. von der bis in die Kaiserzeit hinein geübten Technik, den Anwendungsbereich gesetzlicher Normen dadurch zu erstrecken oder auch einzuschränken, daß man dem Gesetzgeber einen vom normalen abweichenden Sprachgebrauch unterstellte. Daneben begegnet allerdings auch die von der rhetorischen Theorie nahegelegte unumwundene Gegenüberstellung von Wortlaut *(verba)* und Sinn *(sententia)* eines Gesetzes; sie ist jedoch erst bei den Hochklassikern des 2. Jh. n. Chr. nachweisbar. Bei der Auslegung von Rechtsgeschäften wurden alte strenge Grundsätze besonders im Bereich der Formalgeschäfte zäh festgehalten, während bei den formfreien, vom Prinzip der *bona fides* beherrschten Rechtsverhältnissen vielleicht von jeher eine freiere Auslegung üblich war, die nicht vom Wortlaut der Erklärungen, sondern von dem ausging, was die Parteien wollten.

Leider sind die römischen Juristen der republikanischen Zeit für uns zumeist keine individuell erfaßbaren Größen. Wir kennen wohl schon aus

[52]) In der juristischen Literatur, die überhaupt von richterlichen Entscheidungen, es sei denn der Kaiser, nur sehr selten Notiz nimmt, wird die *causa Curiana* nirgends erwähnt. Wahrscheinlich haben die Juristen an der von Scaevola vertretenen strengen Auslegung der umstrittenen Testamentsklausel festgehalten, bis mehr als zwei Jahrhunderte später Kaiser Pius einen analogen Fall ebenso entschied wie einstmals die Zentumvirn.

dem 3. und 2. Jh. v. Chr. eine beträchtliche Anzahl von Namen, wir wissen, daß die Träger dieser Namen mit wenigen Ausnahmen senatorischen Geschlechtern angehört und großenteils die höchsten Staatsämter bekleidet haben, wir kennen hie und da auch die Titel literarischer Arbeiten, aber von diesen Arbeiten sind uns nur ganz vereinzelt kümmerliche Spuren erhalten. Erst im letzten Jahrhundert der Republik wird die Überlieferung ein wenig besser. In dieser Periode ändert sich das soziale Gepräge der Jurisprudenz: der senatorische Adel tritt zurück; die meisten Juristen stammen jetzt aus dem Ritterstand, und viele sind zeitlebens darin verblieben: ein Zeichen dafür, daß die juristische Gutachterpraxis inmitten der Demagogie und der brutalen Gewaltpolitik dieses Zeitalters für die politische Laufbahn keine wesentlichen Vorteile mehr bot. Viele Juristen dieser Epoche waren auch keine gebürtigen Römer, sondern stammten aus italischen Landstädten, die zum Teil erst am Ausgang des Bundesgenossenkriegs in den römischen Bürgerverband aufgenommen worden waren.

Die beiden größten Juristen des Zeitalters und zugleich diejenigen, deren wissenschaftliche Wirksamkeit für uns deutlicher hervortritt, kamen allerdings aus alten römischen Adelsgeschlechtern und sind bis zum Konsulate aufgestiegen. Beide gehören dem Zeitalter an, in dem der Einfluß griechischen Geistes in Rom wirksam wurde. Der ältere von ihnen, Q. Mucius Scaevola (Konsul 95 v. Chr., gest. 82 v. Chr.), aus einem plebejischen Adelsgeschlecht, das vor ihm bereits mehrere bedeutende Juristen hervorgebracht hatte, soll als erster das Recht „nach Gattungen geordnet" haben (*ius civile primus constituit generatim:* Pomp. D. 1, 2, 2, 41), was man freilich nicht im Sinne einer umfassenden Rechtssystematik verstehen darf, sondern wohl lediglich als Ausdruck dafür, daß er verschiedene Arten (*genera*) gleichnamiger Rechtsverhältnisse zu unterscheiden liebte, wie z. B. fünf Arten der Vormundschaft (Gai. 1, 188) und mindestens drei Arten des Besitzes (Paul. D. 41, 2, 3, 23). Hierin und überhaupt in seinem Bestreben, Begriffe zu definieren, wird man eine Auswirkung der Kenntnis griechischer Gelehrsamkeit sehen dürfen. Im Erbschaftsprozeß des Manius Curius (s. o. S. 97) vertrat er indessen den Standpunkt der Wortstrenge gegen die Billigkeitsargumente des Rhetors. Die Schriften des Q. Mucius haben bis tief in die Kaiserzeit hinein gewirkt: Seine Darstellung des *ius civile* (in 18 Büchern) blieb lange Zeit das maßgebende Handbuch für diesen Teil der Rechtsordnung und ist noch um die Mitte des zweiten nachchristlichen Jahrhunderts kommentiert worden.

Servius Sulpicius Rufus (Konsul 51 v. Chr., gest. 43 v. Chr.) ein Altersgenosse und Freund Ciceros, entstammte einer patrizischen Familie, die aber seit langem ohne politische Bedeutung war; sein Großvater war vielleicht noch Senator, aber von geringem Ansehen, sein Vater gehörte dem Ritterstand an; ihm selbst gelang der Aufstieg zum Konsulat erst beim zweiten Anlauf. Er hat, wahrscheinlich zugleich mit Cicero, bei Apollonios Molon in Rhodos eine gründliche Ausbildung in der griechischen

Redekunst erhalten und trat zunächst als Gerichtsredner auf. Erst später wandte er sich der Jurisprudenz zu. Seine Lehrer waren Schüler des Q. Mucius, darunter C. Aquilius Gallus (Prätor 66 v. Chr.), bekannt unter anderem als Schöpfer der bis ins deutsche Recht der Gegenwart fortwirkenden Rechtsbehelfe gegen arglistiges oder treuwidriges Verhalten *(dolus malus*, vgl. § 826 BGB und die exceptio doli generalis = Einrede der unzulässigen Rechtsausübung in Rechtsprechung und Schrifttum zum BGB). Daß Servius griechische Bildung besaß, ergibt sich schon aus seinem Werdegang. Will man Cicero (Brut. 152f.) glauben, so war er überhaupt der erste, der wissenschaftliche Methode *(dialecticam* [scil. *artem*]*)* in die Jurisprudenz hineinbrachte, weshalb er noch höher zu stellen sei als Q. Mucius. Gegen diesen hat Servius anscheinend oft polemisiert; eine seiner Schriften wird unter dem Titel *reprehensa Scaevolae capita* angeführt (Gellius 4, 1, 20). Die erhaltenen, allerdings recht bescheidenen Überreste der Schriften beider Juristen lassen indessen tiefgreifende Unterschiede in der Methode nicht erkennen, und man darf nicht übersehen, daß Cicero bei anderer Gelegenheit die von Servius betriebene Wissenschaft als bloße Wortklauberei verspottet und in einer uns verlorenen Schrift *de iure civili in artem redigendo* seinerseits einen offensichtlich wirkungslosen Versuch unternommen hat, die Jurisprudenz nach dem Vorbild griechischer Wissenschaft umzugestalten. Auf die Späteren hat Servius kaum minder nachhaltig gewirkt als Q. Mucius. Bemerkenswert ist, daß er als erster einen, allerdings noch sehr knappen Kommentar zum prätorischen Edikt geschrieben und damit vermutlich erst die literarische Pflege des Amtsrechts eingeleitet hat. Schon einer seiner Schüler, A. Ofilius, einer der Juristen, die immer im Ritterstand verblieben sind, behandelte dann das Edikt in einem sehr viel ausführlicheren Werk. Von da an war und blieb das *ius honorarium* ein dem *ius civile* gleichwertiges Arbeitsfeld der römischen Juristen. Ofilius und die übrigen Serviusschüler gehören bereits einer Generation von Juristen an, deren Tätigkeit sich über das Ende der Republik in den Prinzipat des Augustus hinein erstreckt. Sie bilden somit den Übergang von der republikanischen Jurisprudenz, deren Ergebnisse einige von ihnen in umfangreichen Werken zusammenfaßten, zum klassischen Zeitalter der römischen Rechtswissenschaft.

III. Die klassische Jurisprudenz. 1. Der Prinzipat und die Rechtswissenschaft; *ius respondendi* und Beteiligung der Juristen an der Reichsverwaltung. Aus den eigentümlichen sozialen und politischen Verhältnissen der hohen Republik entstanden und in der freien, geistig bewegten Atmosphäre des spätrepublikanischen Individualismus gewachsen, ist die römische Rechtswissenschaft in der veränderten Luft der Prinzipatszeit nicht etwa verkümmert, sondern im Gegenteil noch einmal zu reicher Blüte gediehen. Die Periode ihres größten Glanzes liegt sogar, wenn uns die ungleichen

Überlieferungsverhältnisse nicht täuschen, erst im zweiten nachchristlichen Jahrhundert, also in einem Abschnitt der römischen Geschichte, in dem das Reich zwar unter der hervorragenden Verwaltung Trajans, Hadrians und der antoninischen Kaiser ein hohes Maß materieller Wohlfahrt genoß, in dem aber die geistige Kultur auf den meisten Gebieten bereits Züge greisenhafter Erschlaffung trug. Verschiedenerlei Gründe erklären diese späte Entfaltung der Jurisprudenz: Ihre rechtzeitige Immunisierung gegen das Gift der Rhetorik, das alle anderen Zweige der Literatur und der Wissenschaft durchdrang und an die Stelle der Hingabe an die Sache das Ideal der kunstvollen formalen Gestaltung eines im Grunde gleichgültigen Stoffs treten ließ; der Friede und die wirtschaftliche Blüte in den ersten beiden Jahrhunderten der Kaiserzeit, die mächtige Ausdehnung der römischen Gesittung und des römischen Bürgerrechts, Faktoren, welche die Intensität und die räumliche Ausdehnung des römischen Rechtslebens zu bis dahin unbekannten Dimensionen steigerten; die Fürsorge der Kaiser für Verwaltung und Rechtspflege und – in engem Zusammenhang damit – das Interesse, das die Kaiser an der Jurisprudenz als solcher nahmen.

Die Haltung der Kaiser gegenüber den Juristen hat natürlich im Laufe der Zeit gewechselt. Nach dem Tode des Claudius läßt die (freilich bösartige) Satire Senecas die Juristen, zu Gespenstern abgemagert und kaum noch am Leben, aus ihren Schlupfwinkeln hervorkriechen, und auch sonst fehlt es in der Überlieferung nicht an Spuren, die einen starken Druck mancher Kaiser auf die Jurisprudenz erraten lassen. Im ganzen gesehen ist aber die Rechtswissenschaft vom Prinzipat offenbar stark gefördert worden. Wir beobachten, wie sich schon Augustus um die Mitarbeit der führenden Juristen seiner Zeit bemüht hat. Bei manchen republikanisch Gesinnten, denen die neue Ordnung ein Greuel war, fand er begreiflicherweise keine Gegenliebe. So soll z. B. der geistreiche A. Cascellius, der sich bereits durch juristische Obstruktion[53]) und durch seine scharfe Zunge unliebsam bemerkbar gemacht hatte, das ihm trotzdem von Augustus angebotene Konsulat ausgeschlagen haben, und auch der größte zeitgenössische Jurist, M. Antistius Labeo, verharrte zeitlebens in ziemlich unverhüllter Opposition[54]). Doch das Widerstreben dieser noch im republikanischen Geiste aufgewachsenen Juristen der Übergangszeit blieb notwendigerweise eine Episode, und andere waren von Anfang an weniger spröde. Den C. Trebatius Testa, der schon Cäsar sehr nahegestanden hatte, finden wir als Berater des Augustus bei einer Entscheidung von großer rechtspolitischer Tragweite (vgl. I. 2, 25 pr). Von den Jüngeren aber war es be-

[53]) Er erklärte die von den Triumvirn Oktavian (Augustus), Antonius und Lepidus aus den Gütern geächteter Mitbürger bestrittenen Schenkungen an ihre Anhänger für ungültig (Valerius Maximus 6, 2, 12).

[54]) Nach Pomp. D. 1, 2, 2, 47 lehnte auch er das Konsulat ab, nach Tacitus ann. 3, 75 wurde er eben wegen seiner politischen Haltung gar nicht zu diesem Amte zugelassen.

sonders der Rivale Labeos, C. Ateius Capito, der sich dem neuen Regime gern zur Verfügung stellte.

Im übrigen geht auf Augustus eine Maßnahme zurück, die – wie sie auch immer zu deuten ist – jedenfalls für lange Zeit eine Verbindung zwischen Princeps und Juristen knüpfte und Gepräge und Wirkungsweise der klassischen Rechtswissenschaft entscheidend beeinflußt hat. *Primus divus Augustus, ut maior iuris auctoritas haberetur, constituit, ut ex auctoritate eius responderent*, heißt es in dem dürftigen Abriß einer Geschichte der römischen Rechtswissenschaft, der uns aus einer Schrift des 2. Jahrhunderts n. Chr. erhalten geblieben ist (Pomp. D. 1, 2, 2, 49). Man hat diese Worte meist dahin verstanden, daß Augustus, ohne die allgemeine Freiheit zu juristischer Betätigung anzutasten, einigen hervorragenden Juristen das besondere Privileg verliehen habe, ihre Gutachten *ex auctoritate principis*, d. h. gewissermaßen im Namen des Kaisers zu erteilen, was das Ansehen dieser „Kronjuristen" natürlich in hohem Maße steigern mußte. Vermutlich war jedoch die Maßnahme des Augustus viel einschneidender. Eine strenge Auslegung des zitierten Pomponiussatzes führt nämlich zu der Deutung, daß die „öffentliche" Gutachtertätigkeit (das *publice respondere*) den vom Princeps autorisierten Juristen ausschließlich vorbehalten sein sollte. Praktisch heißt das wohl, daß nur ihre Gutachten von den Parteien dem Gericht vorgelegt werden durften und dann vom Gericht beachtet werden mußten. Damit wurde den Inhabern dieses vom Princeps verliehenen *ius (publice) respondendi*, und ihnen allein, ein unmittelbarer, richtungsweisender Einfluß auf die Rechtspflege eingeräumt.

Aus derselben Pomponiusstelle (§ 48) erfahren wir übrigens, daß als erster Jurist aus dem Ritterstande der berühmte Massurius Sabinus (s. u. S. 108) unter Tiberius das *ius respondendi* erhalten hat. Danach müssen wir annehmen, daß Augustus nur Senatoren als gutachtende Juristen zuließ. Aber auch späterhin scheint die Verleihung des Gutachterrechts an Ritter eine ziemlich seltene Ausnahme gewesen zu sein. Denn wir beobachten, daß die weitaus überwiegende Mehrzahl aller uns überhaupt bekannten Juristen bis in die Zeit nach der Mitte des 2. Jh. n. Chr. dem Senatorenstande angehörte, der doch im letzten Jahrhundert der Republik seine beherrschende Stellung in der Jurisprudenz großenteils an die Ritter verloren hatte (o. S. 98). Diese rückläufige Entwicklung in der sozialen Struktur der Jurisprudenz kann wohl nur als ein (wahrscheinlich gewolltes) Ergebnis der von Augustus mit der Schaffung des *ius respondendi* eingeleiteten kaiserlichen Politik verstanden werden.

Das Ziel dieser Politik wird deutlich, wenn man die Tatsache beachtet, daß die Entwicklung der Jurisprudenz in spätrepublikanischer Zeit trotz der bedeutenden Leistungen führender Juristen zu einer gewissen Vertrauenskrise geführt hatte. Die Zeugnisse für diese Erscheinung sind nicht zahlreich, aber wichtig. Wenn Cicero gelegentlich (de off. 2, 65) darüber klagt, daß der alte Glanz der Rechtswissenschaft in den Wirrnissen seiner Zeit zerstört sei, so meint er damit offenbar, daß die Ausbreitung der Jurisprudenz über den Senatorenstand hinaus viele Unberufene, viele skrupellose Emporkömmlinge und Scharlatane auf den Plan gerufen habe, deren Tätigkeit als Berater der Parteien und als Gutachter die Rechtspraxis in Verwirrung brachte. Cäsar und sogar der viel konservativer gesinnte Pompeius erwogen eine umfassende Kodifikation, um diesen Mißständen abzuhelfen. Die Verwirklichung solcher Pläne hätte der Rechtswissenschaft, deren Arbeitsweise und deren Funktion im Rechtsleben aufs engste mit der eigentümlichen Struktur der Rechtsordnung zusammenhingen, wenn nicht den Todesstoß, so doch jedenfalls einen schweren Schlag versetzt. Augustus versuchte die Lösung des Problems auf einem anderen Wege. Indem er einer kleinen Zahl hervorragender Juristen die ausschließliche Befugnis zu einer öffentlichen, für die Gerichte maßgeblichen Gutachterpraxis verlieh, schuf er eine Instanz, die, ähnlich wie heute die höchsten Gerichte, der Rechtspflege die Richtung wies. Er wählte diese Juristen aus dem Senatorenstande wohl nicht nur in Erinnerung an jene Zeiten, in denen die Jurisprudenz ein Monopol des Senatsadels gewesen war (o. S. 97 f.), sondern auch aus der Erwägung, daß das Ansehen dieses Standes und die ihm eigene Verpflichtung zu unentgeltlicher Wahrnehmung der öffentlichen Interessen wesentliche Voraussetzungen für die Erfüllung der den Trägern des *ius respondendi* zugedachten Aufgabe seien.

In der Tat verlieh die Beschränkung des *ius respondendi* auf einen kleinen Kreis vornehmer Juristen, die zudem wirkliche Könner waren, den autorisierten Rechtsgutachtern einen außerordentlichen Einfluß. Bei seiner durchschnittlich nur geringen Rechtskunde war der im klassischen Prozeß zur Urteilsfällung berufene private Richter ohnehin der Autorität des Juristen ausgeliefert. Von dem Gutachten eines Juristen mit *ius respondendi* wird er kaum jemals abgewichen sein, wenn ihn nicht ein zweites dissentierendes Gutachten zu einer eigenen Entscheidung zwang. So konnte die Vorstellung aufkommen, das *ius respondendi* enthalte geradezu eine Befugnis zur Rechtsschöpfung *(iura condere)* und den übereinstimmenden Ansichten der Respondierjuristen komme Gesetzeskraft zu (Gai. 1, 7). Wörtlich wird man dies für die klassische Zeit nicht nehmen dürfen[55]; aber der außerordentliche Einfluß, den die klassischen Juristen mit Hilfe des *ius respondendi* auf die Praxis ihrer Zeit ausübten, ist damit sicherlich richtig umschrieben.

Das *ius respondendi* blieb nicht die einzige Verbindung zwischen Kaisertum und Jurisprudenz. Wenn es schon zu Beginn des Prinzipats selbstverständlich war, daß ein dem Senatoren- oder Ritterstande angehöriger

---

[55]) Das von Gaius (a. a. O.) angeführte Reskript des Hadrian enthielt wohl nur eine Anleitung für den Richter, wie er sich gegenüber einander widersprechenden Gutachten zu verhalten habe.

Jurist, wie alle seine Standesgenossen, als Beamter des Princeps an den großen Verwaltungsaufgaben des Weltreichs teilhaben konnte, so gewann diese Möglichkeit im Laufe der Zeit mehr und mehr an praktischer Bedeutung. Seit dem Ende des ersten Jahrhunderts n. Chr. finden wir zahlreiche Juristen senatorischen Ranges, bald nach der Vermehrung der ritterlichen Ämter durch Hadrian (s. o. S. 59) auch die meisten aus dem Ritterstande hervorgegangenen Juristen, in leitenden Stellen der kaiserlichen Verwaltung. Ein paar Beispiele mögen zeigen, wie groß und vielseitig der Wirkungskreis war, der sich hier erschloß: L. Javolenus Priscus, einer der bedeutendsten Juristen des ausgehenden ersten und des beginnenden zweiten Jahrhunderts, hat (abgesehen von seiner senatorischen Laufbahn im Rahmen der republikanischen Verfassung, die ihn bis zum Konsulat und zur Statthalterschaft der Provinz Afrika führte) im Dienste des Kaisers nacheinander zwei Legionen kommandiert, den Posten eines Jurisdiktionslegaten[56]) in Britannien versehen und die Statthalterschaft in Obergermanien und in Syrien verwaltet. Eine ähnlich reiche Ämterfolge durchlief der berühmte P. Salvius Julianus; er war unter anderem Vorsteher der republikanischen Staatskasse *(praefectus aerarii Saturni)* und der Reichskriegskasse *(praefectus aerarii militaris)*, kaiserlicher Statthalter von Untergermanien und Nordspanien *(Hispania citerior)* und republikanischer Statthalter von Afrika. L. Volusius Maecianus, aus dem Ritterstande, begann seine Laufbahn mit ritterlichen Offiziersstellungen, wurde dann Mitarbeiter in der Verwaltung der öffentlichen Bauten *(adiutor operum publicorum)*, Kanzleichef des zum Thronfolger designierten Antoninus Pius, Leiter der Reichspost *(praefectus vehiculorum)*, danach der kaiserlichen Bibliotheken, wiederum Kanzleichef *(a libellis)* des inzwischen Kaiser gewordenen Antoninus Pius, Chef der Getreideversorgung *(praefectus annonae)* und schließlich Statthalter von Ägypten. Von den zumeist dem Ritterstande angehörenden Juristen des späten zweiten und beginnenden dritten Jahrhunderts begegnen uns Cervidius Scaevola und Herennius Modestinus als Polizeipräsidenten in Rom *(praefectus vigilum)*, Aemilius Papinianus, Julius Paulus und Domitius Ulpianus im Amte des Gardepräfekten *(praefectus praetorio)*, dem höchsten und einflußreichsten Ritteramte, dessen Geschäftsbereich neben dem militärischen Kommando damals bereits die Funktionen eines juristischen Beraters des Princeps und eines hohen Richters mitumfaßte. Auch viele von den anderen eben genannten Ämtern hatten bedeutsame juristische Aufgaben. So besaßen nicht nur die Provinzialstatthalter und ihre Jurisdiktionslegaten, sondern auch die *praefecti annonae* und *vigilum* umfangreiche Zuständigkeiten auf dem Gebiet der Rechtspflege, und die Chefs der kaiserlichen Kanzleien standen dem Princeps bei der Abfassung seiner Erlasse und

[56]) Ein in erster Linie für die Rechtspflege zuständiges Hilfsorgan des Statthalters.

Rechtsbescheide zur Seite. Einen starken Einfluß auf die Rechtspflege und die Rechtspolitik der Kaiser übten die Juristen schließlich auch als Mitglieder des kaiserlichen Rates (*consilium principis*).

Die Zuziehung eines Ratskollegiums bei magistratischen und richterlichen Entscheidungen ist uns bereits als Einrichtung der republikanischen Rechtspraxis entgegengetreten (o. S. 92). Die Kaiser haben sie übernommen: wir erinnern uns, daß Augustus z. B. sich bei einer wichtigen rechtspolitischen Entscheidung von C. Trebatius Testa beraten ließ (o. S. 100). Aber während wir bis auf Trajan nur vereinzelt von der Zuziehung bekannter Juristen zum *consilium principis* hören, scheinen die Juristen des späten zweiten und beginnenden dritten Jh. eine sehr bedeutende Rolle unter den Beratern der Kaiser gespielt zu haben. Seit Antoninus Pius gab es sogar feste, besoldete Ratsstellen, die mit Juristen ritterlichen Standes besetzt wurden; vermutlich oblag diesen kaiserlichen Räten (*consiliarii principis*) vor allem die laufende Bearbeitung der Rechtsfälle, die vor dem Kaisergericht anhängig waren oder dem Kaiser in Eingaben vorgetragen wurden (s. u. S. 120 f.). Sie erfüllten damit an der Seite des Kaisers die gleichen Aufgaben, die bei der Rechtsprechung des *praefectus praetorio* und anderer Beamten, insbesondere auch der Provinzialstatthalter, den sog. Beisitzern (*assessores*) zufielen; auch diese waren besoldete Hilfskräfte, freilich von geringerem Ansehen als die kaiserlichen Räte.

2. Die literarische Produktion der klassischen Juristen. Wie sich aus dem bisher Gesagten ergibt, waren die römischen Juristen der Kaiserzeit im gleichen oder vielleicht in einem noch höheren Maße als die der republikanischen Periode Praktiker der Rechtsanwendung und Rechtsschöpfung. Dies prägt sich auch in der Eigenart ihrer literarischen Produktion sehr deutlich aus. Große Gutachtensammlungen der mit dem *ius respondendi* beliehenen Juristen (*responsa, digesta*) und verwandte Werke von ausgesprochen kasuistischem Charakter stehen hier sowohl der Zahl wie dem wissenschaftlichen Gewicht nach in erster Linie; neben sie treten Kommentare zum *ius civile*[57]) und zu den Edikten der Jurisdiktionsmagistrate, vornehmlich des Stadtprätors. Eine geringere Bedeutung haben die Monographien, die insbesondere in hoch- und spätklassischer Zeit über einzelne Rechtsgebiete und über den Aufgabenkreis bestimmter Beamten entstanden sind. Alle diese Werke sind im wesentlichen praktischer Natur, aus der Praxis erwachsen und für die Praxis geschrieben; eine spekulativ-theoretische Behandlung der Rechtsordnung, eine über die nächsten Zusammenhänge hinausreichende Systematik darf man in ihnen nicht suchen. Ansätze zu einer mehr theoretischen

[57]) Als Grundlage der Zivilrechtskommentare benutzte man, da eine gesetzliche Kodifikation fehlte, entweder die Darstellung des Q. Mucius Scaevola (s. o. S. 98) oder den knappen, gegen die Mitte des 1. Jh. n. Chr. geschriebenen Abriß des Massurius Sabinus (s. u. S. 108).

Betrachtungsweise finden sich im allgemeinen nur in den Anfängerlehrbüchern *(institutiones)* und ähnlichen Elementarschriften, die aber im Gesamtbild der klassischen Rechtsliteratur eine ziemlich bescheidene Rolle spielen. Nicht auf sie gründet sich jedenfalls der Ruhm der römischen Jurisprudenz. Denn nicht die theoretische Synthese war die starke Seite des römischen Geistes, sondern die kunstgerechte Bewältigung des praktischen Einzelfalles.

Hierin aber sind die klassischen Juristen unübertroffen geblieben. Mit großartiger Sicherheit handhaben sie die Methoden logischer Schlußfolgerung, die Technik der Prozeßformulare und die komplizierten juristischen Spielregeln, die sich aus dem Nebeneinander alter und junger, zivilrechtlicher und honorarischer, streng formalistischer und elastischer Rechtsinstitute ergaben. Unklare Billigkeitserwägungen, moralisierende Redensarten und überhaupt alles Phrasenhafte meiden sie. Eine in jahrhundertelanger Arbeit zu höchster Geschmeidigkeit herangebildete Sprache, deren schlichte Sachlichkeit von der affektierten Kürze eines Tacitus ebensoweit entfernt ist wie von der pathetischen Breite Ciceros, gestattet es ihnen, auch verwickelte Tatbestände und Gedankengänge in knappester Form zu umschreiben. Ein Meisterstück ist oftmals schon die Darstellung des zur Entscheidung stehenden Falles, weil sie, aller unwesentlichen Einzelheiten entkleidet, bereits die maßgebenden juristischen Gesichtpunkte hervortreten läßt und damit eine wortreiche Begründung der Entscheidung überflüssig macht.

Die Gedankenwelt der klassischen Jurisprudenz ist, wenn man von jenem Einschlag griechischer Methodik absieht, den die spätrepublikanische Zeit gebracht hatte und der natürlich auch weiterhin wirksam blieb, in ihrem wesentlichen Kerne durchaus römisch. Dies gilt nicht etwa nur für die Juristen des ersten Jahrhunderts n. Chr., die fast ausnahmslos stadtrömischen Geschlechtern oder dem italischen Munizipaladel entstammten, sondern auch für die großenteils aus der Provinz gebürtigen Juristen des zweiten und dritten Jahrhunderts. Manche von diesen werden übrigens der Abstammung ihrer Vorfahren nach gleichfalls Italiker gewesen sein: Abkömmlinge italischer Kolonisten- oder Kaufmannsfamilien, die draußen im Reich ansässig geworden und zu Reichtum und Ansehen gelangt waren, so wie dies z. B. für die Vorfahren des Kaisers Hadrian bezeugt ist (Hist. Aug., Hadr. 1). Zu diesen in der Provinz geborenen Italikern wird man, um nur einen der bedeutendsten Namen zu nennen, den P. Salvius Julianus zu rechnen haben, der in Hadrumetum in der Provinz Afrika zu Hause war und einer offenbar so angesehenen Familie angehörte, daß er die senatorische Laufbahn einschlagen konnte. Für einen anderen, minder bekannten Juristen derselben Zeit, P. Pactumeius Clemens aus Cirta (dem heutigen Constantine in Algerien), läßt sich die italische Herkunft der Familie sogar eindeutig beweisen. Andere freilich, vor allem die führenden Juristen um die Wende vom 2. zum 3. Jh., wie der den Geschlechtsnamen der ersten Kaiserdynastie tragende Julius Paulus[58]) oder der aus Tyros in Phönizien gebürtige Domitius Ulpianus, werden eher aus eingebürgerten Provinzialfamilien stammen. Aber auch wenn dem so sein sollte, in ihren Schriften ist jedenfalls kein fremder Geist zu spüren, und dies ist um so bemerkenswerter, als man in der nichtjuristischen Literatur der Kaiserzeit die Auswirkungen der Überfremdung sehr deutlich erkennen kann. Offenbar zog die strenge Tradition der römischen Jurisprudenz einen jeden, der sich dieser Wissenschaft ergab, so stark in ihren Bann, daß er nur in ihrem Geiste zu denken vermochte.

Viel Spielraum für die Entfaltung individueller Wesenszüge ließ die Arbeitsweise der römischen Rechtswissenschaft überhaupt nicht zu. Man ist einigermaßen in Verlegenheit, wenn man etwa das Besondere selbst so hervorragender Juristenpersönlichkeiten wie Julian oder Papinian aufzeigen soll. Denn alle klassischen Juristen üben mehr oder weniger dieselben Methoden an denselben Gegenständen, haben, im großen und ganzen betrachtet, den gleichen Denkstil und unterscheiden sich darum eher noch durch die Qualität ihrer Arbeit als durch eine persönliche Note in ihrer Arbeitsweise. Selbst die Sprache bildet einen sehr einheitlichen Typus, der individuellen Besonderheiten nur bescheidenen Raum gibt, während er sich als Ganzes um so schärfer von der Vielheit der Temperamente und Stilmoden im nichtjuristischen Schrifttum derselben Zeit abhebt.

Mit dem Zurücktreten der individuellen Züge gegenüber der Bindung durch den traditionellen Stil juristischer Arbeit hängt es auch zusammen, daß sich eine innere Entwicklung der römischen Rechtswissenschaft während der zweieinhalb Jahrhunderte des klassischen Zeitalters nur aus gewissen, meist recht unauffälligen Einzelheiten mehr erraten als ablesen läßt. Auch einem genauen Kenner würde es schwerfallen, ein größeres Bruchstück aus der klassischen Rechtsliteratur ohne äußere Anhaltspunkte allein nach der darin verkörperten juristischen Methode mit einiger Treffsicherheit zu datieren. So sind es vorwiegend Tatsachen der äußeren Rechtsgeschichte, die eine Zerlegung der klassischen Periode in eine Reihe von Abschnitten rechtfertigen. Mit diesem Vorbehalt unterscheiden wir im folgenden eine frühklassische Zeit von Augustus bis etwa an das Ende der flavischen Kaiserdynastie (96 n. Chr.), eine hochklassische Epoche von Nerva bis Mark Aurel (96 bis 180 n. Chr.) und eine Zeit der Spätblüte, hauptsächlich unter den Kaisern des severischen Hauses (193–235 n. Chr.).

3. Charakteristisch für die frühklassische Zeit ist vor allem das noch lockere, in der Hauptsache nur durch das *ius respondendi* vermittelte Verhältnis der Jurisprudenz zum Prinzipat; noch war es nicht die Regel, daß die führenden Juristen zugleich eine hervorragende Rolle

[58]) Hierzu sei bemerkt, daß der Neubürger regelmäßig den Geschlechtsnamen des Kaisers erhielt, der ihn in das Bürgerrecht aufnahm. Die vielen Julii, Claudii, Ulpii, Aurelii, die uns auf den Urkunden namentlich der Provinzen begegnen, sind darum Zeugen für die schrittweise Ausdehnung des römischen Bürgerrechts.

in der kaiserlichen Verwaltung spielten, und wenn manche von ihnen bedeutenden politischen Einfluß besaßen, so beruhte dies eher auf ihrer vornehmen Herkunft oder ihren persönlichen Beziehungen zum Princeps als auf einer Machtposition, die dem Juristen als solchem eingeräumt war. Wie in republikanischer Zeit war der Jurist also noch Privatmann und seine Wissenschaft eine noble, dem Gemeinwohl dienliche Passion. Auch hinsichtlich der Methode ist kaum ein Unterschied gegenüber der spätrepublikanischen Zeit festzustellen; eine gewisse Vorliebe für Definitionen und begriffliche Unterscheidungen verrät wohl auch in frühklassischer Zeit noch die frische Einwirkung der griechischen Wissenschaft.

Gleich zu Beginn der Periode treffen wir bereits auf eine der bedeutendsten Gestalten der römischen Jurisprudenz: M. Antistius Labeo, jenen Zeitgenossen des Augustus, von dessen ablehnender Haltung gegenüber der neuen Staatsform schon die Rede war (s. o. S. 100). Während sein (gleichfalls schon erwähnter) Rivale C. Ateius Capito ein, wie es scheint, zwar sehr gelehrter, aber literarisch nicht sehr produktiver Geist gewesen ist und wohl aus diesem Grunde in unserer Überlieferung nur selten angeführt wird, hat Labeo zahlreiche, zum Teil sehr umfängliche Werke hinterlassen und durch sie einen so tiefen und nachhaltigen Einfluß geübt wie kaum ein anderer. Dies gilt namentlich von seinen Kommentaren zu den Edikten des Stadtprätors und des Fremdenprätors, deren Spuren wir noch in der spätklassischen Kommentarliteratur immer wieder begegnen. Die umfassende Bildung, die Labeo nachgerühmt wird, scheint sich sowohl auf das Gebiet der römischen Altertumskunde, das er in Schriften über die Zwölftafeln und über das Recht der Pontifices berührt hat, wie auf die griechische Philosophie und Rhetorik erstreckt zu haben. Seine Definitionen, die vielfach von glänzender Treffsicherheit zeugen und für die Späteren richtungsweisend geworden sind, ergänzt er oft durch etymologische Erklärungen, ein Beweis seiner Vertrautheit auch mit den Methoden der zeitgenössischen Grammatik.

An die Rivalität zwischen Labeo und Capito knüpft die römische Überlieferung die Entstehung der beiden „Rechtsschulen" an, deren Gegensatz noch über die frühklassische Periode hinaus bis tief ins zweite Jahrhundert lebendig blieb und eine Zeitlang geradezu das Gesicht der römischen Jurisprudenz bestimmt hat. Indessen vermögen wir die uns bekannten Streitfragen dieser Schulen kaum jemals bis auf Labeo und Capito zurückzuführen, und auch die Benennung der Schulen spricht sehr dafür, daß sie erst in der nächsten Generation entstanden sind. Denn die Anhänger der einen Schule nannte man *Sabiniani,* nach dem von Tiberius bis auf Nero nachweisbaren Juristen Massurius Sabinus, oder auch *Cassiani,* nach C. Cassius Longinus, der 30 n. Chr. zum Konsulat gelangt und unter Vespasian gestorben ist. Die andere Schule war die der *Proculiani;* Proculus, der ihr den Namen gegeben hat, gehört derselben Zeit an wie Sabinus und Cassius.

Die beiden „Schulen" waren nicht etwa Unterrichtsanstalten, wenngleich sich sicherlich auch die Heranbildung des Nachwuchses ganz oder doch größtenteils im Rahmen der Schulgemeinschaft abspielte. Sie waren Vereinigungen von fertigen und von werdenden Juristen, deren jede eine bestimmte Tradition von Lehrmeinungen pflegte. Sie besaßen, wie es scheint, eine gewisse Organisation, zum mindesten eine Vorstandschaft, zu der jeweils das angesehenste Mitglied auf Lebenszeit berufen wurde. In dieser Hinsicht ähneln sie den griechischen Philosophenschulen. Aber während diese durch tiefe Gegensätze der Grundanschauungen und der Methoden voneinander geschieden waren, suchen wir bei den römischen Juristen vergeblich nach einem prinzipiellen Hintergrund des Schulengegensatzes. So viele Streitpunkte der Sabinianer und Prokulianer uns auch überliefert sind, es handelt sich doch immer nur um ganz konkrete Einzelfragen. In ihrer wissenschaftlichen Grundhaltung und ihrer Arbeitsweise scheinen sich die beiden Schulen kaum unterschieden zu haben. Dies ist übrigens auch gar nicht verwunderlich. Denn eine prinzipielle Scheidung der Geister hätte wohl nur aus zentralen rechtsphilosophischen oder rechtspolitischen Gesichtspunkten heraus entstehen können, und solche Gesichtspunkte entsprechen gar nicht dem Denkstil der römischen Juristen. Überhaupt hatten Fragestellung und Methode der römischen Jurisprudenz schon längst vor dem Auftreten des Schulstreits eine so feste und eindeutige Prägung erhalten, daß Meinungsgegensätze von prinzipieller Bedeutung kaum mehr möglich waren. Somit fehlt es der Schulkontroverse allem Anscheine nach an einem tieferen Sinn und an einem zulänglichen sachlichen Grund. Sie verdankt ihre Entstehung wohl auch in erster Linie gewissen, uns bereits bekannten sozialen Triebkräften: dem römischen Traditionalismus und der Neigung zur Bildung von Gefolgschaftsverhältnissen der verschiedensten Art; oder mit anderen Worten: die *pietas* des Schülers gegen Person und Lehrmeinungen seines Meisters war wohl das hauptsächliche Motiv, das eine lange Reihe von Juristengenerationen zu einer bewußt gepflegten Schultradition zusammenband. Daneben mag auch das äußere Vorbild der griechischen Gelehrtenschulen eine gewisse Rolle gespielt haben.

Die führenden Juristen der Zeit nach Labeo und Capito sind uns bereits als Häupter der beiden Juristenschulen begegnet: M a s s u r i u s S a b i n u s, der, verglichen mit den senatorischen Juristen seiner Zeit, aus einfachen Verhältnissen stammte[59]) und so wenig wohlhabend war, daß er von seinen Schülern unterstützt wurde und erst mit etwa fünfzig Jahren den Ritterzensus erreichte; C. C a s s i u s L o n g i n u s, von vornehmster Abkunft, ein Nachkomme des Caesarmörders und zugleich (durch seine Mutter) des großen republikanischen Juristen Servius Sulpicius Rufus

[59]) Immerhin scheint er einer angesehenen munizipalen Familie (aus Verona) angehört zu haben.

(o. S. 98 f.), auch politisch von großem Einfluß; Proculus, über dessen persönliche Verhältnisse wir nichts wissen und den wir nicht einmal mit seinem Geschlechtsnamen kennen. Neben diesen verdient noch M. Cocceius Nerva genannt zu werden, der vor Proculus das Haupt der prokulanischen Schule gewesen sein soll und dem Kaiser Tiberius persönlich nahestand; auch sein gleichnamiger Sohn ist als Jurist hervorgetreten; sein Enkel war der Kaiser Nerva. Der einflußreichste von diesen Juristen war zweifellos Sabinus: sein knappgefaßter Grundriß des Zivilrechts (*tres libri iuris civilis*) gewann als maßgebende Zusammenfassung dieses Kernstücks der römischen Privatrechtsordnung eine beinahe gesetzesgleiche Autorität; noch nach fast zwei Jahrhunderten diente er als Textgrundlage für die großen Zivilrechtskommentare der spätklassischen Juristen.

4. Die hochklassische Periode, deren Beginn man gegen Ende des 1. Jh. n. Chr. ansetzen kann, wird zunächst äußerlich gekennzeichnet durch die nunmehr immer enger werdende Verbindung der Jurisprudenz mit der kaiserlichen Reichsverwaltung (s. darüber schon o. S. 103 f.). Dabei erschloß sich den Juristen ein neues großes Feld praktischer Tätigkeit, ein Umstand, der sicherlich nicht ohne Einfluß auf ihre wissenschaftliche Gesamthaltung geblieben ist. Deutlich tritt in den erhaltenen Resten des hochklassischen Schrifttums eine noch stärkere Betonung der Praxis, eine noch entschiedenere Hinwendung zu kasuistischer Betrachtungsweise hervor als bis dahin. Die doktrinären Neigungen, die bei Labeo und wohl auch noch bei Sabinus und seinen Zeitgenossen bisweilen bemerkbar waren, sind bei den führenden Juristen dieses Zeitalters verschwunden; der Schulenstreit ist von den Hochklassikern zwar noch eine Weile fortgeführt worden, erscheint aber schon um die Mitte des zweiten Jahrhunderts als eine ziemlich überlebte Angelegenheit, und bald danach verlieren sich seine Spuren. Wichtigste Literaturform war jetzt durchaus die Sammlung praktischer Einzelentscheidungen aus dem gesamten Bereich des Privatrechts; unter den Namen *responsa* (Gutachten), *epistulae* (Briefe, d. h. briefliche Rechtsauskünfte) *quaestiones* (Rechtsfragen) oder *digesta* (von *digerere*, auseinanderlegen, ordnen, also „geordnete Entscheidungen“) enthielten diese Werke neben manchen grundsätzlichen Bemerkungen eine ungeheuere Fülle von praktischen Einzelfragen, in deren Behandlung sich die volle, ausgereifte Kunst der römischen Jurisprudenz bewährte.

Am Anfang der hochklassischen Zeit stehen zwei Juristen, die hier wenigstens kurz genannt zu werden verdienen: Titius Aristo und L. Iavolenus Priscus; ihre Wirksamkeit gehört wohl zum größeren Teil noch der flavischen Zeit an, erstreckt sich aber über die Jahrhundertwende hinaus in die Regierung Trajans. Während Aristo sich anscheinend ganz seiner umfangreichen Praxis als Gutachter und Anwalt widmete, hat Javolen eine lange Folge hervorragender Staatsämter durchlaufen (s. o. S. 103); der jüngere Plinius, ein eitler und ziemlich flacher

Literat, Zeitgenosse Javolens, deutet einmal an, daß er an dessen geistiger Gesundheit zweifle (epist. 6, 15), vielleicht nur darum, weil die tätige Natur des Juristen keinen sonderlichen Respekt für die literarischen Spielereien der vornehmen römischen Gesellschaft bewies. Aristo und Javolen schrieben beide vorwiegend Bearbeitungen älterer Juristen, z. B. des Labeo, des Sabinus und des Cassius.

Eine ähnlich reiche politische Laufbahn wie Javolen hat auch der etwas jüngere L. Neratius Priscus durchlaufen, der aus einer im samnitischen Städtchen Saepinum beheimateten Landadelsfamilie stammte und es zu solchem Ansehen brachte, daß man sich erzählte, Trajan habe ihn ursprünglich als seinen Nachfolger ausersehen. In seinen Schriften tritt bereits die hochklassische Vorliebe für die Betrachtung des Einzelfalles deutlicher hervor.

Die Regierungszeit Hadrians, in die auch die Tätigkeit des Neratius noch hineinreicht, stellt einen Gipfelpunkt in der Geschichte der römischen Jurisprudenz dar. Die größten Juristen dieses Zeitalters sind P. Iuventius Celsus, der Sohn eines gleichnamigen Rechtsgelehrten der flavischen Zeit und daher zum Unterschied von diesem *Celsus filius* genannt, und P. Salvius Iulianus. Celsus, der ältere von ihnen (zum zweiten Male Konsul im Jahre 129 n. Chr.), ist ein eigentümlich scharfer, geistvoller Kopf, dessen kraftvoll gedrungene Sprache man aus dem gleichförmigen Chor der römischen Klassiker verhältnismäßig deutlich heraushört. Sein Temperament konnte ihn gelegentlich zu derber Kritik hinreißen. Bemerkenswert ist seine Neigung zu sinnspruchartigen Formulierungen: es ist sicherlich kein Zufall, daß einige der berühmtesten Aussprüche römischer Juristen aus seinem Munde stammen; so die Definition des Rechts als *ars boni et aequi* (D. 1, 1, 1 pr.) und die beiden goldenen Juristenregeln: *scire leges non hoc est verba earum tenere, sed vim ac potestatem* (D. 1, 3, 17) und: *incivile est nisi tota lege perspecta una aliqua particula eius proposita iudicare vel respondere* (D. 1, 3, 24); so ferner, um noch ein Beispiel anderer Art zu nennen, das Rechtssprichwort *impossibilium nulla obligatio* (D. 50, 17, 185, vgl. § 306 BGB). Das Hauptwerk des Celsus sind seine *digesta*, ein 39 Bücher umfassendes Sammelwerk ganz überwiegend kasuistischen Inhalts.

P. Salvius Iulianus aus Hadrumetum in der Provinz Afrika, aber vermutlich von angesehener italischer Familie (s. o. S. 105), hat unter Hadrian, Antoninus Pius und Mark Aurel eine lange Reihe senatorischer Ämter verwaltet (s. o. S. 103) und z. B. auch eine Zeitlang als Statthalter von *Germania inferior* in Köln residiert; das Konsulat bekleidete er im Jahre 148 n. Chr. Er war ein Schüler des Javolen und genoß schon in jungen Jahren ein solches Ansehen, daß Hadrian ihm als Quästor das Gehalt verdoppelte – *propter insignem doctrinam*, wie es in der Inschrift, der wir die Kenntnis seiner Laufbahn verdanken, ausdrücklich heißt – und ihm die wichtige Aufgabe einer abschließenden Redaktion der Jurisdiktionsdelikte anvertraute (s. o. S. 88). Julians persönliche Eigenart ist nicht so augenfällig wie die des Celsus. Sein Stil ist schlichter und kühler, aber von großer Klarheit und Eleganz. Mit spielender Leichtigkeit meistert er die Darlegung und Entscheidung auch der schwierigsten Tatbestände. An Fruchtbarkeit überragt er den Celsus bei weitem: neben kleineren Schriften hat er ein Digestenwerk von 90 Büchern hinterlassen, dessen gewaltiger Gedankenreichtum noch in den bescheidenen Resten, die davon auf uns gekommen sind, sehr eindrucksvoll hervortritt. Die Wirkung Julians auf die Folgezeit war außerordentlich stark; er hat zahlreiche alte Streitfragen abschließend behandelt und in wichtigen Fragen neue Lösungen gefunden. Vielleicht ist es auf seine überragende Autorität zurückzuführen, daß der Gegensatz der beiden Rechtsschulen alsbald nach seiner Zeit verschwand[60]).

Die gleiche, vorzugsweise kasuistische Arbeitsrichtung wie bei Celsus und Julian treffen wir auch bei Ulpius Marcellus, der dem Konsilium des Antoninus Pius und des Mark Aurel angehört und wie jene ein umfängliches Digestenwerk verfaßt hat, und bei Q. Cervidius Scaevola, aus dem Ritterstande, um 175 n. Chr. *praefectus vigilum* (s. o. S. 103), danach vielleicht auch *praefectus praetorio* und jedenfalls Konsiliar des Kaisers Mark Aurel; aus Scaevolas großer Gutachterpraxis, der zu einem erheblichen Teil Anfragen aus der östlichen Reichshälfte zugrunde lagen, sind drei kasuistische Sammelwerke hervorgegangen, von denen er allerdings nur die *quaestiones* selbst redigiert zu haben scheint, während seine *digesta* und *responsa* vermutlich erst lange nach seinem Tode und ohne gründliche literarische Verarbeitung publiziert worden sind.

Neben der für das hochklassische Zeitalter charakteristischen Hauptrichtung, die ihre Kraft vor allem aus der Gutachterpraxis zog und durch kunstvolle und originelle Behandlung des Einzelfalles das Recht zu höchster Verfeinerung entwickelte, läßt sich schon um die Mitte des zweiten Jahrhunderts n. Chr. eine Nebenströmung beobachten, deren Ziel mehr die Ordnung und Sichtung des von den älteren Juristen angehäuften Rechtsstoffs und die elementare, leicht faßliche Gesamtdarstellung gewesen ist. Hauptvertreter dieses Zweigs der hochklassischen Rechtswissenschaft sind Sex. Pomponius und Gaius. Von beiden wissen wir sehr wenig; das *ius respondendi* hat Gaius sicherlich nicht besessen, ob es Pomponius besaß, kann zum mindesten zweifelhaft erscheinen. Staatsämter scheinen sie beide nicht bekleidet zu haben; vermutlich sind sie in der Hauptsache als Rechtslehrer tätig gewesen.

[60]) Von Julian stammt aller Wahrscheinlichkeit nach auch das reiche kasuistische Material, das sein Schüler Sex. Caecilius Africanus in einem *quaestiones* betitelten Werk zusammengestellt hat. Ein anderer Julianschüler, L. Volusius Maecianus (dessen ritterliche Laufbahn o. s. 103 erwähnt ist), war der juristische Lehrer Mark Aurels; er schrieb ein Werk über Fideikommisse.

Pomponius, ein vielleicht etwas jüngerer Zeitgenosse des Julian, steht, was den äußeren Umfang seiner Schriftstellerei anbelangt, mit an der Spitze der römischen Juristen. In drei großen Kommentarwerken, *ad edictum, ad Q. Mucium* und *ad Sabinum* (s. o. S. 104, Anm. 57), hat er die Ergebnisse der klassischen Jurisprudenz bis auf seine eigene Zeit zusammengefaßt; von seinen sonstigen Schriften sei hier nur ein kurzes lehrbuchartiges Werk, das *enchiridium* (ἐγχειρίδιον = Handbuch), erwähnt, weil ein daraus überliefertes Fragment (D. 1, 2, 2) eine knappe rechtsgeschichtliche Darstellung enthält und damit das Rückgrat unseres Wissens über die Entwicklung der römischen Rechtswissenschaft bildet (s. auch o. S. 101).

Auch Gaius hat Kommentarwerke verfaßt, darunter den einzigen uns bekannten Kommentar zum Provinzialedikt, d. h. zu dem von den Statthaltern in den Provinzen bekanntgemachten Ediktstext, der wahrscheinlich gelegentlich der julianischen Ediktsredaktion oder auch schon früher in weitem Umfang vereinheitlicht und den stadtrömischen Edikten angeglichen worden war. Ferner hat er einen Zwölftafelkommentar geschrieben, dessen freilich geringe Reste für unsere Kenntnis des älteren römischen Rechts eine gewisse Bedeutung besitzen. Viel wichtiger ist indessen, daß sein Anfängerlehrbuch, die in vier Büchern gegliederten *institutiones,* fast vollständig auf uns gekommen ist. Dieses um das Jahr 161 n. Chr. entstandene Werk ist wegen seiner leichtverständlichen Darstellung namentlich in nachklassischer Zeit außerordentlich beliebt gewesen und darum auch von den spätrömischen Gesetzgebern ausgiebig benutzt worden (s. u. S. 144 f. u. a.). Schon auf diese Weise ist uns verhältnismäßig viel daraus erhalten geblieben, wenn auch großenteils in entstellter Form und untermischt mit Bestandteilen anderer Herkunft. Daneben aber besitzen wir dank einem glücklichen Fund des großen Historikers Niebuhr (s. u. S. 177) seit dem Jahre 1816 eine eigene Handschrift des Werks in einem Palimpsest der Stiftsbibliothek zu Verona, und neuerdings hat man auch in Ägypten Bruchstücke zweier Handschriften gefunden, von denen wenigstens die eine gewisse Lücken des Veroneser Textes gefüllt hat. Da wir im übrigen die klassische Jurisprudenz im wesentlichen nur durch die Vermittlung der justinianischen Gesetzgebung kennen, die oft nur ein verzerrtes oder gar verfälschtes Spiegelbild des klassischen Rechts zu geben vermag, ist die selbständige Überlieferung der Gaiusinstitutionen für das geschichtliche Verständnis des römischen Rechts von außerordentlichem Wert. Insbesondere beruht unser Wissen über den altrömischen und den klassischen Zivilprozeß fast ausschließlich auf diesem Werke. Gaius gehört keineswegs zu den bedeutendsten Erscheinungen unter den römischen Juristen: Mit seinen großen Zeitgenossen Celsus und Julian kann er kaum verglichen werden, und selbst Pomponius übertrifft ihn erheblich an Originalität und Schärfe. Sein Hauptvorzug ist eine gefällige und klare, durch tiefere Problematik nicht allzusehr beschwerte Darstellungsweise. Sehr bezeichnend für seinen bescheidenen wissenschaftlichen Rang ist die Tatsache, daß Gaius weder von seinen Zeitgenossen noch von den späteren Klassikern jemals angeführt wird. Er ist nur ein Stern dritter oder vierter Größe am Himmel der römischen Jurisprudenz, aber freilich – durch die Zufälligkeit der Überlieferung – derjenige Stern, dessen Licht uns am nächsten und darum mit am hellsten leuchtet. So ist es zu verstehen, daß die ungelösten Rätsel, die seine Persönlichkeit umgeben, immer wieder zu kühnen Vermutungen angeregt haben. Man hat z. B. angenommen, die unter Gaius' Namen überlieferten Schriften stammten von dem berühmten Frühklassiker *Gaius* Cassius Longius (s. o. S. 108) und seien im zweiten Jahrhundert n. Chr. lediglich von einem unbekannten Autor überarbeitet worden. In der Tat könnte den Institutionen, die manches enthalten, was um die Mitte des 2. Jh. kaum noch in praktischer Geltung gestanden haben wird, sehr wohl eine Schrift aus dem Zeitalter des Cassius zugrunde liegen. Aber die anderen Werke, die Gaius' Namen tragen, lassen sich schwerlich der Zeit des Cassius zuschreiben. Eine andere, von Th. Mommsen begründete Hypothese sieht in Gaius einen „Provinzialjuristen", der wahrscheinlich in Kleinasien gelebt habe oder doch zu Hause gewesen sei; hierfür beruft man sich einmal auf gelegentliche Äußerungen des Gaius über provinziale und speziell kleinasiatische Rechtsverhältnisse, auch auf die Tatsache, daß er einen Kommentar zum Provinzialedikt verfaßt hat und schließlich auf den Umstand, daß er lediglich unter dem Pränomen Gaius bekannt ist, was nach Mommsen einer verbreiteten griechischen Sitte entsprechen soll[61]); überzeugend sind indessen auch diese Gründe nicht, und man wird sich wohl damit bescheiden müssen, daß die Persönlichkeit des Gaius auch fernerhin ein Rätsel bleibt.

5. In der Zeit der severischen Kaiser, der spätklassischen Periode der römischen Jurisprudenz, ist die Verbindung der stadtrömischen Juristen mit dem Kaisertum und der kaiserlichen Verwaltung noch enger und eindeutiger geworden als in hochklassischer Zeit[62]). Die führenden Juristen gehören jetzt fast ausnahmslos nicht mehr dem Senatoren-, sondern dem Ritterstande an und bekleiden hohe ritterliche Ämter, nicht

[61]) In der Tat hat diese Sitte bestanden, aber nicht mehr zur Zeit des Gaius. Schon im Neuen Testament wird der Apostel Paulus, der bekanntlich römischer Bürger war, gerade nicht mit seinem (uns gar nicht bekannten) Pränomen bezeichnet, sondern ebenso, wie es im damaligen Rom geschehen wäre, mit dem Cognomen. Ähnlich steht es mit allen Römern, die im Neuen Testament erwähnt werden. Die Marci, Gai und Titi, die dort gelegentlich vorkommen, sind keine römischen Bürger gewesen, sondern Griechen und Orientalen, die zu ihren Namen kamen, wie ein Pfälzer zu dem Vornamen Louis oder ein Hamburger zum Namen Percy oder William.

[62]) Neben der großen stadtrömischen Jurisprudenz tritt in dieser Zeit, wie uns die Inschriften zeigen, eine Unterschicht provinzialer Rechtskundiger stärker hervor, ein Zeichen für die wachsende Ausbreitung des römischen Rechts und für die allmähliche Dezentralisierung der römischen Kultur (vgl. auch S. 77).

selten als letzte und höchste Stufe ihrer Laufbahn das Amt des Gardepräfekten (*praefectus praetorio,* s. o. S. 58 f.), in dessen Geschäftsbereich die Rechtspflege und die juristische Beratung des Kaisers eine immer größere Rolle spielt. Provinziale Herkunft auch der großen Juristen ist nun die Regel, und viele von ihnen stammen nachweislich aus der östlichen Reichshälfte. In der wissenschaftlichen Arbeit der Spätklassiker tritt sehr schnell jene vorwiegend auf die Sammlung und Verarbeitung des älteren Entscheidungsmaterials gerichtete Tendenz in den Vordergrund, die wir als Nebenströmung auch schon in der hochklassischen Periode beobachten konnten; ein deutliches Zeichen für das allmähliche Nachlassen der produktiven Kräfte.

Noch einmal freilich findet die Schöpferkraft der römischen Jurisprudenz einen überzeugenden Ausdruck in der Persönlichleit des frühesten und größten der Spätklassiker, Aemilius Papinianus. Über seine Herkunft weiß man nichts Sicheres; die Nachricht, er sei dem Kaiser Septimius Severus verschwägert gewesen, ist weder eindeutig noch unbedingt zuverlässig, und es bleibt bloße Vermutung, wenn viele seine Familie aus der Provinz Afrika oder aus Syrien herleiten wollen. Auch sein eigenartiger, durch die gedrängte Fülle der Gedanken nicht immer leicht verständlicher Stil ist kein unbestreitbares Zeugnis provinzialer, etwa afrikanischer Abstammung. Papinian begegnet uns zuerst als Leiter der kaiserlichen Kanzlei *a libellis* (s. S. 59); seit 203 v. Chr. war er dann Gardepräfekt, und in diesem Amt erlitt er im Jahre 213 den Tod, weil er – so lautet eine Version der Überlieferung – den von Caracalla an seinem Bruder und Mitkaiser Geta begangenen Mord mißbilligt hatte. Wie die großen Hochklassiker schrieb er hauptsächlich kasuistische Entscheidungssammlungen (*quaestiones* und *responsa),* Werke, in denen sich die praktische Rechtskunst der Römer noch einmal zu höchster Vollendung erhob. Umgeben von der Gloriole des Märtyrertodes für das Recht und zugleich als der zeitlich nächste unter den führenden Männern der klassischen Jurisprudenz noch in verhältnismäßig frischer Erinnerung, galt Papinian den Nachklassikern als der größte Jurist aller Zeiten, und diese Einschätzung hat sich bis in die Neuzeit hinein erhalten. Heute freilich, bei vertiefter Einsicht in die Geschichte der römischen Jurisprudenz, wird man – von den großen spätrepublikanischen Juristen ganz abgesehen – die Leistungen eines Labeo, Julian oder Celsus jedenfalls nicht geringer achten als das Werk Papinians.

Mit Iulius Paulus, einem Schüler des Scaevola, und Domitius Ulpianus aus Tyros in Phönikien, einem Schüler Papinians, beginnt dann endgültig die Herrschaft des auf Sammlung und Sichtung des gewaltigen früh- und hochklassischen Entscheidungsmaterials und auf leichtverständliche Darstellung der gesamten Rechtsordnung bedachten spätklassischen Geistes. Ulpian und Paulus haben es beide unter Alexander Severus bis zum Amte des Gardepräfekten gebracht; beide waren, auch an den Maßstäben der hochklassischen Zeit gemessen, zwar nicht überragende Geister gleich Julian und Papinian, aber doch bedeutende Juristen; es fehlte ihnen keineswegs an praktischem Blick und selbständigem Urteil, und die vollkommene Beherrschung eines riesigen und verwickelten Rechtsstoffs, die in ihren Schriften hervortritt, verdient Bewunderung. Aber entscheidende Impulse für die Fortbildung des römischen Rechts sind von ihnen wohl kaum noch ausgegangen – wenn man nicht etwa die besonders bei Paulus gelegentlich spürbaren Ansätze zu einer dogmatischen Verhärtung der elastischen und bildsamen klassischen Begriffswelt als einen Fortschritt ansehen will. Wie Pomponius und Gaius haben auch Paulus und Ulpian in erster Linie breit angelegte Kommentare verfaßt, in denen das Zivilrecht (an Hand der Darstellung des Sabinus, s. o. S. 109) und das *ius honorarium* (an Hand des prätorischen und ädilizischen Edikts) mit möglichster Vollständigkeit behandelt waren; hierbei bemühte sich der etwas jüngere Ulpian, die Werke seines älteren Rivalen an Ausführlichkeit noch zu überbieten: schrieb Paulus 78 Bücher zum prätorischen Edikt, so verfaßte er einen Kommentar von 81 Büchern, und wenn der Sabinuskommentar des Paulus nur 16 Bücher umfaßte, so blieb der des Ulpian mit 51 Büchern noch unvollendet. Der selbständigere Geist von beiden war indessen wohl Paulus, und es ist gewiß kein Zufall, daß sich gerade unter seinen Schriften noch zwei ziemlich umfangreiche Werke im Stil der hochklassischen Kasuistik befinden *(quaestiones* und *responsa)*, während in der Schriftstellerei des Ulpian neben den Riesenkommentaren die monographischen Darstellungen einzelner Rechtsmaterien und die Elementarschriften am meisten hervortreten.

Auf die Zeit des Paulus und des Ulpian folgt nur noch e i n e Generation der klassischen Rechtsliteratur, eine Generation indessen ohne wirklich bedeutende Gestalten: nur ein Schüler des Ulpian, H e r e n n i u s M o d e s t i n u s *(praefectus vigilum* zwischen 226 und 244 n. Chr.), erhebt sich noch deutlich über das Mittelmaß seiner Zeitgenossen. Nach der Mitte des dritten Jahrhunderts ist dann die literarische Produktivität der klassischen Jurisprudenz erloschen; es kommt das Zeitalter der anonymen Autoren, unter deren Händen das klassische Erbe seine Fülle und seinen Tiefsinn verlor und in schlichtes Elementarwissen umgeprägt wurde. Nur an der höchsten Stelle der römischen Rechtspflege, in der kaiserlichen Kanzlei, lassen sich die Spuren der klassischen Entscheidungskunst noch gegen Ende des Jahrhunderts in den Reskripten Diokletians nachweisen.

Die Gründe für den jähen Verfall der klassischen Jurisprudenz liegen in den politischen und kulturellen Verhältnissen des dritten nachchristlichen Jahrhunderts beschlossen. Sie sollen darum erst erörtert werden, wenn wir diese Verhältnisse wenigstens in ihren Umrissen kennengelernt haben.

IV. D a s J u r i s t e n r e c h t. Von all den Kräften, die das römische

Recht gestalten halfen, ist die Jurisprudenz zweifellos bei weitem die mächtigste gewesen. Faßt man ihre schöpferische Wirksamkeit im weitesten Sinne ins Auge, so erkennt man, daß wohl kaum irgendeine Neuerung im ganzen Verlauf der römischen Rechtsentwicklung ohne ihre Beteiligung entstanden ist.

Die Auslegungskunst der alten Priesterjuristen war es, die das Zwölftafelrecht den Bedürfnissen einer fortgeschritteneren Zeit anpaßte; hinter den Neubildungen der prätorischen Praxis und vermutlich auch hinter der privat- und prozeßrechtlichen Volksgesetzgebung der Republik stand der sachkundige Rat der Juristen; und in ähnlicher Weise ist auch unter dem Prinzipat die Gesetzgebung des Senats und die immer mehr in den Vordergrund tretende kaiserliche Rechtsschöpfung von den klassischen Juristen angeregt und gestaltet worden. Aber auch noch die justinianische Gesetzgebung, die letzte große juristische Leistung des römischen Geistes, verrät in ihrem ganzen Wesen den beherrschenden Einfluß der zeitgenössischen Rechtsgelehrsamkeit.

Als Juristenrecht im strengen Sinne des Wortes lassen sich indessen nur diejenigen Rechtsnormen bezeichnen, die von der Jurisprudenz nicht durch Vermittlung der Jurisdiktionsmagistrate oder des Gesetzgebers, sondern unmittelbar in ihrer Gutachtertätigkeit und ihrer literarischen Produktion geschaffen worden sind. Diese Normen aber tragen weder sachlich noch formal ein besonderes Kennzeichen ihres Ursprungs. Sie geben sich, wie schon die Neuerungen der *pontifices,* zumeist als bloße Auslegung der bereits geltenden Rechtssätze; und da die Grenzen zwischen einer echten Auslegung, die sich ganz im Rahmen des bereits bestehenden Rechtes hält, und der an die vorhandenen Normen nur angelehnten, schöpferischen Fortbildung der Rechtsordnung durch die Rechtswissenschaft in hohem Grade flüssig sind, so läßt sich in vielen Fällen überhaupt nicht genau sagen, wo das zugrundeliegende Zivil- oder Amtsrecht aufhört und das „Juristenrecht" beginnt. Darum ist es sehr begreiflich, daß die Römer selbst dem *ius civile* und dem *ius honorarium* keine eigene Kategorie des Juristenrechts gegenüberstellten, obgleich sie andererseits die „Autorität der Rechtsgelehrten" (*auctoritas prudentium,* Pap. D. 1, 1, 7 pr; vgl. auch Gai. 1, 7) ausdrücklich unter den Rechtsquellen aufführten. Sie rechneten das Juristenrecht vielmehr zum *ius civile,* eine Auffassung, die am Ausgang der Republik vermutlich durchaus sinnvoll war, den Verhältnissen der klassischen und namentlich der hoch- und spätklassischen Zeit aber kaum noch gerecht wurde: denn die eigenständige Entwicklung des Amtsrechts hatte inzwischen ihr Ende gefunden, und die Fortbildung dieses Rechtszweiges lag jetzt ganz ebenso in den Händen der Jurisprudenz wie die des Zivilrechts, sodaß das Juristenrecht der klassischen Periode mit beiden Rechtsmassen gleich eng verquickt war. Und da die Juristen weder das Zivilrecht ohne ständige Berücksichtigung des Amtsrechts behandeln, noch umgekehrt das Amtsrecht ohne seine zivilrechtlichen Grundlagen darstellen konnten, so bahnte sich allmählich eine Verschmelzung beider Massen an, wobei das nach beiden Seiten hin anknüpfende Juristenrecht gewissermaßen das Bindemittel bildete. Schon bei den letzten Klassikern läßt sich dieser Verschmelzungsprozeß in seinen Anfängen beobachten; zu voller Entfaltung kam er jedoch erst in der nachklassischen Zeit, die für die alten Strukturgegensätze des klassischen Rechts kein Verständnis mehr hatte und darum den ganzen durch die klassische Rechtsliteratur überlieferten Stoff, einerlei ob *ius civile* oder *ius honorarium*, nur noch als ein einheitliches „Juristenrecht" *(ius,* im Gegensatz zu den *leges*, den Kaisergesetzen der Spätzeit) betrachtete.

§ 8. *Das Kaiserrecht*

I. Volks- und Senatsgesetzgebung unter dem Prinzipat. Dem Kaiser standen im Rahmen der Prinzipatsverfassung zum mindesten formell keinerlei Gesetzgebungsbefugnisse zu. Denn die offiziellen Hoheitsrechte lagen nach wie vor bei den republikanischen Staatsorganen, und Augustus hat die ihm wiederholt angetragenen außerordentlichen Vollmachten zur Erneuerung von Recht und Sitte (die *cura legum et morum*, vgl. Mon. Anc. 1, 6) als unvereinbar mit der republikanischen Ordnung zurückgewiesen; für seine Reformgesetzgebung (s. o. S. 61) wählte er die streng legitime Form des Volksbeschlusses. So ist unter Augustus noch einmal eine beträchtliche Zahl grundlegender, zumeist sehr umfangreicher Volksgesetze auf den Gebieten der Gerichtsverfassung und des Verfahrensrechts *(leges Iuliae iudiciorum publicorum* und *privatorum)*, des Strafrechts (s. o. S. 66) und des Privatrechts (s. die o. S. 61, Anm. 22 genannten Ehe- und Freilassungsgesetze) ergangen. Auch unter den folgenden Kaisern bis einschließlich Claudius kamen noch einige Volksgesetze von geringerer Bedeutung zustande. Dann verschwand die Volksgesetzgebung, und die Gesetzgebung des Senats trat an ihre Stelle.

Wie so viele Veränderungen im römischen Rechtsleben vollzog sich auch dieser Wandel nicht etwa im Wege ausdrücklicher Neuregelung, sondern stillschweigend durch die Macht der Verhältnisse. Die Volksgesetzgebung ist niemals abgeschafft worden, sie erlosch einfach, weil sie sich überlebt hatte (s. o. S. 54 f.); und die Gesetzeskraft der Senatsbeschlüsse brauchte nicht erst besonders anerkannt zu werden, denn es gab dafür Präzedenzfälle, die bis in die spätrepublikanische Zeit zurückreichten. Von Hause aus war der Senatsbeschluß allerdings nur eine Anweisung an die befragenden Magistrate, durch die aktuelle politische oder administrative Maßnahmen angeordnet, nicht aber allgemeinverbindliche und für alle Zukunft maßgebende Normen gesetzt wurden. Aber schon der spätrepublikanische Senat hat diesen Rahmen seiner Zuständigkeit gelegentlich überschritten und Beschlüsse über Gegenstände gefaßt, die eigentlich einer Regelung durch Volksgesetz bedurft hätten. Hieraus erklärt es sich wiederum, daß der Senatsbeschluß schon zur Zeit Ciceros gelegentlich als Rechtsquelle neben dem Volksgesetz aufgeführt wurde (vgl. z. B. Cic. top. 5, 28).

Zunächst war diese Auffassung offenbar noch bestritten (vgl. Gai. inst. 1, 4). Sie wird sich aber unter dem Prinzipat schnell befestigt haben, zumal Augustus alles tat, um das Ansehen des Senates zu heben und ihn wieder zum eigentlichen Mittelpunkt der republikanischen Verfassung zu machen. Eine Zeitlang sind Senat und Volksversammlung nebeneinander als Gesetzgeber tätig gewesen, wobei die feierliche Form des Volksgesetzes in der Regel für die wichtigeren Gesetze vorbehalten blieb. Die Gesetzeskraft der Senatsbeschlüsse war also vermutlich bereits eine ziemlich allgemein anerkannte Tatsache, als schließlich die Volksgesetzgebung außer Übung kam. In der äußeren Form freilich geben sich auch die Senatsgesetze des zweiten nachchristlichen Jahrhunderts noch immer als Anweisungen an die Magistrate, ein deutlicher Beweis dafür, daß eine ausdrückliche Übertragung der Gesetzgebungsmacht auf den Senat niemals stattgefunden hat.

Eine nicht unbeträchtliche Zahl von Senatsbeschlüssen hat im Laufe der ersten beiden Jahrhunderte n. Chr. vor allem das römische Erbrecht, daneben auch einzelne Gebiete des Personen- und des Schuldrechts umgestaltet[63]). Ähnlich wie man die Volksgesetze nach den antragstellenden Magistraten benannte, pflegte man auch die Senatsbeschlüsse der Kaiserzeit (doch nicht im offiziellen Sprachgebrauch) nach demjenigen Magistrat (oder Kaiser) zu bezeichnen, dessen Vortrag die Entscheidung des Senats veranlaßt hatte (z. B. *senatus consultum Juventianum* nach dem Konsul des Jahres 129 n. Chr., dem berühmten Juristen P. Iuventius Celsus; s.o. S. 110).

Wie schon in anderem Zusammenhang dargelegt wurde (s. o. S. 55), litt die Entschlußfreiheit des Senats schon vom Beginn des Prinzipats an unter der Übermacht des Kaisers, so daß die Senatsgesetze materiell immer mehr zu bloßen Verlautbarungen des kaiserlichen Willens wurden. Bereits in der zweiten Hälfte des zweiten Jahrhunderts begann man darum statt des eigentlichen Senatsbeschlusses die bei der Verhandlung im Senat verlesene kaiserliche Botschaft *(oratio principis)* zu zitieren; dies war der Vorbote einer Ent-

---

[63]) Im Erbrecht brachte die Senatsgesetzgebung insbesondere Neuerungen auf dem Gebiet der gesetzlichen Erbfolgeordnung, die trotz prätorischer Reformen (s. o. S. 90) großenteils noch auf den Zwölftafeln beruhte (Einführung einer Erbfolge zwischen Mutter und Kind durch die *senatus consulta Tertullianum,* unter Hadrian, und *Orfitianum,* 178 n. Chr.). Ferner wurde das Vermächtnisrecht durch mehrere Senatsbeschlüsse umgestaltet *(sen. cons. Neronianum* und *Trebellianum* unter Nero, *Pegasianum* unter Vespasian und *Juventianum* unter Hadrian). Schuldrechtliche Bedeutung haben z. B. das *sen. cons. Vellaeanum* (46 n. Chr.?), das Kreditgeschäfte von Frauen anfechtbar machte, wenn sie nicht in deren eigenem, sondern in fremdem Interesse vorgenommen waren, und das *sen. cons. Macedonianum* (47 n. Chr.), ein Verbot der Darlehensgewährung an Personen, die noch in der Gewalt ihres Hausvaters standen *(filii familias).* – Durch Senatsbeschlüsse sind auch des öfteren neue Straftatbestände geschaffen worden, meist in Anlehnung an die republikanischen und augusteischen Strafgesetze.

wicklung, die dann in nachklassischer Zeit aus dem Senatsgesetz auch formell einen kaiserlichen Erlaß werden ließ.

II. Rechtsschöpfung durch den Princeps. Wenn somit die eigentliche Gesetzgebung noch während der ganzen Prinzipatszeit wenigstens dem Namen nach in den Händen der republikanischen Organe verblieb und nur mittelbar vom Princeps gelenkt wurde, so bestanden doch von Anfang an eine Reihe anderer Formen, in denen sich der Princeps zwar verhältnismäßig unauffällig, aber darum nicht minder wirksam als selbständiger Schöpfer neuer Rechtsnormen betätigte. Alle diese Formen knüpften mehr oder weniger an das Beispiel magistratischer Rechtsschaffung an; nur waren die Maßstäbe von vornherein ganz andere: denn der praktisch nahezu unbeschränkte Machtbereich des Kaisers und die lebenslängliche Dauer seiner Gewalt verliehen seinen Anordnungen eine Autorität, wie sie die Entscheidungen republikanischer Jahresbeamten in solchem Maße niemals besessen hatten. So ist es nicht verwunderlich, daß die vom Kaiser erlassenen Vorschriften (*constitutiones principis*) schon in der hadrianischen Ediktsredaktion (s. o. S. 88) in unmittelbarem Anschluß an die Volksgesetze und Senatsbeschlüsse als Rechtsquellen genannt werden und daß die juristische Theorie ihnen spätestens seit der Mitte des zweiten Jahrhunderts n. Chr. ausdrücklich Gesetzeskraft (*legis vigorem*) zuschrieb (s. o. S. 53). Man begründete diese Gesetzeskraft der Kaiserkonstitutionen mit einer Konstruktion, die in der Geschichte autoritärer Regierungssysteme wiederzukehren pflegt, nämlich damit, daß der Princeps seine Gewalt durch die *lex de imperio* (o. S. 60 f.). vom Volk erhalten habe und daß darum seine Anordnungen mittelbar auf dem Volkswillen beruhten.

Von den verschiedenen Formen der kaiserlichen Rechtsschöpfung entspricht dem magistratischen Vorbild am meisten die des Edikts (vgl. o. S. 87 f.). Als Träger magistratischer oder quasimagistratischer Befugnisse (insbesondere der tribunizischen Gewalt und des prokonsularischen Imperiums) nahm der Princeps auch das Recht Edikte zu erlassen (*ius edicendi*) für sich in Anspruch. Und da jene Befugnisse lebenslänglich waren, so blieben auch die kaiserlichen Edikte, sofern sie nicht ihrem Inhalte nach nur momentane Bedeutung hatten, für die ganze Regierungszeit ihres Urhebers in Kraft; während aber die Edikte der republikanischen Jahresbeamten ihre Geltung grundsätzlich mit dem Ablauf der Amtsperiode verloren, überdauerten die des Kaisers auch noch dessen Regierungszeit, wenn sie nicht etwa vom Nachfolger besonders aufgehoben wurden. Das Edikt war die gegebene Form für alle unmittelbar an die Öffentlichkeit gerichteten Kundmachungen; darum ist der Inhalt der uns bekannten Kaiseredikte sehr mannigfaltig; sie betreffen Fragen des Privatrechts, des Strafrechts und der Gerichtsverfassung, Angelegenheiten der Provinzialverwaltung, Rechtsverhältnisse an Wasserleitungen und staatlichem Grundbesitz, Privilegien und Bürgerrechtsverleihungen; auch die berühmte *constitutio Antoniniana* des Caracalla, durch die der großen Masse der Provinzbevölkerung das römische Bürgerrecht verliehen wurde (s. o. S. 63), war ein Edikt. Jurisdiktionsedikte wie die Prätoren, Ädile und Provinzialstatthalter haben die Kaiser nicht erlassen, und überhaupt ist die Bedeutung der Kaiseredikte speziell für die Entwicklung des römischen Privatrechts nicht allzu erheblich, hauptsächlich wohl deshalb, weil die Kaiser Änderungen von grundsätzlicher Bedeutung auf diesem Gebiete lieber durch die republikanischen Gesetzgebungsorgane vornehmen ließen.

Den an die Allgemeinheit gerichteten Edikten stehen die *mandata*, die internen Dienstanweisungen des Princeps an seine Beamten, gegenüber. Ursprünglich wohl jedem einzelnen Beamten persönlich erteilt, erhielten sie bald ein traditionelles Gepräge und, soweit sie sich auf gleichartige oder verwandte Amtsbereiche bezogen, in weitem Umfange den gleichen Wortlaut. Sie umfaßten, nach den überlieferten Zitaten zu urteilen, neben allgemeinen Grundsätzen über das Verhalten im Amte auch eine beträchtliche Zahl von prozessualen und materiellrechtlichen Einzelvorschriften, besonders auf dem Gebiete des Strafrechts. Trotz ihres formal internen Charakters galt ihr Inhalt als allgemeinverbindliches Recht, so daß sich auch Private darauf berufen konnten.

Auch für die im Schriftwechsel des Kaisers enthaltenen Entscheidungen (*rescripta* = Bescheide) nahm man gesetzesgleiche Geltung an. Der äußeren Form nach sind hier wiederum zwei Gattungen zu unterscheiden: der kaiserliche Brief *(epistula)* und der Randbescheid des Princeps *(subscriptio)*. Die verbindlichere Form des Briefs fand hauptsächlich im Verkehr mit Beamten, Provinzialgemeinden, Provinziallandtagen und überhaupt mit allen ansehnlicheren Persönlichkeiten und Körperschaften Anwendung; der Princeps hielt sich dabei ganz im Rahmen des auch unter Privatleuten üblichen Briefstils, so daß eine reinliche Scheidung zwischen seiner Privatkorrespondenz und seinem amtlichen Schriftwechsel eigentlich gar nicht möglich ist[64]). Eingaben *(libelli)* von Personen geringeren Standes wurden dagegen durch Subskription erledigt; sie bestand in einem unter die Eingabe gesetzten Bescheid, der dann nicht etwa dem Bittsteller persönlich zugestellt, sondern lediglich durch öffentlichen Aushang seiner Kenntnisnahme zugänglich gemacht wurde. Der juristische Gehalt der Reskripte war naturgemäß noch bunter als der der Edikte. Für die Privatrechtsentwicklung gewannen sie eine besondere Bedeutung, seit es im zweiten nachchristlichen Jahrhundert auch unter Privatleuten üblich wurde, den Kaiser mit der Bitte um einen Bescheid über zweifelhafte Rechtsfragen anzugehen. Die auf solche Anfragen ergangenen Reskripte waren keine Urteile; denn sie setzten stets die vom Anfragenden vorgetragene Sachlage als richtig voraus und überließen es der Feststellung durch den zuständigen Richter, ob diese Voraussetzungen auch tatsächlich gegeben waren; traf dies zu, so war der Richter allerdings an die kaiserliche Entscheidung

[64]) Dies wird besonders deutlich in dem uns erhaltenen Briefwechsel des Kaisers Trajan mit dem jüngeren Plinius während dessen Statthalterschaft in der Provinz Bithynien.

gebunden, und auch für künftige Fälle schuf die in dem Reskript enthaltene Entscheidung ein bindendes Präjudiz. Im Grunde beruhte diese kaiserliche Reskriptpraxis, die namentlich im späten zweiten und im dritten Jahrhundert einen außerordentlichen Umfang annahm, auf dem gleichen Prinzip wie die Gutachtertätigkeit der mit dem *ius respondendi* beliehenen Juristen (s. o. S. 101); nur gab jetzt nicht mehr der vom Kaiser autorisierte Jurist, sondern der Kaiser selbst die erbetene Rechtsauskunft. Die Entwicklung der Reskriptpraxis vollzog sich in enger Zusammenarbeit mit der Jurisprudenz, deren führende Vertreter als Beamte oder Berater des Kaisers mitwirkten und vielfach (wenn auch wohl nicht immer) die eigentlichen Urheber der kaiserlichen Entscheidungen waren. Aber die freie, selbstverantwortliche Gutachtertätigkeit der Juristen verlor infolge der Konkurrenz der höchsten Staatsgewalt mehr und mehr an Boden, und es kam wahrscheinlich schon in der ersten Hälfte des 3. Jh. dahin, daß die Juristen nur noch als Beamte an der Rechtsfortbildung teilhaben konnten. Damit war der Lebensnerv der Jurisprudenz getroffen. Im Vordringen der kaiserlichen Reskriptpraxis dürfen wir darum einen der Hauptgründe für den raschen Verfall der spätklassischen Rechtswissenschaft erblicken. Das Kaisertum, dem die Jurisprudenz zuvor eine so außerordentliche Förderung verdankte, erdrückte sie nun mit seiner Übermacht und erstreckte seine unumschränkte Herrschaft auch auf das Gebiet der Rechtsschöpfung.

Schon in der zweiten Hälfte des 2. Jh. n. Chr. begannen die Juristen die kaiserlichen Reskripte in größerer Zahl zu zitieren und auch besondere Reskriptsammlungen anzulegen. Von dem ältesten Werk dieser Art, das uns bezeugt ist, der 20 Bücher umfassenden Konstitutionensammlung des Papirius Justus, haben wir freilich nur wenige Fragmente in den justinianischen Digesten. Die Hauptmasse der uns bekannten Reskripte ist im Codex Justinianus (u. S. 150) überliefert und stammt aus Sammlungen der diokletianischen Zeit (u. S. 142); daneben sind Reskripte auch inschriftlich und auf Papyrus erhalten geblieben.

Neben den Reskripten haben schließlich auch die *decreta* der Kaiser eine sehr erhebliche Bedeutung als Rechtsquelle gewonnen. Sie sind, anders als jene, echte richterliche Entscheidungen, ergangen nach mündlicher Verhandlung vor dem Kaisergericht. Von der Entwicklung dieses Gerichts und der Bedeutung, die es schließlich gewann, ist schon früher die Rede gewesen (o. S. 70 f.). Für die Fortbildung des römischen Rechts war die Praxis des Kaisergerichts vor allem in solchen Fällen grundlegend, in denen andere Gerichte sich nach den bisher geltenden Rechtsgrundsätzen außerstande sahen, einem an sich billigen Parteibegehren zu entsprechen, während von der übergesetzlichen Machtfülle des Princeps die befreiende Tat einer schöpferischen Entscheidung erwartet werden konnte. Wenn es jemals im Rahmen einer hochentwickelten Rechtskultur einen wahrhaft „königlichen" Richter gegeben hat, so war es der römische Princeps, vor allem in jenen Jahrzehnten des zweiten nachchristlichen Jahrhunderts, in denen Persönlichkeiten vom Range eines Hadrian, eines Antoninus Pius und eines Mark Aurel, beraten von den größen Juristen des Altertums und doch nicht selten bei ihren Entscheidungen eigene Wege gehend, mit großer Sorgfalt und ernstem Bemühen um Wahrheit und Gerechtigkeit Recht sprachen[65]).

III. Das Kaiserrecht. In der schöpferischen Rechtspraxis der römischen Kaiser wiederholt sich noch einmal der Vorgang, den wir schon bei der Betrachtung der magistratischen Jurisdiktion beobachten konnten: wiederum bildete sich eine neue Schicht von freieren und billigeren Rechtsnormen, fielen die Schranken alter Formerfordernisse und traditioneller Grundsätze. Ganz so tiefgreifend und umstürzend wie die spätrepublikanische Jurisdiktion hat freilich das Kaiserrecht nicht gewirkt. Sein Einfluß blieb mehr am Rande: Während der Kern der bisherigen Rechtsordnung nur in einzelnen, z. T. allerdings sehr wichtigen Punkten weiterentwickelt wurde, entstand vor allem im Bereiche des Erbrechts auf der Grundlage kaiserlicher Rechtsschöpfung eine ganz selbständige Gruppe neuer Rechtsnormen, das Fideikommißrecht, das dann freilich wiederum durch die Jurisprudenz und z. T. auch durch die Senatsgesetzgebung fortgebildet wurde. Im übrigen fehlte es dem Kaiserrecht im Gegensatz zum Amtsrecht der republikanischen Magistrate lange Zeit hindurch an einer äußeren Zusammenfassung: weit verstreut und in die sehr verschiedenartigen Formen kaiserlicher Rechtsschöpfung gekleidet, bildete es nicht wie das in den Edikten verkörperte *ius honorarium* eine sinnfällige Einheit. Aus diesem Grunde und weil man den Kaiserkonstitutionen die Wirkung von Volksgesetzen zuschrieb (s. o. S. 119), sah man das Kaiserrecht nicht als ein selbständiges Stück der Rechtsordnung an, sondern, ebenso wie auch das Juristenrecht (s. o. S. 116), als einen Teil des *ius civile*, eine Auffassung, die seiner geschichtlichen Stellung nicht voll gerecht wurde. Erst in der Spätzeit stellte man mitunter die immer mehr anschwellende und nun in großen Sammelwerken vereinigte Kaisergesetzgebung als Gesetzesrecht schlechthin *(leges)* dem Rechte der klassischen Juristenschriften *(ius*, vgl. o. S. 117) gegenüber.

---

[65]) Eine Anschauung vom Verfahren vor dem Kaisergericht vermittelt uns, abgesehen von einzelnen Berichten in der klassischen Rechtsliteratur (z. B. D. 4, 2, 13 = D. 48, 7, 7) und Schilderungen in den Briefen des jüngeren Plinius (4, 22; 6, 22; 6, 31), vor allem das (leider unvollständige) Protokoll einer Gerichtsverhandlung vor Caracalla, in einer Inschrift von Dmeir in Syrien, vgl. zuletzt Kunkel, Festschr. H. Lewald (1953) 81 ff. (mit Text und Literaturangaben). – Für die Rechtsentwicklung bedeutsame Dekrete der Kaiser werden von den klassischen Juristen häufig angeführt.

DRITTER ABSCHNITT

DAS RECHT DER RÖMISCHEN SPÄTZEIT

§ 9. *Staat, Gesellschaft und Rechtspflege in der Spätzeit*

I. Geschichtliche Grundlagen. Schon am Beginn des dritten nachchristlichen Jahrhunderts trug der römische Staat in vieler Hinsicht ein wesentlich anderes Gepräge als zur Zeit des Augustus und seiner ersten Nachfolger. In allmählich fortschreitender Entwicklung war aus dem Imperium des Stadtstaates Rom ein einheitliches Weltreich geworden, in dem das Herrenvolk und die Untertanen von ehedem ihrer rechtlichen Stellung nach nicht mehr geschieden waren. Die von Augustus mit Sorgfalt restaurierte republikanische Ordnung war nur noch eine ehrwürdige, verwitterte Fassade. Magistratur und Senat waren zu politischer Bedeutungslosigkeit herabgesunken. Der Prinzipat wurde als eine notwendige Institution empfunden und zeigte seit Septimius Severus (193 n. Chr.) bereits ziemlich unverhüllt die Gestalt einer auf die Militärmacht gegründeten absoluten Monarchie. Seine Verwaltungsorganisation hatte sich gefestigt und mehr und mehr ausgebreitet. Noch herrschte in Staat und Kulturleben das Römertum, aber seine bedeutendsten Vertreter stammten jetzt nicht mehr aus Italien, sondern aus den Provinzen, und ein großer Teil von ihnen war bereits fremdblütiger Abkunft. Selbst der römische Senat bestand schon zu einem erheblichen Teil aus Provinzialen, unter denen wiederum die Angehörigen der östlichen Reichshälfte immer zahlreicher wurden. Das wirtschaftliche Übergewicht Italiens war bereits geschwunden, Rom selbst nicht mehr ein Zentrum wirtschaftlicher Kraft, sondern nur noch eine Stätte gewaltigen Verbrauchs.

Die etwa zweieinhalb Jahrhunderte andauernde Periode inneren Friedens von Augustus bis in die Zeit der severischen Kaiser hatte dem Reich keine dauernde Kräftigung gebracht. Nach einem starken Aufschwung war ein Stillstand und dann ein sichtliches Erlahmen der Vitalität auf allen Lebensgebieten eingetreten. Ein bequemes Rentnerdasein, ein Zehren von der Arbeit der Sklaven und der bäuerlichen Kleinpächter war der Lebensstil allzu weiter Kreise geworden. Die wirtschaftliche Entwicklung begann zu stocken, die geistige Spannkraft erlahmte, und das Kulturleben nahm Züge einer greisenhaften Unfruchtbarkeit an. Wir beobachten, daß die Steuerkraft des Reichs schon gegen Ende des zweiten Jahrhunderts nur noch mit Mühe die Kosten der Verwaltung und des teueren Söldnerheeres zu tragen vermochte, so daß außerordentliche Belastungen, wie sie vor allem unter der Regierung Mark Aurels durch Kriege und Naturkatastrophen eintraten, dem Wohlstand des Reichs bereits einen heftigen Stoß versetzten. Die Finanzen zahlreicher Gemeinden sowohl in den Provinzen wie in Italien waren um dieselbe Zeit schon so sehr zerrüttet, daß die Kaiser mit der Einsetzung besonderer Staatskommissare *(curatores rei publicae)* in die munizipale Selbstverwaltung eingreifen mußten. Hiermit hängt wiederum eine Erscheinung eng zusammen, die gleichfalls im späten Verlauf des zweiten Jahrhunderts zum ersten Male sichtbar wird und in der Folgezeit große Bedeutung für die soziale und politische Entwicklung gewann: die allmähliche Umgestaltung der städtischen Ehrenämter und Ratskollegien zu Z w a n g s ä m t e r n im Interesse der staatlichen Steuerverwaltung. Wie in der Zeit der Republik wurde nämlich noch immer ein großer Teil der von den Provinzialen zu entrichtenden Abgaben nicht unmittelbar von der Bevölkerung erhoben, sondern auf die Gemeinden umgelegt, die dann für das Aufkommen zu sorgen und einzustehen hatten. Bei dem allgemeinen Nachlassen der wirtschaftlichen Blüte und der schwierigen Finanzlage vieler Städte sah sich das Reich gezwungen, die Organe der Stadtverwaltungen persönlich für den Eingang der Steuern haftbar zu machen. Diese Haftung gegenüber der Steuerbehörde im Verein mit den kostspieligen Aufwendungen, die von den städtischen Magistraten zugunsten des Gemeinwohls erwartet wurden, bedrohte den Wohlstand der provinzialen Oberschicht und ließ die städtischen Ehrenämter, in denen sich der Ehrgeiz und der Lokalpatriotismus der reichen Gemeindebürger ausgelebt hatte, mit der Zeit immer weniger begehrenswert erscheinen. Je geringer aber die Zahl der leistungsfähigen Anwärter war, desto schwerer wurden für den einzelnen die Lasten und desto rücksichtsloser mußte schließlich der Staat mit Zwangsmaßnahmen durchgreifen. Selbst unmündige Kinder wurden in den Stadtrat gezwungen, nur um für die Finanzinteressen des Staates zu haften. Aus dem Ehrenamt *(honos)* wurde auf diese Weise ein drückendes Zwangsamt *(munus, λειτουργία)*, und die Selbstverwaltung der zahllosen Stadtgemeinden im Reich begann zu verfallen.

Diese und ähnliche Erscheinungen kennzeichnen den ersten Anfang der großen Krise, aus der das Reich schließlich mit einer in vieler Hinsicht veränderten sozialen und staatlichen Ordnung in den letzten Abschnitt seiner Geschichte hinübergetreten ist. Der Höhepunkt dieser Krise indessen liegt in der zweiten Hälfte des dritten Jahrhunderts, einem von schweren Katastrophen erfüllten Zeitalter politischer und wirtschaftlicher Anarchie. Das nunmehr aus den mindestkultivierten Bevölkerungselementen des Reichs zusammengesetzte Heer warf sich zum alleinigen Herren des Staates auf und erhob aus seiner Mitte die Kaiser; unaufhörliche Militärrevolten ließen kein geordnetes Regiment aufkommen; die von allen Seiten her in das Reich einfallenden Nachbarvölker verwüsteten weite Landstrecken, die bäuerliche Bevölkerung litt aufs schwerste unter den außerordentlichen Naturalabgaben für die Verpflegung der Heere *(annona)*, den Quartierlasten und den Requisitionen für das Transportwesen; sie suchte sich dem unerträglichen Druck vielfach durch die Flucht zu entziehen, so daß weite Strecken ertragreichen Kulturlandes der Verödung anheimfielen; gewerbliche Produktion und Handel gingen zurück; Geldnot und Mangel an Edelmetall veranlaßten die Kaiser zu immer neuen Münzverschlechterungen, die wiederum Teuerungen, eine völlige Verwirrung des Geldwesens und in weitem Umfange die Rückkehr zu primitiver Naturalwirtschaft im Gefolge hatten; in manchen Teilen des Reichs kam es zu Aufständen der bedrückten Volksmassen und zu separatistischen Bewegungen. In diesen Stürmen mußte alles, was irgendwie überlebt war, zusammenbrechen, alles, was in den ruhigen Zeiten des Prinzipats nur allmählich und unauffällig herangewachsen war, offen zutage treten. So erklärte es sich, daß Diokletian, unter dessen Regierung (284–305 n. Chr.) zuerst wieder stabilere Verhältnisse eintraten, trotz seiner konservativen Grundhaltung doch zum Begründer einer neuen Staatsordnung geworden ist.

II. Der spätrömische Staat. Die von Diokletian hergestellte und von Konstantin dem Großen (306–337 n. Chr.) zielbewußt in neuem Geiste ausgebaute Staatsordnung war eine unverhüllte und unbeschränkte Monarchie mit bürokratischer Verwaltung und rücksichtsloser Beschränkung der persönlichen Freiheit zugunsten der Staatsinteressen. Die republikanische Fassade des Prinzipats war verschwunden, der Vorrang Roms und Italiens beseitigt. Das Reich war jetzt ein kosmopolitisches Gebilde mit griechisch-römischer Doppelkultur, in dem sich das Übergewicht alsbald auf die Seite des griechischen Ostens verlagerte. Schon Diokletian residierte meist in dem kleinasiatischen Nikomedia, Konstantin gründete im Osten die zweite Reichshauptstadt Konstantinopel, und die im Westen regierenden Kaiser wählten zu ihrem Aufenthaltsort nicht mehr Rom, sondern Trier, Mailand oder Ravenna. Die Organe der stadtrömischen Verfassung hatten keinerlei politische Bedeutung mehr: Von den altrömischen Magistraturen war das Konsulat, wie ja im Grunde auch schon zur Zeit des Prinzipats, eine bloße Dekoration für verdiente Persönlichkeiten; die geringeren Ämter, soweit sie überhaupt noch fortbestanden, spielten nur noch im engeren Bereich des stadtrömischen Lebens eine Rolle und hatten selbst in diesem engeren Kreise alle wirklichen Verwaltungsfunktionen und auch die Rechtsprechung an den vom Kaiser ernannten Stadtpräfekten verloren. Der Senat besaß zwar noch einen gewissen ehrwürdigen Glanz, aber nicht mehr den geringsten Einfluß; seine Mitglieder bildeten eine höchste Rangklasse der Reichsuntertanen, der neben den Vertretern stadtrömischer Adelsgeschlechter auch die Spitzen der kaiserlichen Bürokratie und Generalität angehörten; noch stärker traten diese letztgenannten Elemente in dem von Konstantin neugeschaffenen Senat der östlichen Reichshauptstadt hervor.

Die Reichsbevölkerung zerfiel (abgesehen von den Sklaven, deren Zahl zurückging) nicht mehr, wie unter dem Prinzipat, in römische Bürger und Nichtbürger, deren Rechtsstellung sich nach der politischen Lage ihrer Heimatgemeinden richtete, sondern in Berufsstände, die mehr und mehr durch schwer übersteigbare Schranken voneinander getrennt wurden. Denn jedem dieser Stände waren besondere, zumeist sehr drückende Lasten auferlegt, und der Staat duldete es nicht, daß sich jemand diesen Lasten durch den Übergang in einen günstigeren Berufsstand entzog. Auch die Kinder mußten in der Regel im Stande ihres Vaters verbleiben. So wurden zum Beispiel, um den Rückgang der Bodenkultur durch die Landflucht der kleinbäuerlichen Bevölkerung zu steuern, die schwergedrückten Pächter der Domänen und der privaten Großbesitzungen *(c o l o n i)* in erblich an die Scholle gefesselte Halbfreie (*glebae adscripti; adscripticii)* verwandelt. Die zum Teil schon unter dem Prinzipat innungsweise vereinigten, mit Zwangsleistungen zugunsten des Staates belasteten Handwerker wurden teilweise zu erblich gebundenen Arbeitern in staatlichen oder vom Staate kontrollierten Betrieben. Einen besonders schwer belasteten Erbstand bildeten die ratssässigen Angehörigen der städtischen Oberschicht *(c u r i a l e s);* sie hafteten für den Eingang aller auf das städtische Territorium umgelegten Steuern (s. schon o. S. 123 f.). Bevorzugte Stände waren das Heer (in dem reichsfremde Söldner, meist germanischer Abkunft, eine immer größere Rolle spielten), die Beamtenschaft und (in christlicher Zeit) der Klerus. Der eiserne Zwang des Staates und seiner Bedürfnisse, der in dieser Weise die spätrömische Gesellschaftsordnung bestimmte, war die Folge der seit dem dritten Jahrhundert immer weiter fortschreitenden Wirtschaftsschrumpfung und des damit Hand in Hand gehenden Bevölkerungsrückganges: nur durch diesen Zwang glaubte man noch den riesigen Reichsorganismus in einer verfallenden Welt erhalten zu können. Dieses System war allerdings nicht ganz ohne Vorläufer in den voraufgehenden Perioden des Altertums. Seine Wurzeln reichen vielmehr zurück bis in die Organisation gewisser Staaten des hellenistischen Zeitalters (s. o. S. 40), vor allem des Ptolemäerreichs in Ägypten. Die dort entwickelten, auf die Herauswirtschaftung möglichst großer Finanzerträge abzielenden Verwaltungsmethoden waren auch unter der römischen Herrschaft niemals aufgegeben worden; aber während sie unter dem Prinzipat im wesentlichen auf ihre Ursprungsländer und damit auf solche Teile der Reichsbevölkerung beschränkt blieben, die daran seit Jahrhunderten gewöhnt waren, wurden sie jetzt auf das ganze Reich und alle seine Bewohner übertragen. In dieser Tatsache aber zeigt sich vielleicht am deutlichsten, daß die spätrömische Staatsordnung in gewisser Hinsicht einen Sieg der hellenistisch-orientalischen Welt über den Westen und das Römertum bedeutet.

Auch in der S t e l l u n g d e s s p ä t r ö m i s c h e n K a i s e r s und der Gestaltung seines Beamtenapparats treten die hellenistisch-orientalischen Einflüsse ganz unverkennbar hervor. Der Kaiser, der zur Zeit des frühen Prinzipats wenigstens in der Hauptstadt meist das römische Bürgergewand mit dem Purpurstreifen des Senators getragen hatte, war schon im zweiten und dritten Jahrhundert mit zunehmendem Prunke aufgetreten. Jetzt erschien er in der Öffentlichkeit nur noch im goldbestickten Purpurkleide. Er trug das Diadem, ein mit Perlen besetztes Stoffband, das alte Zeichen östlicher Königswürde. Ein peinliches Hofzeremoniell regelte jede Bewegung in seiner Gegenwart und schrieb insbesondere vor, daß, wer ihm nahte, sich vor ihm auf die Erde niederzuwerfen habe, so wie dies einst schon am Hofe des Darius oder Xerxes üblich gewesen war. In alledem kommt zum Ausdruck, daß der Kaiser nun nicht mehr der erste Bürger der römischen Gemeinde war, sondern der unumschränkte Herr, vor dem sich alle Bewohner des Reichs ohne Unterschied zu beugen hatten. Von *dominus*, Herr, hat darum die moderne Geschichtsforschung als Bezeichnung für diese spätrömische Form des Kaisertums den Begriff „Dominat" abgeleitet, der diesen Wesensgegensatz zum Prinzipat zum Ausdruck bringen soll. Der hellenistisch-orientalischen Königswürde entspricht auch die Verehrung des lebenden Herrschers als Gottheit: bereits von Augustus war sie im Osten des Reichs geduldet, in Rom selbst und überhaupt im romanisierten Westen dagegen nach Möglichkeit hintangehalten worden, weil sie der Ideologie des Prinzipats durchaus widersprach, und dieselbe Haltung hatte zum mindesten die Mehrzahl der folgenden Kaiser mit größerer oder geringerer Entschiedenheit eingenommen (s. auch schon o. S. 53). Im dritten Jahrhundert verschwanden solche Hemmungen, und unter Diokletian gehörte die religiöse Verehrung des lebenden Kaisers zum offiziellen Wesen des Kaisertums. Danach freilich wurde ihr durch das Christentum der Boden entzogen; an ihre Stelle trat das Gottesgnadentum des Herrschers; aber die Ausdrücke „göttlich" *(divinus)* und „heilig" *(sacer)* für alles, was mit der Person des Kaisers zusammenhing, sind dauernde Bestandteile des spätrömischen Amtsstils geblieben.

Die Verwaltung des Reichs, die, anders als noch zur Zeit des Prinzipats, so gut wie vollständig vom Militärkommando geschieden war, besorgte eine umfangreiche Bürokratie mit zahlreichen Rangklassen und genau geregelten Avancement. Da unter den Soldatenkaisern des dritten Jahrhunderts das Militär eine besonders bevorzugte Stellung eingenommen hatte und da die Subalternstellungen der Zivilverwaltung ursprünglich großenteils mit abkommandierten Unteroffizieren und Mannschaften besetzt worden waren, nahm die spätrömische Zivilbeamtenschaft, obwohl sie mit dem Heer tatsächlich gar nichts mehr zu tun hatte, für sich alle Privilegien des Soldatenstandes und für ihr Amt die Bezeichnung *militia* (Kriegsdienst) in Anspruch; ja sie hielt sogar als Fiktion ihre Zugehörigkeit zu „Regimentern" des Feldheeres *(legiones)* und „Bataillonen" der Grenztruppen *(cohortes)* aufrecht. So wie das Einkommen des römischen Staates jetzt hauptsächlich auf den Naturalabgaben (der *annona)* beruhte, die aus den unregelmäßigen Requisitionen des dritten Jahrhunderts (s. o. S. 124) erwachsen und von Diokletian reorganisiert worden waren, so bestanden auch die Gehälter der Beamten zunächst nicht in Geld, sondern in Naturalien (was übrigens angesichts der im vierten Jahrhundert noch fortdauernden Währungsschwierigkeiten auch die sicherste Form einer „wertbeständigen" Berechnung war); sie wurden jedoch bald wieder in Geld umgerechnet und ausgezahlt (sog. *adaeratio*). Ein ausgedehntes, für die Bevölkerung sehr drückendes Sportelwesen erhöhte das Einkommen vieler Beamten und trug zugleich, ebenso wie die schließlich offiziell anerkannte Käuflichkeit der meisten Ämter, viel zu dem moralischen Verderb der Beamtenschaft bei, der sich in Bestechlichkeit, in Erpressungen und allerlei Drangsalierungen gegenüber der wehrlosen Bevölkerung äußerte. Man versuchte freilich, solche Korruptionserscheinungen durch ein raffiniertes Bespitzelungssystem zu bekämpfen, erreichte damit aber vielfach nur neue Bedrückungen: denn die von der Zentralverwaltung entsandten Kontrolleure (bis auf Diokletian *frumentarii* genannt, später *agentes in rebus*) benutzten natürlich ihre Machtstellung auch ihrerseits dazu, sich persönliche Vorteile zu verschaffen.

Die höchsten Zivilbeamten waren die *praefecti praetorio* (s. o. S. 59 u. 103), deren es zur Zeit des späteren Dominats vier gab, je zwei in der westlichen und in der östlichen Reichshälfte (s. u.). Sie waren, vor allem auch auf dem Gebiete der Rechtspflege, in weitem Umfange Stellvertreter des Kaisers, daneben verwalteten sie die Naturalsteuern und damit den wichtigsten Teil der Reichsfinanzen; militärische Befugnisse hatten sie nicht mehr. Da jedem von ihnen ein bestimmter Teil des Reichsgebietes zugewiesen war, gehörten sie nicht eigentlich mehr zu den Zentralorganen, sondern bildeten die oberste Spitze der Territorialverwaltung, die sich unter ihnen in Vikariate und zahlreiche, gegenüber der früheren Einteilung stark verkleinerte Provinzen gliederte. Sowohl den Präfekten wie den Vikaren und den Provinzialstatthaltern standen umfangreiche Büros *(officia)* zur Seite, deren Vorstände von der Zentralverwaltung gleichzeitig damit beauftragt waren, ihre Chefs zu überwachen. Die Spitzen der eigentlichen Zentralbehörden waren: der Vorsteher der kaiserlichen Kanzleien *(magister officiorum)*, unter dessen Oberleitung sich die verschiedenen Büros (jetzt *scrinia*, „Schreine" genannt) noch in der gleichen Weise in die Erledigung des kaiserlichen Schriftverkehrs teilten wie unter dem Prinzipat; ferner der kaiserliche Schatzmeister (*comes sacrarum largitionum*, weil er die zu bestimmten Anlässen üblichen Geldgeschenke des Kaisers an Soldaten und Beamte auszuzahlen hatte); der Chef der Domänenverwaltung *(comes rerum privatarum)* und der *quaestor sacri palatii*, eine Art Justizminister. Diese vier Ressortchefs gehörten auch dem aus dem *consilium* der Prinzipatszeit (o. S. 104) hervorgegangenen Staatsrat des Kaisers *(consistorium)* an, der im übrigen aus hauptamtlichen Räten *(comites consistoriani)* bestand. Er fungierte hauptsächlich als Kaisergericht und verhandelte seit der Mitte des 4. Jh. meist in Abwesenheit des Kaisers. Seine Entscheidungen bedurften aber der kaiserlichen Bestätigung. Zu den höchsten und einflußreichsten Reichsämtern zählte schließlich in echt orientalischer Weise auch das des kaiserlichen Oberkämmerers *(praepositus sacri cubiculi*, wörtlich = Vorsteher des kaiserlichen Schlafgemachs), dem die Verwaltung der kaiserlichen Hofhaltung unterstand und der in der Regel ein Eunuch war.

Eine Eigentümlichkeit des spätrömischen Staatsrechts, die für die Schicksale des Reichs von großer Bedeutung war und bei unseren bisherigen Betrachtungen außer acht geblieben ist, war die Teilung der Reichsgewalt unter mehrere Kaiser, eine Teilung nicht im Sinne der Samtherrschaft, wie sie unter dem Prinzipat wiederholt vorgekommen war (s. o. S. 60), sondern mit räumlich geschiedenen Wirkungskreisen und weitgehender Selbstständigkeit. Urheber dieser Einrichtung war Diokletian, der auf diese Weise sowohl die Reichsverwaltung intensivieren wie künftige Thronfolgewirren ausräumen wollte. Sein merkwürdiges System, wonach in der Ost- und Westhälfte des Reichs je ein Oberkaiser *(Augustus)* und ein Unterkaiser *(Caesar)* regieren, der zweite jeweils Nachfolger des ersten werden und dann wiederum einen jüngeren Genossen erhalten sollte, hat freilich nicht einmal seinen Schöpfer überlebt. Aber die damit eingeleitete Spaltung des Reichs in eine lateinische West- und eine griechische Osthälfte ist nach einigen Unterbrechungen schließlich für die Dauer bestehen geblieben, weil die beiden Reichshälften jetzt auch innerlich auseinanderstrebten. Denn die kulturelle und wirtschaftliche Entwicklung ging hier und dort sehr verschiedene Wege: im Osten kam das Griechentum schnell zur absoluten Herrschaft, der Westen blieb nach Sprache und Kultur lateinisch; in der Osthälfte des Reichs standen Wirtschaft und Verkehr noch verhältnismäßig in Blüte, während der Westen mehr und mehr in primitive Zustände zurücksank; im Osten konnte sich trotz gewisser feudalistischer Tendenzen und der Machteinbußen und Schwierigkeiten, die der Staatsgewalt durch den zunehmenden Einfluß der Kirche erwuchsen, das System der staatlichen Zwangswirtschaft einigermaßen durchsetzen, im Westen dagegen scheiterte es in weitem Umfange an der Macht der großen Grundbesitzer, die zumeist die führenden Posten der Reichsverwaltung in Händen hatten und sich dem staatlichen Druck gerade darum leicht zu entziehen vermochten. So schieden sich die Schicksale beider Reichshälften. Die westliche fiel alsbald den in immer neuen Scharen eindringenden Germanen zur Beute, die östliche hat in der Gestalt des byzantinischen Staats noch ein volles Jahrtausend, bis an die Grenze der Neuzeit, fortbestanden.

III. Die Rechtspflege war neben der Einhebung der Steuern wohl die wichtigste Funktion der spätrömischen Zivilbehörden. Nachdem im Laufe des 3. Jahrhunderts sowohl der letzte Überrest der republikanisch-augusteischen Schwurgerichtshöfe als auch die Ziviljurisdiktion des Prätors abgestorben war, gab es in Zivil- und in Strafsachen nur noch die Beamtenkognition, ein Verfahren, das in seinem einheitlichen Ablauf vor einem beamteten Richter sehr viel mehr Ähnlichkeit mit dem modernen Justizwesen aufweist als die Prozeßformen der späteren Republik und der frühen Kaiserzeit. Zuständig waren als erstinstanzliche Richter in Rom und Konstantinopel (und im Umkreis von 100 Meilen um diese Städte) der *praefectus urbi*, in den Provinzen die Statthalter *(praesides)*[1]). Sie alle konnten freilich die Erledigung eines Prozesses einem Unterrichter *(iudex pedaneus)* übertragen, dessen Spruch in solchem Falle durch Appellation an den Richter, der ihn delegiert hatte, angefochten werden konnte. Auch das Urteil des Provinzialstatthalters war stets appellabel: die beschwerte Partei konnte dagegen entweder den Vikar oder den *praefectus praetorio* anrufen. Vom Vikar ging der Rechtszug weiter an das Gericht des

[1]) Eine Gerichtsbarkeit der Munizipalmagistrate gab es nur noch in Streitsachen von geringem Wert. Daneben bestand in der Spätzeit des Dominats eine Art von Friedensgerichtbarkeit des *defensor civitatis*, eines Beamten, dem der Schutz der kleinen Leute gegen die Mächtigen (die Dekurionen, den Statthalter) oblag.

Kaisers, die Entscheidungen des *praefectus praetorio* dagegen, der anstelle des Kaisers *(vice sacra)* Recht sprach[2]), war unanfechtbar. Nur unter besonderen (im Laufe der Zeit sehr verschiedenen) Voraussetzungen war die Appellation gegen Urteile des Stadtpräfekten zulässig; sie richtete sich dann stets an den Kaiser. Im Zivilprozeß hatten die Prozeßformeln schon mit dem Verschwinden des zweigeteilten Verfahrens ihren eigentümlichen Sinn verloren. Sie mögen zunächst noch für die Instruktion von Unterrichtern verwendet worden sein. Schon die Söhne Konstantins verboten indessen ausdrücklich ihren Gebrauch, weil sie durch ‚Silbenstecherei' die Parteien gefährdeten (C. 2, 57, 1; 342 n. Chr.). Dies mag für die Praxis des 4. Jahrhunderts zutreffen, weil sie nicht mehr imstande war, die klassischen Rechtsbegriffe und die kunstvolle Formeltechnik richtig zu handhaben[3]). Die Klage wurde nun schriftlich erhoben; der Klaggrund (die *actio*) sollte dabei angegeben werden – was aber, wie es scheint, oftmals nicht geschah. Ließ der Richter die Klage zu, so wurde die Klagschrift *(libellus)* dem Beklagten durch den Kläger oder von Amts wegen, späterhin stets von Amts wegen zugestellt. Der Beklagte beantwortete sie mit einer Gegenschrift *(libellus contradictorius)*. Erschien er zur mündlichen Verhandlung nicht vor Gericht, so erging nach weiterer vergeblicher Ladung, schließlich ein Versäumnisurteil. Die Gerichtsverhandlungen wurden ausführlich protokolliert, das mündlich verkündete Urteil den Parteien schriftlich ausgefertigt, seine Vollstreckung durch einen Vollstreckungsbeamten *(exsecutor)* durchgeführt. Für alle Amtshandlungen des dem Richter beigeordneten Offizium hatten die Parteien Sporteln zu zahlen. Bei jedem Gericht (mit Ausnahme des Kaisergerichts) gab es eine bestimmte Zahl zugelassener Anwälte *(advocati,* auch *togati,* weil sie vor Gericht das im übrigen längst außer Gebrauch gekommene altrömische Bürgergewand, die Toga, tragen mußten). Sie besaßen wohl stets eine rhetorische, nicht notwendigerweise auch eine juristische Ausbildung. Ein Rechtsstudium, z. B. in Berytos (s. u. S. 136 f.), als Vorbereitung auf den Anwaltsberuf scheint erst um die Mitte des 4. Jahrhunderts und nur in der Osthälfte des Reiches allgemeiner üblich geworden zu sein. Wenn Kaiser Leo im Jahre 460 für die Zulassung zur Advokatur das eidliche Zeugnis eines Rechtslehrers über die juristischen Kenntnisse des Bewerbers forderte, so bezieht sich diese Vorschrift vielleicht nur auf die Anwälte am Gericht des *praefectus praetorio,* an den die Konstitution des Kaisers (C. 2, 7, 11) gerichtet war. Daß zum mindesten ein beträchtlicher Teil der Anwälte, die bei dem Gericht des *praefectus praetorio Orientis* in Konstantinopel tätig waren, den Ruf hervorragender Rechtskenntnisse genoß, wird man daraus schließen dürfen, daß elf von ihnen bei der Ausarbeitung

---

[2]) Dasselbe wird freilich von den Vikaren und Stadtpräfekten gesagt, deren Urteile gleichwohl nicht unanfechtbar waren.

[3]) Mit der Zweiteilung des Zivilprozesses verschwand zunächst auch der Begriff der *litis contestatio*. Als er später wieder auftauchte, verstand man darunter den Beginn der mündlichen Verhandlung zur Sache nach Erledigung etwaiger prozessualer Einwände gegen die Prozeßfähigkeit einer der Parteien, die Zuständigkeit des Gerichts u. dgl.

der Digesten Justinians zugezogen wurden. Dem Kreis der Anwälte pflegten die *iudices pedanei* und auch die Assessoren der Richter (s. o. S. 104) entnommen zu werden. Da der Assessor häufig mit dem Recht und namentlich mit der Gerichtspraxis besser vertraut war als sein Richter, wird er dessen Entscheidungen oft maßgebend beeinflußt haben.

Trotz ihres rein obrigkeitlichen Charakters war die spätrömische Justiz ihrem Wesen nach keine Willkürjustiz. Im Zivilprozeß und wohl auch im strafrechtlichen Anklageverfahren lag die Verfügung über den Prozeßstoff und den Ablauf des Verfahrens in der Hauptsache immer noch bei den Parteien. Die z. T. überreichlichen Appellationsmöglichkeiten boten eine verfahrensrechtliche Garantie für sachgerechte Entscheidungen. Doch war der Rechtsgang wegen der Sporteln und Anwaltshonorare kostspielig; einen Appellationsprozeß am weit entfernten Sitz des Vikars oder gar vor dem *praefectus praetorio* oder dem Kaisergericht konnten sich gewiß nur sehr wohlhabende Leute leisten. Die Bürokratisierung des Verfahrens und die meist sehr reichlich bemessenen Fristen führten zu großer Umständlichkeit und Langwierigkeit des Prozeßganges. Bestechlichkeit war anscheinend keine Seltenheit, vor allem in den Gerichten der verhältnismäßig schlecht besoldeten Statthalter. Aus allen diesen Gründen mag die mit der staatlichen Justiz konkurrierende Schiedsgerichtsbarkeit der Bischöfe, mit der sich die kaiserliche Gesetzgebung seit Konstantin oftmals beschäftigt hat, starken Zuspruch gefunden haben.

§ 10. *Die Rechtsentwicklung der Spätzeit bis auf Justinian*

I. Die nachklassische Rechtswissenschaft. 1. In den großen Zusammenhang der politischen und kulturellen Veränderungen, die das Gesicht der spätrömischen Gesellschaftsordnung und des spätrömischen Staates bestimmten, gehört auch der Untergang der klassischen Jurisprudenz, der sich, wie wir sahen, um die Mitte des dritten nachchristlichen Jahrhunderts vollendete. Eine seiner Ursachen ist uns bereits in anderem Zusammenhang deutlich geworden: Die Entfaltung der kaiserlichen Reskriptenpraxis, vor allem unter den severischen Kaisern, erstickte allmählich die freie Gutachtertätigkeit der Juristen und zerstörte damit die Hauptgrundlage einer selbständigen Jurisprudenz. Noch blieb den Juristen freilich der Staatsdienst mit seinen praktischen Wirkungsmöglichkeiten, und die Reskripte der diokletianischen Periode beweisen in der Tat, daß sich zum mindesten innerhalb der kaiserlichen Zentralverwaltung noch bis an die Schwelle des vierten Jahrhunderts die Tradition klassischer Rechtskunst erhalten hat. Allein auch die Stellung des beamteten Juristen war in den rauhen, kulturfeindlichen Zeiten der Soldatenkaiser und später unter dem absoluten Regiment des Dominats nicht mehr dieselbe wie unter Hadrian, den Antoninen oder selbst noch unter den severischen Kaisern. Der Jurist war nicht mehr der mit dem Herrscher fast auf gleichem Fuße verkehrende Ratgeber, sondern nur noch ein unfreies Werkzeug des kaiserlichen Willens. Noch bedeutsamer als diese Veränderung in der äußeren Stellung der Juristen war aber wohl der innerliche Bruch mit den Traditionen der klassischen Zeit: die Tatsache, daß das Römertum seine führende Rolle im politischen Leben endgültig ausgespielt hatte, daß die staatsrechtlichen und prozessualen Grundlagen des klassischen Rechts überholt waren und kaum mehr verstanden wurden, und daß darum der gesamte Aufbau der klassischen Normen mit allen seinen feinen, historisch gewachsenen Unterscheidungen nichts Lebendiges mehr war. Bedenkt man schließlich noch das allgemeine Nachlassen der geistigen Spannkraft, das gerade im Lauf des dritten Jahrhunderts auf allen Gebieten des Kulturlebens stark hervortritt, so versteht man wohl, daß die schöpferische Periode der römischen Jurisprudenz mit der Krise des Prinzipats zu Ende war.

Für einen Zeitraum von rund zweihundert Jahren, d. h. bis in die zweite Hälfte des 5. Jh., versinken nun die Schicksale der Rechtswissenschaft in das Dunkel einer fast vollständigen Anonymität. Die Nachrichten über das Wirken und die Lebensumstände von Juristen werden äußerst dürftig. Nur selten begegnet uns noch ein Name, und auch die spärlichen Namensnennungen sagen uns nichts, weil wir mit ihnen zumeist keine Vorstellungen von der Persönlichkeit und dem Werk der Genannten verbinden können. Denn was wir von der literarischen Arbeit der nachklassischen Jurisprudenz besitzen, ist mit wenigen Ausnahmen entweder namenlos, oder es verbirgt sich unter den Namen spätklassischer Autoren. Erst die kritische Forschung der letzten fünf Jahrzehnte hat die wahre Herkunft dieser zweiten Gruppe von nachklassischen Schriften erkannt. Noch länger hat es gedauert, bis man dazu gelangte, diese Überreste des nachklassischen Schrifttums chronologisch glaubhaft einzuordnen. Nach mancherlei Irrwegen sind erst die jüngsten Forschungen über die Textgeschichte der römischen Rechtsquellen und über die innere Entwicklung des nachklassischen Rechts zu Ergebnissen gelangt, die es erlauben, die Geschichte der Jurisprudenz zwischen dem Ausgang der klassischen Periode und der justinianischen Gesetzgebung wenigstens in großen Linien darzustellen. Es ergeben sich dabei drei Abschnitte (2.–4.): die Jurisprudenz des späteren 3. Jh. und der diokletianisch-konstantinischen Zeit, die Periode des Vulgarrechts, die im Westen des Reichs bis ans Ende der Antike reicht und in das Rechtsleben der Germanenreiche auf römischem Boden einmündet, während sie im Osten von einer Renaissance des klassischen Rechts in den Rechtsschulen des 5. Jh. abgelöst wird; von dieser Rückwendung zum klassischen Recht soll der letzte Abschnitt unserer Darstellung der nachklassischen Rechtswissenschaft handeln.

2. Die Rechtswissenschaft des späteren 3. Jh. und der diokletianisch-konstantinischen Epoche (vom späten 3. bis gegen die Mitte des 4. Jh.) besaß, wie wir heute wissen, noch enge Fühlung mit der literarischen Hinterlassenschaft der Klassiker, insbesondere der Spätklassiker des frühen 3. Jh. In den Rechtsschulen, die damals vor allem wohl in Rom blühten, sind z. B. die großen Kommentarwerke des Paulus und des Ulpian studiert und interpretiert worden. Aber sie wurden nicht mehr in vollem Maße

aus dem Geiste der klassischen Tradition verstanden, weil die Voraussetzungen für ein solches Verständnis nicht mehr existierten (s. o. S. 132). Die Schule neigt zum Dogmatismus, zu handlicher Formulierung und vereinfachender Begründung. Schon in der Schulwissenschaft des späteren 2. Jh., wie sie uns in den Institutionen des Gaius begegnet, läßt sich dergleichen erkennen, obwohl sie doch noch inmitten der lebendigen Tradition klassischer Rechtskunst stand. In nachklassischer Zeit machten sich diese Tendenzen in verstärktem Maße geltend.

Die Arbeit der frühnachklassischen Schuljuristen schlug sich in der handschriftlichen Überlieferung der klassischen Autoren nieder. Es ist wahrscheinlich, daß in diokletianisch-konstantinischer Zeit Neuausgaben z. B. des ulpianischen Ediktskommentars veranstaltet worden sind, die im Sinne der damaligen Schulwissenschaft überarbeitet waren, und daß wir darum in den Ulpianfragmenten der justinianischen Digesten nicht selten statt des Originaltextes des Klassikers eine mit nachklassischen Gedanken durchsetzte Fassung lesen. Jedenfalls neigt man heute zu der Annahme, daß ein beträchtlicher Teil der Verfälschungen, welche die sog. Interpolationenforschung (u. S. 153 ff.) in der justinianischen Überlieferung der klassischen Juristenschriften aufgedeckt und ursprünglich dem justinianischen Gesetzgeber, später auch den östlichen Rechtsschulen des 5. Jh. zugeschrieben hat, in Wahrheit bereits im Laufe des 3. Jh., spätestens aber in diokletianisch-konstantinischer Zeit entstanden ist[4]).

Abgesehen von dieser Auslegungsarbeit an den großen Schriften der Klassiker produzierte die frühnachklassische Schulwissenschaft vor allem knappe Elementarwerke, z. T. Bearbeitungen klassischer Lehrbücher, z. T. Zusammenstellungen aus klassischen Lesefrüchten. Die meisten dieser Werke liefen unter den Namen klassischer Autoren um[5]) und galten lange Zeit als echte Werke des Paulus, des Ulpian oder des Gaius; erst die moderne Forschung hat sie mit größerer oder geringerer Gewißheit dem nachklassischen Zeitalter zugeschrieben. Zu dieser Klasse von Schriften gehören beispielsweise die sog. *r e g u l a e U l p i a n i* (auch *tituli ex corpore Ulpiani* genannt), die indessen weit mehr Verwandtschaft mit den Gaiusinstitutionen als mit den erhaltenen Resten von Ulpians Werken zeigen; sie sind uns, wenn auch nur bruchstückhaft und in einer verkürzenden Bearbeitung durch eine Handschrift der vatikanischen Bib-

---

[4]) Erweisen läßt sich diese Annahme in den allerdings sehr seltenen Fällen, in denen wir denselben Juristentext nicht nur in den Digesten Justinians, sondern auch in einem der frühnachklassischen Sammelwerke (den *Fragmenta Vaticana* oder der *Collatio legum Mosaicarum et Romanarum*, s. u. S. 134 f.) vorfinden und beide Überlieferungen die gleichen Verfälschungen aufweisen.

[5]) Eine Ausnahme bilden insofern die in den justinianischen Digesten exzerpierten ‚Rechtsauszüge' (*iuris epitomae)*, eine respektable Arbeit, die den Namen ihres wirklichen Verfassers Hermogenianus trägt. Er ist vermutlich identisch mit dem Verfasser des Codex Hermogenianus (s. u. S. 142), vielleicht auch mit einem in den Märtyrerakten des hl. Sabinus vorkommenden *praefectus praetorio* dieses Namens und hat demnach unter Diokletian gelebt. Vgl. D. L i e b s , Hermogenians iuris epitomae, Abh. d. Göttinger Akad. d. Wissensch., Phil.-hist. Kl. 1964.

liothek, also außerhalb der justinianischen Gesetzgebung erhalten geblieben. Desgleichen besitzen wir eine von Justinian unabhängige, hauptsächlich durch die westgotische Gesetzgebung (u. S. 144 f.) vermittelte Überlieferung[6]) der sog. *Puli sententiae*, einer aus spätklassischen Juristenschriften (wohl nicht nur des Paulus) geschöpften Elementarschrift, deren Grundstock noch im ausgehenden 3. Jh. entstanden sein wird, in den folgenden Jahrhunderten aber immer wieder durch Kürzungen und Zusätze verändert worden ist. Eine frühnachklassische Neubearbeitung der Gaiusinstitutionen waren, um noch ein drittes Beispiel dieser Elementarschriften zu nennen, vermutlich auch die als originale Schrift des Gaius umlaufenden *res cottidianae* („Jurisprudenz des täglichen Lebens") oder *aurea* („goldene Regeln"), von denen wir freilich nur einige Fragmente in den justinianischen Digesten besitzen. In diesen Fragmenten zeigt sich, verglichen mit dem Originalwerk des Gaius, ein erheblicher Fortschritt der Tendenz zur Dogmatisierung des Rechtsstoffs.

Von den grundrißartigen Elementarschriften unterscheidet sich wiederum eine andere Gruppe von literarischen Arbeiten derselben Epoche dadurch, daß sie sich offen als Blütenlesen aus den Werken der Klassiker und der Kaisergesetzgebung zu erkennen geben. Die Exzerpte sind hier nicht zu einem zusammenhängenden Text verarbeitet, sondern jeweils durch den Namen des Autors und die Angabe der Fundstelle als Zitate gekennzeichnet. Es ist dies die gleiche Technik, in der auch die meisten Kodifikationen des 5. und 6. Jh. gearbeitet sind, insbesondere die Digesten und der Codex Justinians (u. S. 147 ff.), als deren erste, private Vorläufer man sie deshalb bezeichnen könnte. Außer zwei Konstitutionensammlungen aus der Regierungszeit des Diokletian, von denen später (S. 142) die Rede sein wird, kennen wir zwei weitere Werke dieser Art, die neben einigen Kaisergesetzen vor allem Zitate aus der spätklassischen Rechtsliteratur enthalten. Beide sind uns außerhalb der justinianischen Gesetzgebung überliefert. Die in einer Handschrift der vatikanischen Bibliothek nur bruchstücksweise erhaltene und darum unter der Bezeichnung *Fragmenta Vaticana* bekannte Sammlung von Exzerpten aus Papinian, Paulus, Ulpian und der Kaisergesetzgebung muß, nach den uns vorliegenden Stücken zu urteilen, ein groß angelegtes Werk gewesen sein, das den Digesten Justinians an Umfang nicht allzuweit nachstand. Vermutlich war es in erster Linie dazu bestimmt, im Rechtsunterricht die seltenen, kostspieligen und unhandlichen Originalwerke der Klassiker zu ersetzen (was ja ein Hauptzweck auch noch der Digesten Justinians war, u. S. 159). Doch mag es auch in der Praxis benutzt worden sein, für die eine Heranziehung der klassischen Originale oft noch schwieriger gewesen sein wird als für die Schule (s. u. S. 140). Ähnlichen

---

[6]) Ein 1954 in den Besitz der Leidener Universitätsbibliothek gelangtes Pergamentblatt enthält ein wichtiges, bis dahin unbekanntes Stück der Paulussentenzen strafrechtlichen Inhalts (zum Repetundenprozeß – s. o. S. 47 f. – und zum *crimen laesae maiestatis* – o. S. 66, Anm. 26); Ausgabe mit ausführlichem Kommentar verschiedener Autoren in Studia Gaiana IV, Leiden 1956.

Zwecken diente wohl der römischrechtliche Grundstock eines weiteren Sammelwerks, der sog. *Collatio legum Mosaicarum et Romanarum*. In der uns überlieferten Gestalt, die wesentlich später, nämlich nicht vor den letzten Jahrzehnten des 4. Jh., entstanden sein dürfte, trägt das kleine Werk, das sich selbst *Lex Dei quam praecipit Dominus ad Moysen* nennt, freilich einen anderen, sehr eigenartigen Charakter: Den Exzerpten aus Gaius, Papinian, Paulus, Ulpian, Modestin und den Kaisergesetzen (von denen die jüngsten erst nachträglich in den Grundstock der Schrift eingefügt sind) werden Sätze aus der mosaischen Gesetzgebung gegenübergestellt, um die prinzipielle Übereinstimmung des römischen Rechts mit den Vorschriften der Bibel zu erweisen. Der spätere Bearbeiter des Werks wollte damit entweder einen Beitrag zur christlichen (schwerlich zur jüdischen) Glaubenspropaganda leisten oder vielleicht auch das Recht der heidnischen Juristen und Kaiser vor der neuen christlichen Staatsreligion rechtfertigen.

3. Die Herrschaft des Vulgarrechts. Im weiteren Verlauf des 4. Jh. scheint dann das Niveau der Rechtswissenschaft schnell abgesunken zu sein. Die Kenntnis der großen spätklassischen Werke ging offenbar weithin verloren. Vom klassischen Schrifttum kannte man wohl zumeist nur noch die Gaiusinstitutionen, aber selbst sie wurden bald als zu umfänglich und zu schwer empfunden und darum gekürzt und paraphrasiert. Im übrigen befaßte man sich mit den Kaisergesetzen und den Elementarschriften der frühnachklassischen Zeit, vor allem mit den Paulussentenzen, die gekürzt und durch Zusätze den Zeitverhältnissen angepaßt wurden (s. o. S. 134). Wenn durch die Vermittlung dieser Elementarliteratur immerhin noch ein Schimmer klassischer Rechtskunst in die Schulen des späten 4. und beginnenden 5. Jh. gedrungen ist, so löste sich jedenfalls die Rechtspraxis fast vollständig von den fein durchdachten Begriffen und Grundsätzen der großen Vergangenheit. An die Stelle des klassischen Kunstrechts trat ein „Vulgarrecht", dessen ganz andersartige Welt uns erst durch die Forschungen Ernst Levys genauer erschlossen worden ist. Dem Vulgarrecht waren nicht nur die prozessualen Grundvorstellungen des klassischen Rechts vollständig abhandengekommen; auch die begrifflichen Unterscheidungen des römischen Kontraktssystems waren weithin verschwunden, der Gegensatz zwischen Besitz, Eigentum und dinglichen Rechten an fremder Sache war verwischt, der Kauf hatte seinen Charakter als Verpflichtungsgeschäft verloren und war wieder, wie in altrömischer Zeit, zum bloßen Eigentumserwerbsgrund geworden. In der Unterschicht des römischen Rechtslebens werden solche vom Recht der klassischen Juristen abweichenden Vorstellungen vermutlich schon lange verbreitet gewesen sein. Denn der Kreis der Männer, welche die verwickelten Spielregeln der klassischen Rechtskunst beherrschten, war zu allen Zeiten verhältnismäßig klein, und dort, wohin deren Einfluß nicht gelangte, vor allem in den Provinzen, aber in gewissem Umfange wohl selbst in Italien und in Rom, mögen schon zur Zeit der Klassiker ärmere und minder komplizierte juristische Vorstellungen geherrscht haben. Jetzt aber trat dieses vulgäre Rechtsdenken die Alleinherrschaft im Rechtsleben an.

Schon unter Konstantin, der die klassizistische Haltung der diokletianischen Reskriptpraxis (o. S. 131) unvermittelt fallen ließ, begann die vulgarrechtliche Begriffswelt in die Kaisergesetzgebung einzudringen (die darum eine der wichtigsten Quellen für die Erforschung des Vulgarrechts ist). In dem juristischen Schrifttum der nachklassischen Zeit, das ja in der Hauptsache ein Schulschrifttum war und sich deshalb mehr oder weniger eng an die klassische Überlieferung anlehnte, finden wir rein vulgarrechtliche Denkformen erst wesentlich später, nämlich in den weströmischen Arbeiten des 5. Jh., vor allem in den Erläuterungen zu den Paulussentenzen und zu den nachklassischen Konstitutionensammlungen, die mitsamt diesen Quellen auszugsweise in das Römergesetzbuch des Westgotenkönigs Alarich II. aufgenommen worden sind (s. u. S. 144 f.). Vom Geist des klassischen Rechts enthält diese sog. westgotische *Interpretatio* nur noch geringe Spuren.

Nicht nur das eben genannte westgotische Römergesetzbuch steht im Zeichen des Vulgarrechts. Auch die anderen Gesetzgebungswerke in den Germanenreichen der Völkerwanderungszeit, selbst diejenigen, die allein für die germanische Bevölkerung dieser Staaten bestimmt waren, wurzeln offenbar in der gleichen Begriffswelt, deren römische Herkunft allerdings bisher bei ungenügender Kenntnis der vulgarrechtlichen Entwicklung großenteils nicht klar zu erfassen war. Die Frage des römischen Einflusses auf das germanische Recht des frühen Mittelalters muß darum von der Erforschung des spätrömischen Vulgarrechtes her neu gestellt werden.

Auch die Gesetzgebung der östlichen Reichshälfte war im späteren 4. und im 5. Jh. von den Denkformen des Vulgarrechts beeinflußt. Wir werden nicht fehlgehen, wenn wir ein gleiches für die Rechtspraxis vermuten, in der freilich zudem weithin das lokale, in erster Linie das hellenistische Gewohnheitsrecht fortlebte. Denn dieses bodenständige Recht war, wie wir sahen (o. S. 76 f.), hier niemals völlig vom römischen Rechte verdrängt worden. Da Vulgarrecht und hellenistisches Recht in mancher Hinsicht von verwandter Struktur waren, wird es vielfach schwer sein, zwischen diesen beiden Komponenten des östlichen Rechtsleben klar zu unterscheiden.

4. Um so auffallender ist es, daß sich gerade in der Schulwissenschaft der östlichen Reichshälfte eine Rückwendung zum klassischen Recht vollzog. Träger dieser Entwicklung war in der Hauptsache die Rechtsschule im phönizischen Berytos (Beirut). Diese Stadt, in der Augustus die Veteranen zweier Legionen angesiedelt hatte, war seitdem eine römische Bürgerkolonie und lebte als solche inmitten der hellenistisch-orientalischen Umgebung nach römischem Recht. Schon gegen die Mitte des 3. Jh. hören wir, daß man dort römisches Recht studieren konnte, und eine im justinianischen Codex erhaltene Konstitution Diokletians (C. 10, 50, 1) befreite eine Anzahl junger Leute, die sich dort zum Rechtsstudium aufhielten, auf ihren Antrag von den Zwangsleistungen (*munera*, s. o. S. 124) in ihrer Heimatgemeinde. Genauer kennen wir den Studienbetrieb in Berytos aber erst für das 5. Jh., aus dem uns auch die Namen einer Reihe von Professoren bezeugt sind. In

dieser Zeit war die Rechtsschule zu Berytos eine förmliche Juristenfakultät, mit fester, nach Jahreskursen gegliederter Studienordnung, deren Gegenstand das Studium der Kaiserkonstitutionen und der klassischen Rechtsliteratur war. Eine zweite Rechtsschule gleichen Stils wurde 425 n. Chr. von Staatswegen in der östlichen Reichshauptstadt Konstantinopel gegründet[7]).

Die Arbeitsweise dieser oströmischen Rechtsschulen erinnert sehr an die der italienischen Universitäten des Hochmittelalters, die sieben Jahrhunderte später eine zweite, in ihrer Auswirkung noch viel umfassendere Wiederbelebung des römischen Rechts zustande gebracht haben (s. u. S. 161 ff.): Dem Unterricht lagen unmittelbar die Klassikertexte und die Konstitutionensammlungen zugrunde, deren Inhalt Schritt für Schritt durchgenommen und erläutert wurde. Dieser exegetischen Methode entsprachen auch die literarischen Produkte der oströmischen Rechtslehrer, von denen wir freilich aus vorjustinianischer Zeit nur recht dürftige Überreste besitzen[8]); doch erlauben uns die reichlicher erhaltenen Arbeiten der justinianischen und nachjustinianischen Juristen gewisse Rückschlüsse auf die Literaturformen ihrer Vorläufer: Man verfaßte Kommentare zu den klassischen Werken und knappgefaßte Inhaltsangaben (ἴνδικες, „Summen"), vielleicht auch Quellensammlungen zu Einzelfragen und andere monographische Abhandlungen. Das Sammeln von Parallelstellen und die Aufdeckung und Erklärung von Widersprüchen in den klassischen Texten hat vermutlich eine ähnlich große Rolle gespielt wie in der mittelalterlichen Rechtswissenschaft.

---

[7]) Auch anderwärts im Ostreich gab es Rechtsunterricht, aber offenbar einen Unterricht primitiverer Art: Justinian verbot (const. *Omnem 7)* ausdrücklich die „Rechtsschulen" von Alexandria und Caesarea, wo, wie er erfahren habe, „stümperhafte Lehrer ihren Schülern eine verballhornte Wissenschaft beibrächten".

[8]) Aus dem Kreise der berytener Rechtsschule stammen vermutlich die in einer Handschrift eines Klosters auf dem Berg Sinai erhaltenen und darum sog. *Scholia Sinaitica*, ein Fragment eines griechischen Kommentars zu Ulpians *Libri ad Sabinum*, dessen Verfasser eine verhältnismäßig ausgebreitete Kenntnis der spätklassischen Literatur und der Kaiserkonstitutionen verrät. Ein weiteres, sehr kurzes und verstümmeltes Stück aus einem (möglicherweise demselben) Kommentar zu diesem Werk Ulpians ist auf einem Papyrusblatt (Pap. Ryl. III 475) gefunden worden. Schließlich werden die Meinungen der „Heroen", d. h. der Rechtslehrer des 5. Jh., gelegentlich noch in den frühesten Kommentarwerken zur justinianischen Gesetzgebung (s. u. S. 159 f.) angeführt. – Geringeres Niveau hatte offenbar das im Ostreich gegen Ausgang des 5. Jh. entstandene griechische Original des sog. Syrisch-römischen Rechtsbuchs. Erhalten sind uns nur Bearbeitungen in syrischer, armenischer und arabischer Sprache. Der Inhalt ist nicht, wie man lange geglaubt hat, eine Mischung römischer und griechisch-orientalischer Rechtsnormen, sondern durchweg römisches Recht, das freilich durch die mehrfache Übertragung in andere Sprachen zum Teil nicht mehr ohne weiteres als solches erkennbar ist. Wahrscheinlich war das Original ein Kommentar zu einer Sammlung von Kaiserkonstitutionen, von ähnlichem Charakter wie die westgotische Interpretatio (s. o.). Es ist schwerlich in Berytos, eher in einer jener östlichen Rechtsschulen von minderem Range (Anm. 7) entstanden.

Verglichen mit der klassischen Jurisprudenz wirkt die Gelehrsamkeit der Oströmer freilich unlebendig und gegenwartsfremd; sie waren weder Praktiker noch originelle Denker und blieben in starrem Autoritätsglauben in die Gedankenwelt einer großen Vergangenheit verstrickt. Selbst die kleineren Geister des klassischen Zeitalters ragen über sie empor, vielleicht nicht gerade an erlerntem Wissen, aber jedenfalls an Eigenständigkeit, an Urteilsfähigkeit und an praktischem Blick. Trotz alledem haben die Juristen von Berytos und Konstantinopel ein großes Verdienst: denn sie waren es, die aus der Verflachung der voraufgehenden Jahrhunderte erst wieder den Weg zum Studium und zum Verständnis der Klassiker fanden; ohne ihre Tätigkeit wäre vom Geiste der klassischen Jurisprudenz in die justinianische Gesetzgebung vermutlich ebenso wenig übergegangen wie in die Gesetzbücher der westlichen Reichshälfte.

5. Dem Betrachter, der von der klassischen Jurisprudenz ausgeht und geneigt ist, deren geistige Kraft zum Maßstab zu nehmen, fällt es schwer, die Leistungen der nachklassischen Rechtswissenschaft richtig zu würdigen. Wahrhaft produktive Kräfte hat die Jurisprudenz der Spätzeit, wie wir sahen, in keinem Abschnitt ihrer Entwicklung besessen. Dennoch ist ihre jahrhundertelange Arbeit rechtsgeschichtlich von großer Bedeutung gewesen, und zwar hat eine jede ihrer Perioden einen eigenen Beitrag zu der weltgeschichtlichen Mission des römischen Rechts erbracht. Das Unvermögen des ausgehenden 3. und des beginnenden 4. Jh., die klassischen Gedankengänge in ihrer Eigenart und ihren Voraussetzungen voll zu verstehen, führte zu manchen Vereinfachungen, die das Werk der Klassiker für spätere Geschlechter verständlicher und handlicher machten, weil sie die Kompliziertheit des klassischen Rechtssystems und seine Bindung an bestimmte historische Gegebenheiten in einem gewissen Maße verdeckten. Der völlige Verfall der klassischen Rechtskunst im Vulgarrecht zersetzte den klassischen Rechtsstoff bis zu dem Grade, in dem er geeignet war, als Kulturdünger für die germanische Rechtsentwicklung des frühen Mittelalters zu dienen, und der Klassizismus der oströmischen Juristen des 5. Jh. hat es bewirkt, daß das Werk der Klassiker nicht unterging, sondern durch die justinianische Gesetzgebung bis zum heutigen Tage wirksam blieb.

Die oft und unter verschiedenen Gesichtspunkten erörterte Frage, in welchem Maße die nachklassischen Juristen unrömische Vorstellungen in die Hinterlassenschaft der Klassiker hineingetragen haben, ist noch immer umstritten. Auch wer Einflüsse insbesondere aus dem griechisch-orientalischen Bereich nicht von vornherein für unwahrscheinlich hält, wird sich jedenfalls hüten müssen, ihre Möglichkeiten zu überschätzen. Gerade die östlichen Rechtsschulen, deren Umwelt die Vermutung solcher Einflüsse am ehesten nahelegt, scheinen durch ihre klassizistische Haltung weitgehend dagegen gefeit gewesen zu sein. Die frühnachklassische Jurisprudenz aber, die vielleicht in höherem Maße von den Vorstellungen und der Praxis ihrer eigenen Zeit bestimmt war, hatte ihren Schwerpunkt noch im Westen des Reiches und stand damit räumlich den vermuteten Einflußquellen ferner.

II. Deutlicher sehen wir solche Einflüsse (aber auch ihre Grenzen) in der spätrömischen Kaisergesetzgebung, die, zum mindesten der Masse nach, den wichtigsten Faktor der nachklassischen Rechtsentwicklung darstellt. Wie auf allen Gebieten, so hat auch im Bereich der Gesetzgebung das nachklassische Kaisertum die für die Periode des Prinzipats charakteristische republikanische Tarnung abgeworfen. Die Kaiser erlassen jetzt auch im formellen Sinne Gesetze, und ihre Gesetzgebung ist die einzige, die das Recht der Spätzeit kennt. Nur in gewissen Unterschieden der Bezeichnung und der Publikationsweise ist der Zusammenhang mit den ihrem Wesen nach verschiedenartigen Rechtsschöpfungsformen des Prinzipats noch zu erkennen. Aus dem Antrag des Princeps auf Erlaß eines Senatsbeschlusses (der kaiserlichen *oratio*, s. o. S. 118 f.) ist ein Kaisergesetz geworden, das im Senat publiziert wird. Die Bezeichnung *leges edictales* für solche Gesetze, die entweder unmittelbar vom Kaiser oder durch einen von ihm beauftragten Beamten der Öffentlichkeit kundgegeben werden, erinnert an die Edikte der Prinzipatszeit, welche ihrerseits wieder, wie wir sahen (o. S. 119 f.), vom *ius edicendi* der republikanischen Magistrate den Ausgang genommen hatten; aber von der eigentümlichen Natur der Edikte ist diesen späten Kaisergesetzen nichts geblieben. Materielle Bedeutung hat in der Spätzeit nur noch der Unterschied zwischen solchen Äußerungen des Kaisers, die allgemeingültige Normen setzen wollen *(leges generales)*, und den Entscheidungen konkreter Einzelfälle *(rescripta)*, die jetzt nicht mehr, wie in der Periode bis auf Diokletian, generelle Verbindlichkeit besitzen (vgl. Arcad. C. Th. 1, 2, 11; 398 n. Chr.). Auch diese Unterscheidung wurde indessen dadurch verwischt, daß die Kaiser gelegentlich mit der Entscheidung von Einzelfällen grundsätzliche Anordnungen verbanden; insoweit kam den Reskripten zum mindesten im Rechte des 5. und 6. Jh. wiederum Gesetzeskraft zu.

In den großen Konstitutionensammlungen der Spätzeit (von denen sogleich die Rede sein wird) ist uns eine gewaltige Menge von nachklassischen Kaisergesetzen und doch sicherlich nur ein kleiner Bruchteil ihrer Gesamtzahl erhalten. Stehen unter den erhalten gebliebenen Gesetzen Diokletians noch die Reskripte mit privatrechtlichem Inhalt und durchaus konservativer, den Grundsätzen des klassischen Rechts folgender Tendenz im Vordergrunde, so beherrschen seit Konstantin d. Gr. die *leges generales* mit bisweilen kühnen Neuerungen das Feld: Ihr Schwerpunkt liegt aber durchaus auf dem Gebiet der Verwaltung, der Wirtschafts- und Sozialordnung und des Strafrechts. Immerhin haben auch Teile des Privatrechts, besonders das Familienrecht, durch sie zahlreiche Veränderungen erfahren, Veränderungen, die teilweise aus griechisch-orientalischen, mitunter auch aus spezifisch christlichen Einflüssen zu erklären sind. Das Ausmaß dieser Einflüsse ist freilich im einzelnen noch immer nicht vollständig geklärt. Soviel aber steht fest, daß sie, abgesehen vielleicht vom Familienrecht, nicht allzu tief in die Substanz des überlieferten römischen Rechts eingegriffen haben.

Wie bereits in anderem Zusammenhang (o. S. 136) gesagt, wurde, herrscht in den Konstitutionen von Konstantin an die primitive juristische Begriffswelt des Vulgarrechts. Sie verbindet sich mit einer pompösen und phrasenhaften Weitschweifigkeit zu einem Stile, der den heutigen Leser, und zumal den (nach dem Muster der römischen Klassiker) zu Kürze und Präzision erzogenen Juristen in hohem Maße abstößt. Auch dem sachlichen Gehalte nach erscheint uns die nachklassische Kaisergesetzgebung mit ihrem hemmungslosen Fiskalismus, ihrem Mangel an rechtspolitischer Stetigkeit und der Wahl- und Maßlosigkeit ihrer Strafdrohungen als Produkt einer niedergehenden Rechtskultur.

III. Zitiergesetze und Konstitutionensammlungen. Das in der klassischen Rechtsliteratur enthaltene „Juristenrecht“ (*ius*) mit seiner unendlich reichen und verzweigten Kasuistik und die immer stärker anschwellende, zumeist nicht minder kasuistische Kaisergesetzgebung (*leges*) bildeten der Theorie nach die Rechtsordnung der nachklassischen Periode (s. S. 117). Tatsächlich aber waren beide Quellenbereiche den meisten Richtern und Anwälten gewiß nur in höchst unvollkommenem Maße zugänglich. Selbst die Kommentarwerke der spätklassischen Juristen, die eine ziemlich umfassende Übersicht über das *ius* boten, waren wohl nur an wenigen Orten greifbar, und die Kaiserkonstitutionen entbehrten zunächst jeder amtlichen Verbreitung und Zusammenfassung. Wer Zutritt zu den kaiserlichen Archiven hatte, mochte sie dort einsehen oder abschreiben; für einen weiteren Kreis waren wohl nur diejenigen Konstitutionen erreichbar, die im privaten Schrifttum der Juristen verarbeitet oder gesammelt waren. Ganz abgesehen von solchen technischen Schwierigkeiten der Benutzung vermochte aber auch niemand mehr die Fülle dieser Rechtsquellen geistig zu beherrschen. Selbst die Rechtsschulen begannen, wie wir sahen (S. 134), schon in frühnachklassischer Zeit gegenüber dieser Aufgabe zu versagen und nahmen mehr und mehr ihre Zuflucht zu Elementarschriften und Exzerptensammlungen. Das Niveau der Praxis sank zweifellos noch schneller auf die Stufe vulgarrechtlicher Primitivität herab.

Immerhin aber war der Inhalt der klassischen Juristenschriften geltendes Recht und konnte jederzeit im Prozesse zur Anwendung kommen. Nach einer in der Antike zu allen Zeiten verbreiteten Übung war es Sache der Anwälte, dem Richter die für ihre Parteien günstigen Rechtsnormen nachzuweisen. Ein findiger Anwalt konnte also jederzeit Zitate aus der Rechtsliteratur oder aus Kaiserkonstitutionen vorbringen und verlangen, daß der Richter deren Inhalt berücksichtige. Der Richter aber wird oft nicht einmal in der Lage gewesen sein, die Echtheit der zitierten Texte nachzuprüfen. Beriefen sich beide Parteien auf einander widersprechende Rechtsquellen, so ergab sich für ihn die Verlegenheit, welcher Meinung er folgen solle.

Nur auf dem Hintergrunde solcher Verhältnisse wird eine Gruppe von Gesetzen des 4. und 5. Jh. verständlich, die man unter dem Namen „Zitiergesetze“ zusammenzufassen pflegt[9]). Sie enthalten Vorschriften darüber,

[9]) Gesetze ähnlichen Charakters finden sich auch im Mittelalter und in der Neuzeit; vgl. die hübsche Studie von Teipel, Z. Sav. St. 72, 254 ff.

welche Juristenschriften vor Gericht angeführt werden dürften und wie deren Zeugnis im Verhältnis zueinander zu bewerten sei. Die beiden älteren dieser Gesetze entscheiden nur Einzelfragen, die anscheinend in der Praxis streitig geworden waren: Das erste vom J. 321 n. Chr. (C. Th. 1, 4, 1) setzte die kritischen Anmerkungen außer Kraft, die zu den Responsen und Quästionen Papinians unter den Namen des Paulus und des Ulpian überliefert waren; nur Papinians eigene Meinung sollte also vor den Gerichten zitiert werden dürfen. Das zweite, gleichfalls von Konstantin bereits im folgenden Jahre erlassen (C. Th. 1, 4, 2), bestätigte die Autorität aller Schriften des Paulus und insbesondere auch die der unter dem Namen des Paulus umlaufenden (in Wahrheit aber, wie wir sahen – S. 134 – nicht von ihm, sondern von einem nachklassischen Autor herrührenden) *Sententiae*. Rund ein Jahrhundert später erging dann das umfassendste der Zitiergesetze, eine Konstitution Theodosius' II. und Valentinians III. v. J. 426 n. Chr. (C. Th. 1, 4, 3), die den Kreis aller Juristen umriß, welche vor Gericht als Autoritäten des *ius* angeführt werden durften, und zugleich eine Art von Abstimmungsordnung für sie einführte: Alle Schriften der führenden Spätklassiker Papinian, Paulus, Ulpian und Modestin, dazu die des Gaius, der als Verfasser des vielgebrauchten Lehrbuchs in den Augen der Spätzeit zu den Großen gehörte, sollten vor Gericht Geltung haben; außerdem auch die Schriften der von ihnen angeführten älteren Juristen, aber nur dann, wenn deren Äußerungen durch Vergleichung mehrerer Handschriften zuverlässig nachgewiesen seien. Ergab sich, daß die zugelassenen Autoritäten in einer Rechtsfrage verschiedener Meinung waren, so sollte die Mehrheit unter ihnen, bei Stimmengleichheit jedoch die Stimme Papinians entscheiden. Am Schlusse der Konstitution wird nochmals die Geltung der Paulussentenzen bestätigt, und zwar in einer Weise, welche die Deutung nahelegt, daß diese nachklassische Elementarschrift, wenn immer sie angeführt werden konnte, gegenüber allen anderen Autoritäten den Ausschlag geben sollte. In der Tat kann man sich für die Frühzeit des 5. Jh. kaum vorstellen, daß die großen spätklassischen Werke in der Gerichtspraxis noch eine sehr bedeutende Rolle spielten. Die Paulussentenzen hingegen in ihrer handlichen und leicht faßlichen Dürftigkeit scheinen im 5. Jh. allgemein verbreitet gewesen zu sein; dafür spricht schon der Umstand, daß gerade zu dieser Schrift jene *Interpretatio* geschrieben wurde, die später ins westgotische Römerrecht Aufnahme fand (o. S. 136).

Wenige Jahre nach diesem seltsamen Gesetz faßte Theodosius II. den großangelegten Plan, aus dem gewaltigen Stoff sowohl des *ius* wie der *leges* ein Gesetzbuch zu schaffen, das „keinen Irrtümern und Dunkelheiten Raum lassen und, unter dem Namen des Kaisers publiziert, jedermann zeigen werde, was er zu tun und zu lassen habe". Aber die Kommission, die der Kaiser zu diesem Zwecke einsetzte, brachte offenbar gar nichts zustande. Erst eine sechs Jahre später berufene zweite Kommission vollendete in zweijähriger Arbeit ein Werk, das ursprünglich nur die erste Vorarbeit zu jenem Gesetzbuch sein sollte: die Sammlung der Kaiserkonstitutionen seit Konstantin.

Dieses Werk, der *Codex Theodosianus*, stellt die Fortsetzung zweier privater Konstitutionensammlungen dar, die unter Diokletian entstanden waren. Die ältere von ihnen, der *Codex Gregorianus*, enthielt Konstitutionen von Hadrian bis auf Diokletian, die minder umfangreiche jüngere, der *Codex Hermogenianus*, in seiner ursprünglichen Fassung nur Konstitutionen Diokletians. Die Verfasser beider Sammlungen, Gregorius und Hermogenianus[10]), konnten offenbar die kaiserlichen Archive benutzen – vermutlich zählten sie zu den Beamten der Zentralverwaltung – und brachten darum eine reiche Fülle von Konstitutionen zusammen, die sie im Originaltext wiedergaben. Unmittelbar erhalten sind uns von diesen beiden Codices nur geringe Bruchstücke; aber die gesamte Überlieferung der vorkonstantinischen Kaisergesetze in den Gesetzbüchern Justinians und der Germanenkönige des Westens geht auf sie zurück.

Weit vollständiger, wenngleich nicht lückenlos, ist uns der *Codex Theodosianus* erhalten geblieben, teils in unmittelbarer Überlieferung, teils durch Vermittlung des westgotischen Römergesetzbuchs (u. S. 144 f.). Obwohl er nur jene älteren Privatsammlungen fortsetzt, stellt er doch als Produkt staatlicher Gesetzgebung einen neuen Typus unter den römischen Rechtsquellen dar: mit ihm beginnt die Reihe der spätrömischen Kodifikationen. Am 15. 2. 438 n. Chr. zunächst in der östlichen Reichshälfte publiziert, wurde der Codex Theodosianus danach auch von dem weströmischen Kaiser Valentinian III. für seinen Herrschaftsbereich angenommen und trat am 1. 1. 439 für das ganze Reich in Kraft. Das umfängliche Werk zerfällt in 16 Bücher, jedes Buch wiederum in eine Anzahl Titel *(tituli)*, deren jeder einer bestimmten Materie gewidmet ist und die einschlägigen Konstitutionen in chronologischer Reihenfolge enthält[11]). Die Anordnung der Titel schließt sich soweit wie möglich an den Aufbau der großen kasuistischen Werke der klassischen Zeit (*digesta* und dergl., s. o. S. 104) an. Das unmittelbare Vorbild waren aber auch in dieser Hinsicht offenbar die Codices Gregorianus und Hermogenianus: für den Gregorianus jedenfalls ist eine entsprechende stoffliche Gliederung noch aus den erhaltenen Resten erweislich.

Die nach dem Codex Theodosianus ergangenen Kaisergesetze sind sowohl im Westreich wie in der östlichen Reichshälfte wiederholt gesammelt worden. Während die oströmischen Sammlungen durch die justinianische Gesetzgebung, in der sie verarbeitet wurden, verdrängt und infolgedessen untergegangen sind, haben sich solche aus dem Westreich erhalten (*Novellae*

[10]) Über die Identität dieses Hermogenianus mit dem Verfasser der *epitomae iuris* s. o. A. 5.

[11]) Man zitiert mit der Abkürzung C. Th. und den Nummern von Buch, Titel und Konstitution. C. Th. 7, 8, 15 ist also die 15. Konstitution im 8. Titel des 7. Buchs. Umfangreichere Konstitutionen sind in den modernen Ausgaben nochmals in Paragraphen unterteilt, deren Nummern gegebenenfalls an letzter Stelle genannt werden (z. B. C. Th. 12, 6, 32, 2).

Posttheodosianae). Sie enthalten Konstitutionen aus den Jahren 438–468 n. Chr.

IV. Kodifikationen des römischen Rechts in den Germanenreichen auf weströmischem Boden. Wenig mehr als ein Menschenalter nach der Publikation des Codex Theodosianus endete das weströmische Kaisertum. Am Ausgang des 5. Jh. war der gesamte Westen des Reichs in den Händen germanischer Heerkönige, die, mochten sie auch de iure die Oberhoheit des (oströmischen) Kaisers anerkennen, jedenfalls de facto aus eigener Machtvollkommenheit über die Scharen ihrer Landsleute wie über die bodenständige römische oder romanisierte Bevölkerung geboten. Beide Bevölkerungselemente blieben im allgemeinen rechtlich geschieden: die Germanen lebten grundsätzlich nach ihrem germanischen Stammesrecht, die römische Bevölkerung nach römischem Recht[12]). So erwuchs das Prinzip der Personalität des Rechts, von dem die römische Rechtsentwicklung einstmals ausgegangen war und das auch den Germanen von Hause aus geläufig war, zu erneuter praktischer Bedeutung auf römischem Boden. Für den römischen Bevölkerungsteil ergab sich aus diesem Rechtszustand, daß auch die Schwierigkeiten und Mißstände bei der Anwendung seines Juristen- und Gesetzesrechts weiterbestanden; ja diese Schwierigkeiten wuchsen noch durch den weiteren Rückgang der geistigen Kräfte in den vom Gesamtreich abgeschnürten, in primitivere Wirtschaftszustände zurücksinkenden Germanenstaaten. So muß dort in dieser Spätzeit das Bedürfnis nach einer knappen und übersichtlichen Zusammenfassung des römischen Rechts in besonders starkem Maße empfunden worden sein. Daraus erklärt sich die auf den ersten Blick befremdlich erscheinende Tatsache, daß im Westen noch nach dem Ende der römischen Herrschaft amtliche Aufzeichnungen des römischen Rechts entstanden sind. Die uns erhaltenen Werke dieser Art stammen allerdings sämtlich aus einem verhältnismäßig beschränkten Gebiet, nämlich aus dem Westgotenreich, dessen Schwerpunkt damals im südwestlichen Gallien (südlich der Loire) gelegen war, und aus dem Burgunderreich an der Rhone.

Im Westgotenreich und nicht, wie man lange Zeit geglaubt hat, im ostgotischen Italien ist vermutlich schon die älteste dieser Rechtsaufzeichnungen, das sog. *Edictum Theoderici*, geschaffen worden. Ihr Name bezieht sich wohl nicht auf den Ostgotenkönig Theoderich den Großen, sondern auf den westgotischen Herrscher Theoderich II., zu dessen Regierungszeit (453–466 n. Chr.) das weströmische Reich noch bestand und die Reichsgewalt in Gallien durch den *praefectus praetorio Galliarum* (vgl. o. S. 128) vertreten war. Von einem Inhaber dieser Präfektur, Magnus v. Narbo (458–459), nicht von dem Westgotenkönig, scheint das *Edictum Theoderici* erlassen worden zu sein. Das ist

[12]) Neuerdings wird dies für das Westgotenreich von spanischen Forschern (Garcia Gallo, d'Ors) bestritten. S. aber hierzu Levy, Z. Sav. St. 79, 479 ff. Vgl. auch u. S. 144 f.

durchaus glaublich, denn bis zur Auflösung des Westreichs waren die Westgoten, wie groß auch immer ihre faktische Machtstellung gewesen sein mag, von Rechts wegen fremde Söldner *(foederati)*, denen die Ansiedlung auf römischem Boden gestattet worden war; staatliche Hoheitsrechte standen ihrem König nicht zu. Aus diesen Verhältnissen erklärt sich wohl auch, daß das *Edictum Theoderici*, anders als die später zu erörternden Gesetze, Geltung nicht nur für die römische Bevölkerung, sondern auch für die Goten beanspruchte. Sein Inhalt ist römisches Recht. Der Stoff für die 155 kurzen Kapitel ist im wesentlichen aus Kaisergesetzen der drei Codices Gregorianus, Hermogenianus und Theodosianus sowie aus den Paulussentenzen geschöpft. Statt des originalen Wortlauts dieser Quellen ist aber vielfach eine vulgarisierte Paraphrase benutzt, vermutlich eben jene *Interpretatio*, die uns später in der *Lex Romana Visigotorum* begegnet (s. u.) und die wir bereits als ein charakteristisches Produkt der weströmischen Jurisprudenz des 5. Jh. kennengelernt haben (o. S. 136).

Eine weitere, umfängliche Rechtsaufzeichnung aus dem Westgotenreich, die uns nur fragmentarisch erhalten ist, entstand um das Jahr 475 unter dem Nachfolger Theoderichs II., König Eurich, und wird darum als *Codex Euricianus* bezeichnet. Sie war für die Goten, nicht auch für die römische Bevölkerung bestimmt[13]). Ohne Zweifel ist sie aber das Werk römischer Juristen, und ihr Inhalt besteht überwiegend nicht aus germanischem Rechtsgut, sondern aus römischem Vulgarrecht, das mit bemerkenswerter Selbständigkeit verarbeitet ist. Auf dem *Codex Euricianus* beruhen nicht nur die späteren Rechtsbücher der westgotischen Könige, er hat nachweislich auch die fränkischen, burgundischen, alemannischen und bajuvarischen Stammesrechte beeinflußt und somit eine bedeutsame Rolle als Vermittler römischen Vulgarrechts an die germanische Welt des frühen Mittelalters gespielt.

Im Jahre 506 n. Chr., unmittelbar vor dem Zusammenbruch der Westgotenherrschaft in Südfrankreich, ließ König Alarich II. ein Gesetzbuch für seine römischen Untertanen, die *Lex Romana Visigotorum* (auch *Breviarium Alarici* genannt), ausarbeiten und publizieren. Das Unternehmen stand unter dem Drange der von den Franken drohenden Kriegsgefahr. Es stellte einen Versuch dar, noch in letzter Minute das Einvernehmen mit der römischen Bevölkerung und der sie vertretenden katholischen Kirche zu festigen und dadurch den Goten, die als arianische Ketzer dem katholischen Frankenkönig gegenüber in einer schwierigen Lage waren, eine günstigere Ausgangsposition in der unvermeidlichen Auseinandersetzung zu schaffen[14]). In eiliger und flüchtiger Arbeit reihte man aneinander, was damals der südgallischen Schule und Praxis an Quellen des römischen Rechts geläufig war: den Codex Theodosianus in starker Verkürzung nebst posttheodosianischen Novellen, eine auf zwei Bücher reduzierte, vom Originaltext vielfach abweichende Bearbeitung der Gaiusinstitu-

[13]) Anders die in Anm. 12 genannten spanischen Autoren.

[14]) Vgl. über diesen politischen Hintergrund der *Lex Rom. Vis.* E. F. Bruck, Über röm. R. im Rahmen d. Kulturgesch. (1954) 146 ff.

tionen, einen Auszug aus den Paulussentenzen, einige Konstitutionen aus den Codices Gregorianus und Hermogenianus und, als Abschluß, ein einziges kurzes Responsum des Papinian. Mit Ausnahme der Gaiusbearbeitung ist der Text des Gesetzbuchs von einer *Interpretatio* begleitet, die bald eine summarische Inhaltsangabe, bald eine ausführliche Umschreibung des Textes bietet und auch Verweisungen enthält. Zum Teil beziehen sich diese Verweisungen jedoch auf Quellenstellen, die nicht in das Gesetzbuch aufgenommen sind; schon hieraus läßt sich schließen, daß die *Interpretatio* nicht von den westgotischen Gesetzgebern selbst verfaßt, sondern aus einer älteren Privatarbeit übernommen ist. Wie wir sahen (o. S. 144), ist sie wahrscheinlich bereits bei der Redaktion des *Edictum Theoderici* benutzt worden. Sie wird also spätestens bald nach der Mitte des 5. Jh. entstanden sein.

Als legislatorische Leistung dürftig und roh, hat die *Lex Romana Visigotorum* gleichwohl eine bedeutende Rolle in der mittelalterlichen Rechtsgeschichte Südwesteuropas gespielt. Im westgotischen Spanien wurde sie neben dem *Codex Euricianus* eine der Grundlagen des von König Recesvind um die Mitte des 7. Jh. für Römer und Goten gemeinsam erlassenen Gesetzbuchs. In Südfrankreich überdauerte ihre Geltung den Bestand der westgotischen Herrschaft um rund ein halbes Jahrtausend, ja sie erstreckte sich auch auf das burgundische Gebiet und auf die Provence, die zur Zeit der Entstehung des Gesetzes zum ostgotischen Italien gehört hatte. Erst als im 13. Jh. von Italien her die Kenntnis und das Studium der justinianischen Gesetzbücher nach Südfrankreich vordrangen, wurde die *Lex Romana Visigotorum* von dieser größten und bedeutendsten unter den spätrömischen Kodifikationen verdrängt.

Auch im Burgunderreich ist unter ähnlichen Bedingungen, wie sie bei der Schaffung des westgotischen Römerrechts bestanden, kurz vor der fränkischen Eroberung (532 n. Chr.) ein Gesetzbuch für die römische Bevölkerung erlassen worden. Dieser *Lex Romana Burgundionum*, die vermutlich der Regierungszeit des 516 gestorbenen Königs Gundobad angehört, liegt der gleiche Stoffkreis zugrunde wie der *Lex Romana Visigotorum:* Sie beruht ebenfalls auf den Codices Gregorianus, Hermogenianus und Theodosianus, auf den Paulussentenzen und den Gaiusinstitutionen. Aber diese Quellen sind hier nicht einfach nebeneinandergestellt, sondern zu einem einheitlichen Text verschmolzen, der vom Wortlaut seiner Vorlagen abweicht und vielfach auf denselben oder ähnlichen *interpretationes* beruht, wie sie den Text des westgotischen Römerrechtes begleiten. Das burgundische Gesetzbuch ist darum stärker vulgarrechtlich gefärbt und gibt für die Erkenntnis des älteren römischen Rechts weit weniger her als die *Lex Romana Visigotorum*. Für die Rechtsgeschichte des Mittelalters hat es keine erhebliche Bedeutung gewonnen.

§ 11. *Die justinianische Gesetzgebung*

I. Die geschichtlichen und rechtsgeschichtlichen Voraussetzungen. Im Osten des Reiches hatte, wie wir sahen, die Rechtsschule von Berytos, zu der sich anfangs des 5. Jahrhunderts die von Konstantinopel gesellt hatte, den von der nachklassischen Entwicklung bis dahin stark verschütteten Weg zu den großen Werken der klassischen Rechtsliteratur wieder erschlossen. Die Kommentarwerke des Ulpian und Paulus, dazu die Responsen- und Quästionenliteratur des späteren zweiten und beginnenden dritten Jahrhunderts, vor allem die Schriften Papinians, wurden wieder gelesen und verstanden. Auch die Praxis wird sich dementsprechend nicht auf die im Westen immer ausschließlicher gebrauchten Elementarschriften beschränkt, sondern die umfangreichen Werke der Spätklassiker wieder eifriger gebraucht haben. Sie enthielten nicht wie jene Elementarbücher eine einigermaßen übersehbare Zahl von apodiktischen Grundsätzen und Entscheidungen, die auch von Juristen geringen geistigen Formats zur Not gehandhabt werden konnten, sondern eine unendliche Fülle von Kasuistik und Problematik und vor allem zahllose Streitfragen und Widersprüche. Es ist daher glaubhaft, daß die Wiederbelebung des klassischen Rechts im Ostreich, mochte sie auch das Niveau der Rechtsprechung heben, doch andererseits die früher geschilderten Nöte der Praxis wieder verschärfen und eine Begrenzung und Sichtung der gesamten Rechtsüberlieferung durch den Gesetzgeber besonders dringlich machen mußte. Begreiflicherweise aber konnte eine solche Gesetzgebungsarbeit im Osten nur auf der breiten Quellengrundlage durchgeführt werden, die durch die Tätigkeit der Rechtsschulen wieder errungen war. Schon aus diesen Überlegungen erklärt sich bis zu einem gewissen Grade sowohl das Zustandekommen der justinianischen Gesetzgebung wie auch die Monumentalität, welche sie vor den entsprechenden Werken des Westens auszeichnet.

Daneben spielt aber auch die Persönlichkeit Justinians, der besondere Charakter und die politische und kulturelle Tendenz seiner Regierung eine Rolle. Justinian (geb. 482), der nach einer Periode innerer Schwäche des oströmischen Reichs im Jahre 527 zur Regierung kam, war, an den Maßstäben seiner Zeit gemessen, ein großer Herrscher: ein Mann von großer Tatkraft und hohen Zielen. Er fühlte sich dazu berufen, den alten Glanz des Imperium Romanum zu erneuern. Im Dienste dieser Aufgabe stand seine Außenpolitik, die zur Wiedergewinnung Nordafrikas, Italiens und selbst eines kleinen Teils von Spanien führte, seine Bautätigkeit allenthalben im Reich und besonders in Konstantinopel, seine Kirchenpolitik, die auf die Beseitigung der dogmatischen Spaltungen und auf eine feste Lenkung der Kirche durch den Kaiser hinzielte, und schließlich auch sein Gesetzgebungswerk. Mit der gleichen Großartigkeit und Weiträumigkeit wie seine Sophienkathedrale wurde die Kodifikation angelegt, deren Ausarbeitung bald nach seinem Regierungsantritt begann.

II. Über den Hergang der Gesetzgebungsarbeit unterrichtet uns eine Reihe von Konstitutionen Justinians, durch die das Werk angeordnet, die Mitarbeiter berufen, die Richtlinien ihrer Tätigkeit festgelegt und schließlich die fertigen Teile der Kodifikation publiziert worden sind. Diese Konstitutionen sind den einzelnen Teilen des Gesamtwerks vorangestellt und pflegen wie die päpstlichen Bullen nach ihren Anfangsworten zitiert zu werden (z. B. Constitutio *Imperatoriam*, Constitutio *Tanta* bzw. Δέδωκεν – jenes die Bezeichnung der lateinischen, dieses die der griechischen Fassung dieser zweisprachig publizierten Konstitution). Was wir aus ihnen erfahren, sind freilich mehr die äußeren Daten der Gesetzgebung. Über die Vorgänge im Schoße der Kommissionen, über die Methoden, nach denen die Auswahl aus der Fülle der klassischen Rechtsliteratur und der Kaisergesetze getroffen und der so gewonnene Stoff verarbeitet worden ist, enthalten sie nur recht allgemeine und vielleicht auch nicht immer verläßliche Angaben. Die prahlerische Rhetorik der nachklassischen Kaisergesetze im allgemeinen und ganz besonders der justinianischen Gesetze mahnt jedenfalls zu vorsichtiger Verwertung mancher dieser Angaben. Die moderne Forschung bemüht sich denn auch, auf einem anderen Wege, nämlich durch analytische Betrachtung der Kodifikation selbst, zu genaueren Einsichten in die Arbeitsweise der Gesetzgebungskommissionen zu gelangen.

Unter den Männern, deren sich Justinian zur Ausführung seines Gesetzgebungswerks bediente – wir nennen sie Kompilatoren, weil sie die Klassikerschriften und die Konstitutionen für die Kodifikation „ausbeuteten" *(compilare)* –, stand an erster Stelle Tribonianus[15]). Leider wissen wir über die Persönlichkeit dieses Mannes nur sehr wenig, denn die Lobsprüche, mit denen ihn Justinian bei jeder Gelegenheit überhäuft hat, sagen uns nichts. Anfänglich, d. h. in den Jahren 528 und 529, als *magister officiorum* (Vorsteher der kaiserlichen Kanzleien, s. S. 128) nur ein Mitarbeiter, keineswegs das Haupt der Kommission, die eine neue Sammlung der Kaisergesetze herstellte, tat er sich bei dieser Arbeit so sehr hervor, daß ihm das Amt des Justizministers *(quaestor sacri palatii*, s. o. S. 128) und fortan die Leitung des Gesetzgebungswerks übertragen wurde. Aber nicht nur die Leitung, sondern auch die Planung der späteren Teilkodifikationen ist offenbar in weitem Umfange sein Verdienst. Der anscheinend erst nach Vollendung der Konstitutionensammlung (des ersten Codex Justinianus, s. u. S. 148) gefaßte Entschluß des Kaisers, auch aus der klassischen Rechtsliteratur eine amtliche Auslese zu veranstalten, der große Plan der Digesten also (u. S. 149), ist wohl von ihm inspiriert. Auch die Auswahl der Mitarbeiter an dieser gewaltigen Aufgabe hat Justinian in die Hände Tribonians gelegt. Offensichtlich unter seinem Einfluß trat in der Zusammensetzung der Gesetzgebungskommissionen, welche die einzelnen Teile der justi-

[15]) Wir kennen ihn nur unter diesem einen Namen: Die römische Dreinamigkeit war schon seit dem dritten Jahrhundert mehr und mehr von der Einnamigkeit verdrängt worden. Nur Kaiser Justinian selbst führt im Vorspruch seiner Gesetzgebungswerke noch einen Geschlechtsnamen altrömischer Art: *Flavius*.

nianischen Kodifikation ausarbeiteten, ein bedeutsamer Wandel ein: Während anfangs fast ausschließlich die Spitzen der kaiserlichen Zentralverwaltung herangezogen wurden, waren bei den späteren Teilen des Gesetzgebungswerks Rechtslehrer *(antecessores)* der beiden Schulen von Berytos und Konstantinopel maßgebend beteiligt; zu ihnen traten Anwälte der hauptstädtischen Gerichte. Aus diesem Wechsel der Persönlichkeiten erklärt es sich vermutlich, daß das Gesetzgebungswerk einen noch monumentaleren Charakter annahm, als ursprünglich geplant war, und daß sich der Schwerpunkt des Ganzen – entgegen den staatsrechtlichen Verhältnissen der Zeit – nicht in die Sammlung der Kaisergesetze, sondern in die Sammlung des Juristenrechts verlegte. Von den beiden meistbeteiligten Rechtslehrern Theophilus aus Konstantinopel und Dorotheus aus Berytos besitzen wir Proben ihres juristischen Könnens in Gestalt von Bruchstücken aus Kommentaren, die sie später zur justinianischen Gesetzgebung geschrieben haben: von einem dritten, dem Berytener Professor Anatolius, sagt uns Justinian (Const. *Tanta* 9), daß schon sein Vater und sein Großvater berühmte Juristen gewesen seien. Eudoxius, der Großvater des Anatolius, ist uns in der Tat als einer der Rechtslehrer bekannt, die um 500 n. Chr. in Berytos gewirkt haben. Von den übrigen Kompilatoren kennen wir nur die Namen.

Wir verfolgen nun den Ablauf der Gesetzgebung. Sie begann im Jahre 528. Am 13. Februar dieses Jahres berief Justinian durch die Constitutio *Haec* eine zehnköpfige Kommission von hohen Beamten der Zentralverwaltung, unter ihnen auch Tribonian und den Lehrer der Rechtsschule von Konstantinopel Theophilus, zugleich Mitglied des kaiserlichen geheimen Rates *(comes sacri consistorii)*, mit der Aufgabe, aus den Codices Gregorianus, Hermogenianus und Theodosianus sowie aus den danach ergangenen Konstitutionen eine neue Sammlung der Kaisergesetze herzustellen. Veraltete Gesetze sollten dabei ausgeschieden, Widersprüche beseitigt und die Texte auf das sachlich Erhebliche beschränkt werden. Das Werk wurde binnen Jahresfrist vollendet und am 7. April 529 durch die Constitutio *Summa* mit Gesetzeskraft vom 16. April publiziert. Mit diesem Tage traten die älteren Codices und alle sonstigen Kaisergesetze, die nicht in diesen neuen *Codex Justinianus* aufgenommen waren, außer Kraft, soweit sie nicht spezielle Privilegien enthielten. Da der Codex Justinianus von 529 im Verlauf der weiteren Gesetzgebungsarbeiten eine Neuredaktion erfuhr, blieb er nur wenige Jahre in gesetzlicher Geltung und ist uns nicht erhalten. Wir besitzen lediglich ein Bruchstück eines Inhaltsverzeichnisses auf einem ägyptischen Papyrus.

Die Constitutio *Deo auctore* vom 15. Dezember 530 leitete dann die Arbeit an einer großangelegten Sammlung des Juristenrechts ein. Tribonian erhielt den Vorsitz und die Vollmacht zur Auswahl seiner Mitarbeiter. Er zog den *magister officiorum*, der damals zugleich *comes sacrarum largitionum* (Schatzkanzler) war, je zwei Professoren von Berytos und Konstantinopel und elf Anwälte vom Gericht des *praefectus praetorio Orientis* zu. Ursprünglich auf zehn Jahre veranschlagt, wurde das Riesenunternehmen durch den Eifer Tribonians und die ständige Anteilnahme des Kaisers so schnell vorangetrieben, daß das Ergebnis schon nach drei Jahren, am 16. Dezember 533, durch die Constitutio Δέδωκεν (lateinische Fassung Const. *Tanta*) publiziert werden konnte. Das Werk war in 50 Bücher eingeteilt, die wiederum in Titel zerfielen, und erhielt nach dem Muster der großen kasuistischen Werke der hochklassischen Zeit (s. o. S. 104) den Namen *Digesta*, daneben auch noch die griechische Bezeichnung *Pandectae* (πᾶν δέχεσθαι = alles umfassen; auch dieser Titel findet sich bereits in der klassischen Rechtsliteratur)[16]. Am 30. Dezember 533 traten die Digesten in Kraft. Die Originalschriften der klassischen Juristen und die nachklassischen Elementarschriften verschwanden von diesem Tage an aus dem Rechtsunterricht und der Gerichtspraxis des Ostreichs.

Noch vor der Publikation der Digesten war ein amtliches Anfängerlehrbuch für den Rechtsunterricht vollendet und publiziert worden (Const. *Imperatoriam* vom 21. November 533), das aus den Institutionen des Gaius und einigen anderen Elementarschriften der klassischen und nachklassischen Zeit geschöpft war und gleich diesen den Titel *Institutiones* trug. Seine Verfasser waren die beiden Rechtslehrer Theophilus und Dorotheus; Tribonian hatte auch bei dieser Arbeit die Oberleitung. Obwohl in erster Linie für den Rechtsunterricht bestimmt, erhielt auch dieses Werk Gesetzeskraft, und zwar vom gleichen Tage an wie die Digesten. Gleich den Institutionen des Gaius gliederte sich das neue amtliche Lehrbuch in vier Bücher, die jedoch, anders als die gajanische Schrift, in Titel unterteilt war[17]).

Bei der Schaffung der Digesten war man auf mancherlei Einzelfragen gestoßen, die unter den klassischen Juristen streitig gewesen waren, auch auf Rechtssätze, Rechtsinstitute und Anschauungen, die man als veraltet oder unbillig empfand. Viele dieser Anstöße wurden von den Kompilatoren einfach durch Auslassungen, Zusätze oder sonstige Veränderungen der klassischen Vor-

---

[16]) Man zitiert heute mit der Abkürzung D. (oder Dig.) und den Nummern von Buch, Titel, Fragment und Paragraph. Fragmente (oder auch *leges*) nennt man die einzelnen Exzerpte aus der Rechtsliteratur. An ihrem Anfang steht jeweils der Name des betreffenden Autors und die Angabe, welcher Schrift dieses Autors und welchem Buch dieser Schrift das Exzerpt entnommen ist (sog. *Inscriptio*). Die Paragrapheneinteilung, die bei sehr kurzen Fragmenten fehlt, stammt erst aus dem Mittelalter; sie dient lediglich einer übersichtlichen Gliederung der längeren Fragmente. Der erste Paragraph heißt *principium* („Anfang", abgek. pr.); § 1 ist also in Wahrheit der zweite Paragraph. – D. 19, 1, 45, 2 bedeutet also: der zweite (in Wahrheit dritte) Paragraph im 45. Fragment des ersten Titels von Buch 19 der justinianischen Digesten. Diese Stelle stammt nach der Inskription des Fragments aus dem 5. Buch der *quaestiones* des Paulus. Die Bücher 30, 31 und 32 sind nicht in Titel eingeteilt. Sie bilden vielmehr zusammen den Titel *de legatis et fideicommissis* (über Vermächtnisse).

[17]) Abkürzung: I. (oder Inst.). Die Titel sind in gleicher Weise wie die Digestenfragmente in Paragraphen gegliedert. – I. 1, 6 pr. bedeutet also: der Anfang (erste Paragraph) des 6. Titels von Buch 1 der justinianischen Institutionen.

lagen (s. u. S. 153) ausgeräumt. Andere Fragen glaubte man durch besondere Gesetze entscheiden zu müssen. So ergingen im Laufe der Arbeit an den Digesten zahlreiche Reformkonstitutionen Justinians. Andere Entscheidungen dieser Art waren schon in der Zwischenzeit zwischen der Publikation des Codex von 529 und dem Beginn der Arbeit an den Digesten erfolgt und vermutlich im Sommer 530 zu einer (uns nicht erhaltenen) Sammlung, den sog. *Quinquaginta decisiones*, zusammengestellt worden. Nun ging man daran, diese Reformgesetze in den Codex von 529 einzuarbeiten und überhaupt den Codex, das älteste Stück der Kodifikation, dem inzwischen erreichten Rechtszustande anzupassen. Tribonian, zusammen mit dem Berytener Professor Dorotheus und drei Anwälten, vollendete diese Aufgabe so schnell, daß der umgearbeitete Codex Justinianus (*Codex repetitae praelectionis*) schon am 16. November 534 publiziert werden und am 29. Dezember dieses Jahres in Kraft treten konnte. Er gliedert sich in zwölf Bücher, die wiederum in Titel eingeteilt sind. Die Titel behandeln – wie in den anderen Teilen der Gesetzgebung – jeweils eine bestimmte Rechtsmaterie und enthalten die einschlägigen Konstitutionen in chronologischer Reihenfolge[18]). Die älteste Konstitution des Codex stammt von Hadrian (117 bis 138 n. Chr.), die jüngsten sind im Jahre 534, also unmittelbar vor der Publikation des *Codex repetitae praelectionis* ergangen.

Codex, Digesten und Institutionen bildeten nach dem Willen des Gesetzgebers ein einheitliches Gesetzgebungswerk, dem allerdings ein gemeinsamer Name fehlte, denn die Bezeichnung als *Corpus iuris civilis* (*Corpus iuris Justiniani*) gehört erst der Neuzeit an[19]). Widersprüche und Unklarheiten sollte es darin nicht geben. Jeder Gesetzgeber pflegt in diesem Glauben befangen zu sein, kaum einer aber hat sich über die Vollkommenheit seines Werks so sehr getäuscht wie Justinian und seine Kompilatoren. Bei der kasuistischen Natur und der ungeheuren Fülle des verarbeiteten Stoffs und bei der Eilfertigkeit, mit der das Riesenunternehmen vollendet wurde, konnten zahlreiche Mängel gar nicht ausbleiben. Auch wo Justinian planmäßig reformiert hat, sind oft an mehr oder weniger versteckter Stelle Spuren des älteren Rechtszustandes stehen geblieben. Wo immer die justinianische Kodifikation in praktischer Geltung gestanden hat, sah sich die Wissenschaft genötigt, die zahllosen Widersprüche hinwegzudeuten („Pandektenharmonistik"). Der rechtshistorischen Forschung der Gegenwart aber dienen sie als willkommene Ausgangspunkte für die Erfassung der vorjustinianischen Rechtsentwicklung und namentlich des klassischen Rechts.

---

[18]) Abkürzung: C. (oder Cod.), zur deutlicheren Unterscheidung von den älteren Codices (insbes. dem C. Th.) auch C. J. (Cod. Just.). Die einzelnen Konstitutionen tragen zu Beginn eine Inskription mit dem Namen des Kaisers und der Angabe des Adressaten der Konstitution, am Schlusse zumeist eine Datierung nach Konsuln. – Zitierweise wie bei den Digesten.

[19]) Als Titel einer Gesamtausgabe der justinianischen Gesetzgebung begegnet sie zuerst 1583 (Ausgabe des Dionysius Godofredus).

III. Das mächtigste und inhaltsschwerste Stück der justinianischen Gesetzgebung, die Digesten, bedarf noch einer genaueren Betrachtung. Es ist, wie bereits in anderem Zusammenhang angedeutet wurde, die Hauptquelle unseres Wissens von der klassischen Periode des römischen Rechts. Hätten wir nur, was an Resten der klassischen Jurisprudenz außerhalb der Digesten erhalten ist, so besäßen wir vom klassischen Recht nur eine sehr elementare, von der wissenschaftlichen Leistung der großen klassischen Juristen so gut wie gar keine Vorstellung. Selbst einige Fragmente republikanischer Juristen von Q. Mucius Scaevola an hat der justinianische Gesetzgeber aufgenommen. So bieten uns die Digesten, wenn auch in wechselnder Deutlichkeit, einen Längsschnitt durch die gesamte Entwicklung der römischen Jurisprudenz bis ans Ende der klassischen Zeit. Es lebt darin so viel von der gewaltigen Kraft dieser Jurisprudenz, daß die erneute Vertiefung in die Digesten im Laufe vieler Jahrhunderte immer wieder zu frischer Blüte des juristischen Denkens führte. Nur wenige Werke der Weltliteratur haben eine so ewig neue Kraft bewiesen. Bedenkt man dies, so erscheint die Schaffung der Digesten trotz aller Mängel als eine große, ja als eine weltgeschichtliche Tat.

1. Die Entstehung der Digesten. Man fragt sich, wie ein solches Werk in einer Frist von nur drei Jahren geschaffen werden konnte. Ein in der florentinischen Digestenhandschrift (s. u. S. 196) überliefertes Verzeichnis der von den Kompilatoren benutzten Juristenschriften nennt über 200 Werke, von denen freilich einige nicht durch Exzerpte in den Digesten vertreten sind, und Justinian selbst berichtet (Const. *Tanta* 1), man habe fast 2000 *libri* (im Sinne der antiken Bucheinteilung) mit mehr als 3 Millionen Zeilen durcharbeiten müssen. Selbst bei vorsichtiger Umrechnung dieser Angaben kommt man mindestens auf das Fünfzehn- bis Zwanzigfache des Umfangs, den die Digesten selbst angenommen haben. Wie sind die Kompilatoren bei der Sichtung dieser riesenhaften Stoffmasse verfahren? Ist es überhaupt denkbar, daß sie die klassischen Werke alle selbst gelesen und exzerpiert haben?

Auf die erste dieser beiden Fragen hat schon im Jahre 1818 Friedrich Bluhme eine Antwort gegeben[20]), die seitdem jeder kritischen Nachprüfung standgehalten hat und darum wohl als gesicherte Erkenntnis betrachtet werden darf. Er beobachtete, daß innerhalb der einzelnen Digestentitel jeweils die Exzerpte aus bestimmten Gruppen klassischer Juristenschriften bei einander zu stehen pflegen. Den Kern einer ersten Gruppe bilden die Kommentarwerke der spätklassischen Autoren zum *ius civile*, die *libri ad Sabinum* des Ulpian und des Paulus; man nennt deshalb diese Gruppe die „Sabinusmasse". Eine zweite Gruppe von Exzerpten, die sog. „Ediktsmasse", schart sich um die Ediktskommentare der Hoch- und Spätklassiker, eine dritte um die Responsen- und Quästionensammlungen des Papinian, des Paulus und des Ulpian, wobei die Papinianfragmente regelmäßig den Anfang bilden, weshalb man diese Exzerptengruppe als „Papiniansmasse" bezeichnet. In manchen Digestentiteln

[20]) Zeitschr. f. geschichtl. Rechtswiss. 4, 257 ff.; Neudruck in Labeo 6 (1960), 50 ff.

erscheint schließlich auch noch eine kleine vierte Fragmentengruppe aus Werken verschiedenen Charakters, die sog. „Appendixmasse". Diese Feststellungen (die hier nur im Groben angedeutet werden konnten) führten Bluhme zu der Annahme, daß die Digestenkommission in drei Unterkommissionen gegliedert war, deren jede einen bestimmten Teil der klassischen Rechtsliteratur, eine der drei Hauptmassen, zu bearbeiten hatte, und daß man zum Schluß die von den drei Unterausschüssen gesammelten Exzerptenmassen innerhalb der einzelnen Titel nicht ineinandergearbeitet, sondern, wie sie waren, hintereinandergestellt hat. Die Appendixmasse aber stammt offenbar aus einer Anzahl von Juristenschriften, die man erst im Laufe der Kompilationsarbeit aufgefunden und nachträglich noch exzerpiert hat.

Auf Bluhmes Beobachtungen fußend unternahmen es jüngst zwei englische Gelehrte, die Verfahrensweise jener drei Unterkommissionen bei der Durcharbeitung der ihnen jeweils zugewiesenen Massen aufzuklären[21]). Indem sie die Reihenfolge der Fragmente innerhalb der einzelnen Massen genau untersuchten, gelangten sie zu folgenden Annahmen: Die Hauptarbeit wurde von 6 der 17 Mitglieder der Digesten-Kommission geleistet, vermutlich von Tribonian selbst, dem *magister officiorum* Constantinus und den 4 Rechtslehrern. Sie bildeten je zu zweien eine der drei Unterkommissionen, während die 11 Anwälte nach Bedarf hier und dort herangezogen wurden, vor allem, wenn Werke zu exzerpieren waren, die wie die Kommentarwerke der Hoch- und Spätklassiker in weitem Umfange den gleichen Stoff enthielten und darum zweckmäßigerweise von mehreren gleichzeitig gelesen und laufend miteinander verglichen wurden. Unter die beiden ständigen Mitglieder jeder Unterkommission wurden, um einen Gleichtakt im Fortschritt der Arbeit zu erreichen, die zu exzerpierenden Werke abschnittsweise in Portionen von gleicher Bücherzahl aufgeteilt. Jeder von ihnen arbeitete also an seinem Pensum für sich, und es scheint (wenn auch wohl im Rahmen gewisser allgemeiner Richtlinien) in seinem persönlichen Ermessen gestanden zu haben, was er exzerpieren und was er fortlassen wollte. Eine solche, vor allem auf zügigen Fortschritt bedachte Arbeitsweise mußte bei unterschiedlichem Fleiß und unterschiedlicher Gründlichkeit der Beteiligten zu recht ungleichen Ergebnissen führen. Sie erklärt aber wohl, wie es überhaupt möglich war, die ungeheuere Stoffmenge der herangeschafften Rechtsliteratur zu bewältigen. Sie erklärt auch zugleich die Unregelmäßigkeiten in der Folge der Massen und der Exzerpte innerhalb der Massen, die von Bluhme und Späteren beobachtet worden waren.

Treffen die Ergebnisse dieser scharfsinnigen Untersuchung zu, so erledigen sich die seit der letzten Jahrhundertwende immer wieder geäußerten Zweifel an Justinians Behauptung, seine Kommission habe alle verfügbaren Werke der Klassiker selbst durchgelesen und das Wesentliche und Brauchbare daraus exzerpiert. Mit diesen Zweifeln entfällt aber auch die Grundlage für die Behauptung, es müsse vor der justinianischen Gesetzgebung ‚Prädigesten', d. h.

---

[21]) A. H. Honoré u. A. Rodger, Ztschr. Sav. - Stift. 87 (1970), 246 ff.

ein Werk oder auch eine Mehrzahl von Werken gegeben haben, in denen der Stoff der Digesten schon mehr oder weniger vollständig für den Gebrauch der oströmischen Rechtsschulen zusammengestellt gewesen sei[22]). Möglich und naheliegend bleibt nur die Vermutung, daß sich die Mitglieder der justinianischen Kommission und namentlich die Rechtslehrer unter ihnen bei der Auswahl der Fragmente und vielleicht auch bei ihrer Zurichtung von der kommentierenden Arbeit der Rechtsschulen beeinflussen ließen. Dies im einzelnen nachzuweisen, wird indessen bei unserem dürftigen Wissen über die literarischen Produkte dieser Rechtsschulen kaum gelingen.

2. Die justinianischen Interpolationen und die echtheitskritische Forschung. Justinian selbst berichtet uns (Const. *Tanta* 10), daß seine Gesetzgebungskommission am Wortlaut ihrer klassischen Vorlagen zahlreiche Änderungen von großer Tragweite angebracht habe, um ihn den Zeitbedürfnissen und den Zwecken der Gesetzgebung anzupassen *(... multa et maxima sunt, quae propter utilitatem rerum transformata sunt)*. Schon die großen Juristen der Humanistenzeit, vor allem der Franzose Jacobus Cuiacius (1522–1590; s. u. S. 167) und der Savoyarde Anton Faber (1557–1624) haben sich bemüht, diese „Interpolationen" (= Einschaltungen, Verfälschungen) der Kompilatoren aufzufinden und auf diese Weise das reine Recht der klassischen Zeit wieder zugänglich zu machen. Wo freilich, wie Jahrhunderte lang in Deutschland, die justinianische Gesetzgebung vorwiegend als unmittelbare Quelle praktischen Rechts studiert wurde, schenkte man den Interpolationen geringe Beachtung; denn für die Praxis war allein der Gesetzestext Justinians, nicht der ihm zugrundeliegende, zumeist nur hypothetisch rekonstruierbare Wortlaut seiner klassischen Vorlage von Bedeutung. Es ist darum gewiß kein Zufall, daß das Interesse an der Interpolationenforschung in Deutschland erst lebendig wurde, als sich die praktische Geltung des Corpus iuris infolge der Schaffung des Bürgerlichen Gesetzbuchs ihrem Ende näherte. Etwa um dieselbe Zeit wandte man sich auch in Italien dieser Forschungsrichtung zu. Die „Interpolationenjagd" trat dann rasch in den Mittelpunkt aller wissenschaftlichen Arbeit am römischen Recht. Man betrieb sie mit Hilfe sprachlicher („philologischer") und sachlicher („juristischer") Kriterien auf eine mehr oder minder radikale Weise und mitunter geradezu als Selbstzweck. Daß dabei viele

---

[22]) Die weitestgehende Prädigestentheorie entwickelte H. Peters in einer 1913 erschienen Schrift „Die oströmischen Digestenkommentare u. d. Entstehung d. Digesten" (Sitz.-ber. d. Sächs. Akad. d. Wissensch., Phil.-hist. Kl. 65, 1). Er suchte den Beweis dafür zu erbringen, daß sich die ältesten griechischen Digestenkommentare (s. u. S. 159 f.) ursprünglich gar nicht auf die Digesten Justinians bezogen hätten, sondern auf eine ältere, den Digesten sehr ähnliche Sammlung, die dann von den Mitarbeitern Tribonians nur überarbeitet und ergänzt worden sei. Peters' These fand damals viel Beachtung, wurde aber allgemein abgelehnt. Kleinere, vor den Digesten entstandene Exzerptensammlungen hat man auch späterhin noch als Quellen einzelner Teile des justinianischen Gesetzbuches vermutet.

Exzesse begangen worden sind, steht außer Zweifel. Ein sehr beträchtlicher, wahrscheinlich sogar der überwiegende Teil der zahllosen Interpolationsbehauptungen, die seit Ausgang des vorigen Jahrhunderts aufgestellt worden sind[23]), erweist sich bei kritischer Nachprüfung als unhaltbar oder doch in hohem Maße fragwürdig; manche andere, die an und für sich glaubhaft erscheinen, rechtfertigen nicht die historischen Schlußfolgerungen, die man an sie geknüpft hat. Trotz aller Übertreibungen und Fehlgriffe war aber die Hinwendung zur Interpolationenkritik nicht etwa ein Irrweg. Durch sie überwand die Forschung die ihrem Wesen nach geschichtsfremde, rein begrifflich-systematische Betrachtungsweise, die im 19. Jh. durchaus vorherrschte, und gewann neue historische Perspektiven und Fragestellungen. Nicht wenige der mit Hilfe der Interpolationenkritik gewonnenen Ergebnisse haben sich bewährt, und die Echtheitsfrage muß auch heute und in Zukunft bei jeder Untersuchung gestellt werden, die aus der justinianischen (und überhaupt aus der nachklassischen) Überlieferung die Gedanken der klassischen Juristen erkennen will. Nur haben sich die Gesichtspunkte und die Methoden der Echtheitskritik gegenüber der älteren Interpolationenforschung erheblich verändert: Sie sind vielschichtiger, komplizierter und behutsamer geworden.

Während man anfangs geneigt war, fast alle Widersprüche, Unklarheiten und Unebenheiten, die man in den Digesten auffand, auf Eingriffe der justinianischen Gesetzgebungskommission zurückzuführen, nimmt man heute an, daß die Schriften der klassischen Juristen dieser Kommission schon in einer veränderten Gestalt vorgelegen haben, mit Auslassungen, Zusätzen und Paraphrasierungen, wie sie auch in den wenigen Fragmenten spätklassischer Werke vorkommen, die uns außerhalb der justinianischen Gesetzgebung in den privaten Sammelwerken des frühen 4. Jh. (*Fragmenta Vaticana, Collatio legum Mosaicarum et Romanarum*, s. o. S. 134 f.) erhalten geblieben sind. Das Ausmaß dieser Veränderungen ist umstritten, aber darüber ist man sich ziemlich einig, daß sie im allgemeinen die Gedanken der klassischen Autoren nur umschreiben, erläutern und weiterführen sollten. Die Kompilatoren Justinians ihrerseits haben offenbar weit mehr durch Kürzungen als durch rechtsändernde Zusätze zur Umgestaltung der Klassikertexte beigetragen. Daß sie sich bei ihren Eingriffen in erheblichem Maße von Systemvorstellungen und von philosophischen oder rhetorischen Einflüssen leiten ließen, die ihnen durch die östlichen Rechtsschulen vermittelt wurden, ist angesichts der klassizistischen Haltung dieser Schulen und der hochgradigen Sterilität dessen, was wir von ihrer Arbeit kennen, recht unwahrscheinlich.

Insgesamt neigt man heute dazu, rein formalen Indizien einer Textentstel-

[23]) Sie sind bis zum Ende der zwanziger Jahre im Index Interpolationum (s. u. S. 197 f.) gesammelt. Er soll bis zum Jahre 1965 fortgeführt werden und ist inzwischen auf den Codex Just. (s. d. folgende Anm.) erstreckt worden. Ab 1966 werden Interpolationsbehauptungen und andere exegetischen Beiträge zu Einzelstellen der römischen Rechtsquellen in der italienischen Zeitschrift IVRA (s. u. S. 177) zusammengestellt.

lung sehr viel geringere Bedeutung für die Annahme substanzieller Veränderungen beizumessen, als dies früher zumeist geschah. Grammatische oder stilistische Unebenheiten und Brüche in der Gedankenführung, die als Beweise für rechtsändernde Interpolationen angeführt worden sind, lassen sich sehr oft glaublicher aus bloßen Textkürzungen oder auch aus Mängeln der handschriftlichen Überlieferung, vor oder selbst nach Justinian, erklären. Auch hat man in der älteren Interpolationenkritik an den Stil und die grammatische Korrektheit der klassischen Texte bisweilen übertriebene Anforderungen gestellt und dabei zu Unrecht die goldene Latinität, wenn nicht gar die Regeln moderner Schulgrammatik zum Maßstab genommen. Denn trotz der Eigenart der Juristensprache und trotz ihrer starken Bindung an eine bis in die Republik zurückreichende Tradition schmuckloser Klarheit (S. 105 f.) dürfen wir uns die Klassiker (und vor allem die Spätklassiker) nicht als altertümelnde Sprachpuristen vorstellen. Sie standen im Leben ihrer Zeit, gebrauchten deren Wortschatz und vermieden gewiß nicht ängstlich alle grammatischen und stilistischen Freiheiten und Unarten, die unter ihren Zeitgenossen üblich waren. Bei dem riesigen Umfang der juristischen Schriftstellerei eines Paulus oder Ulpian, die zudem vielbeschäftigte Beamten waren, muß auch mit manchen Flüchtigkeiten in Ausdruck und Gedankenführung schon im Originaltext ihrer Werke gerechnet werden.

Auch in der Annahme sachlicher Interpolationsindizien ist die Forschung im Laufe der Zeit sehr viel zurückhaltender und feinfühliger geworden, je weiter sie sich vom Dogmatismus des 19. Jh. entfernt hat. Während man sich in den ersten Jahrzehnten unseres Jh. bemühte, hinter dem justinianischen ein mehr oder weniger einheitliches klassisches Recht zu entdecken, strebt die neuere Forschung nach stärkerer Differenzierung. Sie sucht die Entwicklungsgänge innerhalb des klassischen Rechts zu erfassen, rechnet in weit größerem Maße mit Kontroversen in der klassischen Rechtsliteratur und unternimmt es, die Methoden und die Spannweite klassischen Rechtsdenkens genauer zu erkennen. Hierbei hat sich schon jetzt ergeben, daß vieles, was von der älteren Generation der Interpolationenkritiker als der Denkweise der Klassiker zuwiderlaufend auf Eingriffe des justinianischen Gesetzgebers oder auch nachklassischer Schultheoretiker zurückgeführt worden ist, ganz oder zum mindesten in den Ansätzen schon der klassischen Zeit zugeschrieben werden muß[24]).

IV. Die Novellen. Der Abschluß der großen Kodifikation durch die Publikation des *Codex repetitae praelectionis* (534) bedeutete nicht das Ende

[24]) Auch in den Kaisergesetzen des Codex finden sich Interpolationen. Justinian hat hier sogar seine eigenen Konstitutionen interpoliert, um sie den Fortschritten seiner Gesetzgebung anzupassen. Die Institutionen enthalten zwischen den Stellen, die mehr oder weniger wörtlich aus den klassischen und nachklassischen Vorlagen abgeschrieben sind, gleichfalls Zusätze des Gesetzgebers.

der Reformgesetzgebung Justinians. Vielmehr hat der Kaiser auch in der Folgezeit noch durch zahlreiche, zum Teil ziemlich umfängliche Einzelgesetze in den Bestand der Rechtsordnung eingegriffen und wichtige Teilgebiete auch des Privatrechts, vor allem im Familien- und Erbrecht, ganz neu geordnet. Eine amtliche Sammlung dieser Nachtragsgesetze (*leges novellae*) hat Justinian schon bei der Publikation des Codex von 534 in Aussicht genommen, aber nicht durchgeführt. Dagegen sind mehrfach private Sammlungen veranstaltet worden.

In ihrer Mehrzahl waren die justinianischen Novellen in griechischer Sprache abgefaßt. Das Griechische war ja von jeher die Verkehrssprache der östlichen Reichshälfte, und selbst die römische Verwaltung bediente sich hier des Lateins zumeist nur im internen Verkehr der oberen Dienststellen. Zur Zeit Justinians aber begann die Fähigkeit, Latein zu sprechen und zu schreiben, selbst in den obersten Reichsbehörden bereits merklich nachzulassen. Nur der Umstand, daß man in den Rechtsschulen und wohl auch in der Praxis der höheren Gerichte gewohnt war, die Klassikertexte und Konstitutionen im lateinischen Originaltexte zu benutzen, erklärt überhaupt, daß die große Kodifikation Justinians am Lateinischen festhielt. Nun brach man mit dieser Tradition. Die Minderzahl der Novellen, welche noch lateinisch publiziert worden sind, richtete sich entweder an die lateinisch redenden westlichen Randprovinzen des Reichs, oder betraf den internen Geschäftsgang der Zentralbehörden, oder bezog sich auf bestimmte lateinisch abgefaßte ältere Konstitutionen. Einige wenige Novellen sind zweisprachig publiziert worden.

Abgesehen von Spezialsammlungen kirchenrechtlicher Gesetze des Kaisers besitzen wir vier Zusammenstellungen justinianischer Novellen. Die älteste von ihnen ist eine verkürzende Bearbeitung von 124 Gesetzen der Jahre 535–555 in lateinischer Sprache, noch zu Lebzeiten Justinians von einem gewissen Julianus verfaßt, der Rechtslehrer in Konstantinopel war (sog. Epitome Juliani). Alsbald nach der Wiedereroberung Italiens muß sie dort Eingang gefunden haben; sie blieb in Italien während des ganzen Mittelalters bekannt. Dagegen tauchte eine zweite lateinische Sammlung von 134 Novellen erst um 1100 in der Rechtsschule von Bologna (s. u. S. 162) wieder auf. Weil man damals glaubte, sie biete den Originaltext der Novellen, nannte man sie *Authenticum.* In Wahrheit enthält sie nur die lateinischen Novellen im Urtext, die griechischen dagegen in einer fehlerhaften lateinischen Übersetzung. Auch diese Sammlung ist im 6. Jahrhundert in der damals noch zweisprachigen Rechtsschule von Konstantinopel entstanden. Diejenige Sammlung aber, die (wenigstens ursprünglich) tatsächlich alle Novellen im Urtext bot, die griechischen griechisch, die lateinischen lateinisch, wurde im Abendland erst bekannt, als nach dem Sturz des oströmischen Reichs griechische Gelehrte und Handschriften nach Italien auswanderten und das Studium des Griechischen wie überhaupt die Entwicklung des Humanismus entscheidend förderten. Die Handschriften dieser Sammlung, die damals nach Italien gelangten, gaben allerdings nur noch die griechisch publizierten Novellen wieder; die lateinischen, die man in Byzanz längst nicht mehr verstanden hatte, waren fortgelassen oder durch griechische Auszüge ersetzt. Deshalb nennt man diese Sammlung die griechische Novellensammlung. Als sie noch vollständig war, enthielt sie 168 Stücke, unter denen sich jedoch außer den Novellen Justinians auch noch einige Konstitutionen seiner Nachfolger Justinus II. und Tiberius II. befinden, während drei weitere Texte überhaupt keine Kaisergesetze, sondern Erlasse von *praefecti praetorio* sind. Der Inhalt der Sammlung beweist, daß sie frühestens unter Tiberius II. (578–582 n. Chr.) zum Abschluß gekommen sein kann. Eine der Handschriften der griechischen Novellensammlung enthält schließlich anhangsweise 13 justinianische Novellen unter dem Titel Edicta Justiniani[25]).

§ 12 (Anhang). Das Nachleben des römischen Rechts

I. Im Orient. Mit dem Sturz des letzten weströmischen Kaisers im Jahre 476 n. Chr. endet nach der herkömmlichen Einteilung der weltgeschichtlichen Perioden das Altertum und beginnt das Mittelalter. In Wahrheit gibt es nur eine breite Zone des Übergangs, die weit früher fast unmerklich anfängt und sehr viel später ebenso allmählich aufhört. Längst vor dem Ende des westlichen Kaisertums hatte der Verfall der römischen Kultur begonnen, waren durch die Christianisierung des Reichs, durch die soziale und wirtschaftliche Entwicklung und durch das ständige Einströmen germanischer Bevölkerungselemente die Grundlagen entstanden, auf denen sich die Welt des frühen Mittelalters aufbauen sollte. Und lange nach dem Verschwinden des Kaisertums blieb die römische Verwaltung, blieb auch das römische Recht lebendig, wenngleich in immer primitiver werdender Gestalt. Auch der Reichsgedanke überlebte den Kaiser: die Idee des Imperium Romanum blieb so mächtig, daß sie noch nach Jahrhunderten imstande war, der staatlichen Gestaltung des Abendlandes ihr Gepräge zu geben und den Gang der europäischen Geschichte auf lange Sicht zu beeinflussen.

Stärker noch und ungebrochener wirkte die antike Tradition im Osten weiter. Hier blieb das Reich nicht bloß in der Idee, sondern als Realität bis ans Ende des Mittelalters bestehen und galt darum auch das römische Recht nicht, wie im Westen, nach dem Gesetz der Trägheit fort, sondern als Bestandteil einer lebendigen staatlichen Ordnung. Aber auch das oströmische Reich blieb

---

[25]) Die heute maßgebende Ausgabe von Schoell und Kroll (s. u. S. 196) gibt die 168 Novellen der „griechischen Novellensammlung" sämtlich im Urtext, für die griechischen, soweit vorhanden, auch die lateinische Fassung des Authenticum und dazu eine moderne lateinische Übersetzung. Die Edicta Justiniani und andere verstreut überlieferte Konstitutionen Justinians sind als Anhang beigegeben. Die Novellen sind von 1–168 durchgezählt. Abkürzung: Nov. Einteilung in Kapitel (nur bei umfänglicheren Novellen) und Paragraphen.

nicht ein unverändertes Stück der Antike, während rings umher auch im Orient mit der Ausbreitung des Islam ein neues Zeitalter anbrach; auch in Ostrom setzte sich trotz aller Kontinuität von Staat, Recht und kultureller Tradition die Entwicklung fort, die vom Altertum hinweg in eine neue Epoche führte. Nicht anders als im Westen lag hier das 6. Jahrhundert, das Jahrhundert Justinians, in der Zone des Übergangs. Justinian, der das römische Imperium wiederherstellen wollte, war in Wirklichkeit einer der Begründer des unrömischen, in vieler Hinsicht überhaupt unantiken byzantinischen Staates und seiner eigentümlichen Kultur. Seine imperiale Außenpolitik blieb eine Episode. An seiner Bautätigkeit, seiner Kirchenpolitik und auch an der innenpolitischen Entwicklung seiner Regierung, der Hinwendung zu einem gesteigerten Absolutismus nach dem sog. Nikaaufstand, treten bei einer Betrachtung der großen historischen Zusammenhänge die unrömischen, in die byzantinische Zukunft weisenden Züge stark hervor. Diese Züge fehlen auch seiner Gesetzgebung nicht ganz: hierher gehört der schließliche Verzicht auf die lateinische Sprache, hierher der deutliche Bruch mit der Tradition des römischen Rechts bei manchen seiner Reformen, insbesondere in den Novellen. Im Kern freilich ist das Gesetzgebungswerk Justinians der Vergangenheit zugewandt. Nicht ganz zu Unrecht hat man die Anlage des Gesetzbuchs „romantisch", das von Justinian des öfteren beliebte Zurückgreifen auf sehr alte Quellen und Grundsätze des römischen Rechts „archaistisch" genannt. Man stelle sich einmal vor, heute würde ein Gesetzbuch geschaffen, das Zitate aus dem Sachsenspiegel enthielte, dessen Hauptmasse aus der Rechtsliteratur der Zeit um den 30jährigen Krieg stammte, und das aus dem 19. und 20. Jahrhundert nur eine verhältnismäßig bescheidene Anzahl ziemlich spezieller Gesetze wiedergäbe. Eine solche Überlegung macht uns nicht nur deutlich, wie rasch im Verhältnis zum Entwicklungsgang der Antike die Welt sich in den wenigen Jahrhunderten gewandelt hat, die unsere Gegenwart vom Hochmittelalter trennen; sie zeigt auch die rückschauende Haltung der Spätantike und insbesondere des justinianischen Zeitalters in schärfstem Licht.

Man fragt sich, wie ein solches Werk, das in schwer zu bewältigender Fülle die mehr oder weniger fremd gewordene römische Rechtskultur von sechs Jahrhunderten zusammenfaßte, in der Praxis des griechisch redenden und großenteils in griechisch-orientalischen Rechtsvorstellungen befangenen Ostreichs gewirkt haben mag. Schon die lateinische Sprache mußte seine Benutzung ungemein erschweren; dem konnte freilich durch Übersetzungen abgeholfen werden (s. u.). Aber auch der Inhalt des Gesetzes vermochte nur da zur Geltung zu kommen, wo Anwälte und Richter wirkten, die in langjährigem Studium an einer der beiden großen Rechtsschulen den Umgang mit seiner Begriffswelt erlernt und die Vertrautheit mit seiner labyrinthischen Kasuistik erworben hatten. Sicherlich hat es solche Juristen nicht überall gegeben, wo Prozesse zu entscheiden und Verträge zu formulieren waren. Darum wundert es uns auch nicht, wenn wir in den ägyptischen Papyrusurkunden des 6. Jahrhunderts zwar in manchen Einzelheiten den Einfluß der justinianischen Kodifikation verspüren, im ganzen aber eine ziemlich ungebrochene Fortdauer der überkommenen gräko-ägyptischen Rechtswelt feststellen: Auch gegenüber dem neuen Gesetzbuch behauptete sich hier in weitem Umfange das „Volksrecht". Man wird sich also den Einfluß der justinianischen Gesetzgebung auf die Rechtspraxis nicht als allgegenwärtig vorstellen dürfen. Nur bei den hauptstädtischen Gerichten, den Gerichten der oberen Provinzialbehörden und allenfalls noch der großen Provinzstädte wird sie sich bis zu einem gewissen Grade durchgesetzt haben. Daneben bildete sie, wie von vornherein vorgesehen, die Grundlage des Studiums an den Rechtshochschulen, unter denen in der Folgezeit die von Konstantinopel durchaus im Vordergrund stand und uns in ihrem Wirken allein etwas näher bekannt ist. Hier entwickelte sich eine eifrige literarische Tätigkeit, von der umfangreiche Reste erhalten geblieben sind.

Ganz ähnlich, wie es noch 1200 Jahre später (1749) Friedrich der Große bei der Publikation des Entwurfs zum Corpus iuris Fridericiani vorsah, hatte Justinian (Const. *Tanta* 21) jede Kommentierung der Digesten verboten und mit Bestrafung wegen Fälschung bedroht, damit die zahllosen Streitfragen des älteren römischen Rechts, die er alle beseitigt zu haben glaubte, nicht wieder aufleben könnten. Nur wörtliche Übersetzungen ins Griechische (κατὰ πόδα) und Sammlungen von Parallelstellen (παράτιτλα) hatte er zugelassen. Schon bei seinen Lebzeiten wurde offenbar dieses Verbot übertreten. Es entstanden neben wörtlichen Übersetzungen auch zusammenfassende und erläuternde Inhaltsangaben ('ίνδικες = *indices;* wir nennen sie nach dem Muster der analogen Schriften des mittelalterlichen Abendlandes auch ‚Summen') und kommentierende Anmerkungen (παραγραφαί), später auch monographische Abhandlungen über einzelne Sachgebiete. Wir kennen diese der justinianischen Gesetzgebung nachfolgende Rechtsliteratur hauptsächlich durch die Vermittlung eines sehr viel späteren Gesetzgebungswerks, der Basiliken, und der mit diesem Gesetzbuch verbundenen Kommentare.

Die B a s i l i k e n (τὰ βασιλικά = das Kaiserrecht[26]) sind eine unter Leo dem Weisen (886–911) entstandene griechische Bearbeitung der justinianischen Kodifikation, in der die sachlich zusammengehörenden Digestenfragmente und Codexkonstitutionen samt den einschlägigen Novellen und Exzerpten aus den Institutionen jeweils in einen Titel zusammengefaßt und auf insgesamt 60 Bücher verteilt sind. Zur Herstellung dieses Gesetzbuches benutzte man nicht die lateinischen Originaltexte (die damals kaum noch jemand verstanden haben wird), sondern griechische Summen aus der frühbyzantinischen Zeit. Die aus den Digesten stammenden Basilikentexte sind der Digestensumme eines Autors entnommen, dessen Name damals schon nicht mehr bekannt war und den deshalb die Byzantiner selbst den Anonymus nannten. Für den Codex gebrauchte man hauptsächlich die unmittelbar nach der Publikation dieses Teils der justinianischen Gesetzgebung entstandene Summe des Thale-

---

[26]) Der byzantinische Kaiser führte wieder den alten griechischen Königsnamen βασιλεύς.

laeus. Die Institutionenstellen schließlich entnahm man einer griechischen Paraphrase, die uns außerhalb der Basilikenüberlieferung nahezu vollständig erhalten geblieben ist[27]). Nur für die Novellen benutzte man den (griechischen) Urtext.

Schon der Basilikentext selbst besteht also zum ganz überwiegenden Teil aus Arbeiten der frühbyzantinischen Rechtsschule. Weitere Stücke aus dem Schrifttum dieser Rechtsschule verband man mit dem Basilikentext nach Art eines „Kettenkommentars" (κατήνη), wie er auch in der byzantinischen Theologie üblich war: Man erläuterte jede Basilikenstelle durch eine Kette von Exzerpten aus Werken, die unter Justinian oder bald nach ihm zu den Digesten oder zum Codex geschrieben worden waren[28]). Im Gegensatz zum Basilikentext enthalten diese „alten Basilikenscholien" nicht nur eine knappe Inhaltsangabe der justinianischen Vorlagen in griechischer Sprache, sondern Erklärungen und Hinweise von mancherlei Art. Sie sind darum für das Verständnis der justinianischen Kodifikation von erheblicher Bedeutung. Da zwei ihrer Autoren (Dorotheus und Theophilus) Mitarbeiter der justinianischen Gesetzgebungskommission gewesen waren (s. o. S. 148), also den voraufgehenden Rechtszustand noch gekannt haben, begegnen in diesen Scholien sogar noch vereinzelte Spuren vorjustinianischen Rechts.

Neben den alten, ursprünglich zu den Digesten und zum Codex geschriebenen Scholien enthält der Basilikenkommentar auch jüngere, von vorn herein auf den Basilikentext bezogene Anmerkungen, deren Entstehungszeit bis in das 13. Jahrhundert hinabreicht. Der Scholienapparat zu den Basiliken liefert uns also einen Längsschnitt durch die Geschichte der byzantinischen Jurisprudenz. Deren Niveau war zu allen Zeiten ungleich. Schon unter den Autoren der frühbyzantinischen Zeit finden sich schwache Geister und noch unter den späten Scholiasten scharfsinnige Köpfe. Insgesamt reichen ihre Leistungen jedoch nicht an die der mittelalterlichen Juristen des Abendlandes heran. Ausschließlich der Erklärung der justinianischen Gesetzgebung zugewandt, standen sie der Praxis ihrer Zeit und deren Bedürfnissen sehr fern. Ihr Verständnis der justinianischen Texte ist oft unvollkommen. Schöpferische Gedanken trifft man bei ihnen selten.

---

[27]) Maßgebende Ausgabe von C. Ferrini, Institutionum Graeca paraphrasis Theophilo antecessori vulgo tributa (2 Bde. 1884, 1897). Die Zuschreibung an Theophilus, den Mitarbeiter Tribonians (auch bei der Abfassung der Institutionen) wird von manchen, insbes. von Ferrini bestritten.

[28]) Nach der früher (Anm. 22) schon erwähnten Abhandlung von H. Peters hatte schon der Anonymus seine Digestensumme mit einer Katene aus den Werken der justinianischen und unmittelbar nachjustinianischen Zeit versehen und wurde diese Katene danach auf den (aus der Summe des Anonymus gebildeten) Basilikentext übertragen. Diese von H. J. Scheltema bestrittene, von F. Pringsheim verteidigte Hypothese läßt sich wohl nicht aufrechterhalten. Genauere Literaturangaben u. S. 199.

Der Drang nach Vereinfachung und Vulgarisierung des überkommenen Rechts, der sich im Westreich ungehemmt entfalten konnte und das Gesicht der dürftigen Römerrechte der Westgoten und Burgunder geprägt hat, ist im Osten durch die Arbeit der Rechtsschulen und die großangelegte Kodifikation Justinians nur eben aufgehalten, nicht beseitigt worden. Daß er die Rechtspraxis weitgehend beherrschte, zeigen vor allem die primitiven Rechtsbücher aus der Zeit der isaurischen Kaiser des 8. Jahrhunderts. Ob die Rückwendung zum justinianischen Recht, die sich in der Schaffung der Basiliken ausprägt, die Praxis tief beeinflußt hat, erscheint sehr zweifelhaft. Jedenfalls tritt auch in der an die Basiliken anknüpfenden Rechtsliteratur eine fortschreitende Tendenz zur Verkürzung und Verflachung hervor. Am Ende dieser Entwicklung steht ein Handbuch des gesamten Rechts in sechs Büchern (ἑξάβιβλος), das um das Jahr 1345 ein gewisser Konstantin Harmenopoulos, Richter in Thessalonike, verfaßt hat. In der verkümmerten Gestalt, in der es in dieser Schrift dargeboten wurde, überlebte das justinianische Recht die Türkenzeit. Infolgedessen galt auch im modernen Griechenland römisches Recht, bis 1941 ein stark von der deutschen Zivilrechtswissenschaft beeinflußtes, aber auch an die eigene römischrechtliche Tradition anknüpfendes bürgerliches Gesetzbuch eingeführt wurde.

II. Im Abendland herrschte, wie wir sahen, während des Frühmittelalters das weströmische Vulgarrecht, hauptsächlich auf der Grundlage der *Lex Romana Visigotorum*. Nur in Italien war nach dem Untergang des Ostgotenreichs durch ein Gesetz Justinians vom Jahre 554, die sog. Sanctio pragmatica *Pro petitione Vigilii*, die justinianische Gesetzgebung eingeführt worden; Codex, Institutionen und Novellen (in der Gestalt der Epitome Juliani, o. S. 156) blieben hier dauernd bekannt; von einer Kenntnis der Digesten dagegen findet sich während des ganzen frühen Mittelalters keine sichere Spur. Auch in Italien sank die Rechtswissenschaft auf den denkbar niedrigsten Stand herab. Vergeblich hat sich die moderne Forschung bemüht, eine durchlaufende Schultradition des römischen Rechts von einigem Range für Italien nachzuweisen.

Um so erstaunlicher ist der mächtige Aufschwung, den die Pflege des römischen Rechts in Italien am Ausgang des 11. Jahrhunderts genommen hat. Er hängt ohne Zweifel mit dem Bekanntwerden der Digesten zusammen[29]). In

[29]) Die (heute nicht mehr vorhandene) Digestenhandschrift, auf welche die italienischen Handschriften des hohen und späteren Mittelalters zurückgehen, der sog. Codex S(ecundus), ist, wie in der u. S. 196 angeführten Abhandlung von J. Miquél dargelegt wird, vermutlich um die Mitte des 11. Jh. in Unteritalien geschrieben worden. Dort muß sich damals auch die berühmte florentinische Handschrift (s. S. 196) befunden haben. Denn der Schreiber von S. hat sie nebst einer anderen Handschrift als Vorlage benutzt. Eine (bisher ziemlich allgemein verworfene) Tradition besagt denn auch, daß die Florentina im J. 1135 von den Pisanern in Amalfi (am Golf von Salerno) erbeutet und nach Pisa gebracht worden sei (von wo sie 1406 nach Florenz kam).

ihnen wurde die Kraft und Größe der römischen Jurisprudenz dem Abendlande wiedergeschenkt. Es bedurfte nur der Fähigkeit, dieses tiefgründige und schwere Werk zu meistern. Dafür, daß diese Fähigkeit gerade am Ende des 11. Jh. vorhanden war, lassen sich mancherlei Ursachen anführen: der geistige Aufschwung, der mit der wirtschaftlichen Frühblüte der Städte Italiens am Vorabend der Kreuzzüge verbunden war, die logische Schulung durch die scholastische Theologie und das Bestehen einer achtbaren Schule des lombardischen Rechts in Oberitalien. Aber neben solchen Faktoren waren nach allem, was wir wissen, die geistige Tat eines einzelnen Mannes von entscheidender Bedeutung. Der Bolognese Irnerius, von Hause aus vermutlich ein Lehrer der Rhetorik, drang beim Studium der Digesten so tief in den Geist des römischen Rechts ein, daß er das Werk verstehen und beherrschen lernte. An Irnerius knüpft sich die ruhmvolle Entwicklung der Rechtsschule von Bologna an, der ältesten Universität des Abendlandes neben der theologischen Hochschule von Paris. Ihr traten im Laufe des 12. und 13. Jahrhunderts eine Reihe ähnlicher Schulen in anderen Städten Ober- und Mittelitaliens und Südfrankreichs zur Seite.

Irnerius und seine Nachfolger bis ins 13. Jahrhundert handhabten, ähnlich wie zuvor die oströmischen Rechtslehrer, die exegetische Methode. Sie erklärten in ihren Vorlesungen den Text des Corpus iuris Titel für Titel und Satz für Satz. Die Literaturform, die dieser Unterrichtsmethode entsprach und darum für die ältesten Juristen des mittelalterlichen Abendlandes charakteristisch ist, ist die Glosse, eine Erläuterung durch knappgefaßte Anmerkungen, die sich an einzelne Worte des Textes anschlossen. Urfall der Glosse ist die reine Worterklärung (daher die Bezeichnung γλῶσσα = das dem allgemeinen Sprachgebrauch fremde und deshalb erklärungsbedürftige Wort). Wie sich heute noch der Gymnasiast beim Studium des Cicero oder Horaz die Bedeutung der Worte, die er nachschlagen mußte, über der Zeile (Interlinearglosse) oder am Rande (Marginalglosse) notiert, so verfuhren auch die Juristen des Mittelalters. Es ergab sich von selbst, daß auch juristische Erklärungen einflossen: daß andere Quellenstellen vermerkt wurden, die dasselbe oder Abweichendes besagten, daß der Versuch unternommen wurde, die Abweichungen zu begründen und überhaupt die begrifflichen und logischen Hintergründe der Texte bloßzulegen. Durch fortlaufende Glossierung der einzelnen Teile der justinianischen Gesetzgebung entstanden ganze Glossenapparate, und das Gewebe dieser Anmerkungen, die den Rand der mittelalterlichen Handschriften des Corpus iuris bedeckten, schuf überall die Querverbindungen, die zur Übersicht und zum Verständnis der riesigen Stoffmasse erforderlich waren, klärte die begrifflichen Zusammenhänge und deckte die Widersprüche auf, freilich nur, um sie sofort wieder hinwegzudeuten; denn wie dem Theologen die Bibel, so war dem Juristen des Mittelalters das Corpus iuris der Weisheit letzter Schluß; alle Widersprüche konnten nur scheinbar sein, und es mußte irgendeine Möglichkeit geben, sie aufzulösen. Staunenswert ist schon die rein gedächtnismäßige Leistung dieser Juristen, die imstande waren, eine nur nach

Titelüberschrift und Anfangsworten zitierte Digestenstelle ohne großen Zeitverlust aufzuschlagen; nicht minder groß aber ist ihr Scharfsinn, der auch dem modernen Forscher oft noch den Weg zum richtigen Verständnis weisen kann. Nach ihrer maßgebenden Literaturform nennen wir sie Glossatoren. Sie schrieben freilich auch noch Werke anderer Art: knappe Inhaltszusammenfassungen *(summae)*, ähnlich den ἴνδικες der Byzantiner (s. o. S. 159), Erläuterungen einzelner Quellenstellen durch erfundene Rechtsfälle *(casus)*, Darstellungen begrifflicher Unterscheidungen *(distinctiones)*, Sammlungen von Kontroversen *(dissensiones dominorum*[30]*)*, monographische Behandlungen einzelner Rechtsgebiete, insbesondere des Prozesses u. a. m.

Noch vor der Mitte des 13. Jahrhunderts wurde die Arbeit der voraufgehenden Glossatorengenerationen von dem Bologneser Rechtslehrer Accursius in einem Glossenapparat zum gesamten Corpus iuris zusammengefaßt, der sich alsbald ein kanonisches Ansehen errang, die älteren Glossenapparate aus dem Gebrauch verdrängte und hinfort in allen Handschriften (auch in den älteren Drucken) des Corpus iuris dem Text beigegeben wurde. Diese sog. *Glossa ordinaria* ist der sinnfällige Ausdruck dafür, daß die Aufgabe der Durchdringung und Bewältigung der justinianischen Gesetzgebung im wesentlichen erfüllt war.

Inzwischen hatte das Corpus iuris auch im praktischen Rechtsleben Italiens Eingang gefunden. Hier stießen seine aus den Verhältnissen des Altertums erwachsenen Normen auf eine ganz andersartige Umwelt; es traten immer wieder Fragen auf, die sich aus dem Corpus iuris nicht unmittelbar beantworten ließen. So sahen sich die italienischen Juristen vom Ausgang des 13. Jahrhunderts an vor neue Probleme gestellt: Sie mußten das Recht der justinianischen Gesetzgebung den Verhältnissen und Bedürfnissen ihrer eigenen Zeit anpassen. Mit den Mitteln formallogischer Auslegungsmethoden, durch einschränkende und ausdehnende Interpretation, durch subtile Unterscheidungskünste und kühne Analogien bewältigten sie diese Aufgabe. Für eine derartige Arbeit war die knappe Glosse nicht mehr die geeignete literarische Form. An ihre Stelle traten deshalb jetzt breit angelegte Kommentare zu den justinianischen Rechtsbüchern, die gerade an den Stellen besonders ausführlich wurden, wo es galt, neue Gesichtspunkte für die Praxis abzuleiten. Die Beweisführung schloß sich oft enger an die accursische Glosse als an den justinianischen Quellentext selbst an. Kommentarwerke dieser Art, die eine ähnliche Autorität wie die accursische Glosse gewannen, verfaßten vor allem Bartolus de Saxoferrato (1314–1357) und sein Schüler Baldus de Ubaldis (1327–1400). Im Hinblick auf sie pflegt man heute diese jüngere Richtung der mittelalterlichen italienischen Jurisprudenz der Glossatorenschule als Kommentatorenschule gegenüberzustellen[31]).

[30]) *Domini* sind die Rechtslehrer der Glossatorenzeit.

[31]) Die früher übliche Bezeichnung „Postglossatoren" kennzeichnet die Kommentatoren zu Unrecht (s. u. im Text) als Epigonen.

In den auf Bartolus und Baldus folgenden Generationen traten freilich statt der Kommentare, deren nur noch wenige entstanden, mehr und mehr die Veröffentlichungen von Rechtsgutachten *(consilia)* in den Vordergrund der literarischen Produktion (weshalb F. Wieacker lieber von den „Konsiliatoren" spricht). Die Konsilien, die ganz unmittelbar der Lösung praktischer Rechtsfälle gewidmet waren, gingen in der anpassenden Umgestaltung des römischen Rechts noch erheblich über die Kommentarwerke hinaus. Die Humanisten des 16. Jh. und alle diejenigen unter den Späteren, deren Interesse sich einseitig auf das reine römische Recht konzentrierte, schätzten die Leistungen der Kommentatoren gering; sie vermißten bei ihnen das Verständnis für den historischen Sinn der römischen Rechtsnormen und fanden ihre breite und langatmige, mit zahllosen Zitaten durchsetzte Darstellungsweise geschmacklos. Heute hat man eingesehen, daß die Kommentatoren bei aller ihrer umständlichen Gelehrsamkeit schöpferische Juristen waren, die ihrer eigenen Zeit und der Zukunft dienten, indem sie aus spärlichen Anhaltspunkten in den römischen Quellen die Leitsätze für die Gestaltung neuer Rechtsbereiche entwickelten. So schufen sie z. B. die Grundlagen des internationalen Privatrechts, des Handelsrechts und der juristischen Geldlehre.

Der Einfluß der Kommentatoren drang weit über Italien hinaus. Hatten schon zur Glossatorenzeit große Scharen von Studenten aus Deutschland, Frankreich, Spanien und anderen Ländern die italienischen Universitäten aufgesucht, so wurden die Kommentatoren in noch höherem Grade die juristischen Lehrmeister Europas. An den im Laufe des späteren Mittelalters überall in West- und Mitteleuropa entstandenen Hochschulen, die zunächst meist einen ausgesprochen theologischen Charakter getragen und dementsprechend in erster Linie das kanonische Recht gepflegt hatten, erwuchsen seit dem 15. Jahrhundert Pflanzstätten der Kommentatorenwissenschaft. So wurde diese Wissenschaft in einem außerordentlich raschen, fast schlagartigen Entwicklungsgange zur Grundlage einer gemeineuropäischen Rechtskultur. In ihr – und damit in dem praktisch angewandten und den Zeitbedürfnissen angepaßten römischen Recht – ruhen die Wurzeln des heutigen Rechtslebens der kontinentaleuropäischen Völkergemeinschaft und vieler Nationen außerhalb Europas, die ihre Rechtsordnung früher oder später aus Europa entlehnt oder im Anschluß an europäische Traditionen gestaltet haben. Ihr ist es (von späteren Querverbindungen abgesehen) in der Hauptsache zu danken, daß sich die Juristen aller dieser Länder, der Sonderentwicklung ihrer Rechte zum Trotz, auf der gemeinsamen Grundlage römischer Rechtsbegriffe noch heute bis zu einem gewissen Grade verständigen können, ähnlich wie Italiener und Spanier einander verstehen, weil ihre Sprachen beide auf dem Lateinischen beruhen. Ausgeschlossen von dieser großen Rechtsfamilie blieb der angelsächsische Bereich, weil England, das schon im 12. Jahrhundert, zur Zeit der Frühblüte der Glossatorenschule, von den ersten Einflüssen des römischen Rechts erreicht worden war, sich diesen Einflüssen später bewußt verschlossen hat. Hier bestand schon gegen Ausgang des 13. Jahrhunderts ein innungsmäßig organisierter einheimischer

Juristenstand, der das fremde Recht und seine Methoden ablehnte. Dieser nationalenglische Juristenstand war es, der aus seiner eigenen Tradition heraus dem angelsächsischen Recht jene Züge verliehen hat, die es heute so scharf von der kontinentalen Rechtswelt abheben, Züge, die übrigens in ihrer Eigenwilligkeit oft überraschend an die Struktur des klassischen römischen Rechts erinnern[32]).

Nur ein Teilstück der Ausbreitung der Kommentatorenwissenschaft und des römischen Rechts über Europa ist der Vorgang, den wir als die Rezeption des römischen Rechts in Deutschland bezeichnen. Es erhält eine besondere Note nur durch das relativ große Ausmaß, in dem dabei die positiven Normen des römischen Rechts zu praktischer Geltung gelangten. Infolge der politischen Zerrissenheit Deutschlands war das deutsche Recht des Spätmittelalters in zahllose lokale Sonderrechtsordnungen zerklüftet und vermochte darum dem Eindringen des fremden Rechts nicht den gleichen Widerstand entgegenzusetzen, den etwa im nördlichen Frankreich das von der Krone planmäßig gesammelte germanische Gewohnheitsrecht (die Coutumes) zu leisten vermochte. Faßten daher anderwärts weniger die konkreten Einzelsätze als die von den Kommentatoren am römischen Recht entwickelte juristische Methode festen Fuß, so wurden in Deutschland die in ihrer Isolierung und Zersplitterung verkümmerten einheimischen Rechtsnormen vielfach von der Flut des fremden Rechts hinweggeschwemmt. Auf diese Weise wurde Deutschland eine Hochburg des römischen Rechts. Nur dort, wo – wie z. B. im sächsischen Bereich – größere Rechtsgebiete mit mehr oder weniger einheitlichem Charakter bestanden, hielt sich das deutsche Recht besser. Von diesen Stellen aus sind in der Folgezeit manche Rechtsmaterien, vor allem im Bereich des Sachen- und Familienrechts, bis zu einem gewissen Grade von der Vorstellungswelt des nationalen Rechts zurückerobert worden.

Gegenstand der Rezeption war, wie schon angedeutet, das Recht der justinianischen Gesetzgebung in der eigenartigen Ausgestaltung, die ihm die Kommentatoren gegeben hatten, dazu, vor allem im Bereich des Prozesses, das auf den Rechtsquellen der Kirche beruhende, aus römischen, germanischen und spezifisch christlichen Elementen erwachsene kanonische Recht[33]), endlich das an den italienischen Universitäten gelehrte langobardische Lehnsrecht[34]), ein ziemlich buntes Gemenge von Rechtsnormen also, in dem aber das Römische, wenn auch stark verändert, doch das Kernstück bildete. Zeitlich

[32]) Vgl. über diese Ähnlichkeiten H. Peter, Röm. Recht u. engl. Recht (1969).

[33]) Zusammengefaßt im *Corpus iuris canonici*, das ähnlich der justinianischen Gesetzgebung aus mehreren verschiedenartigen Teilen bestand, aber nicht das Ergebnis eines einheitlichen und planmäßigen Gesetzgebungsvorgangs war, sondern im Lauf der Jahrhunderte (vom 12. bis 14. Jh.) entstanden ist.

[34]) Seit der Glossatorenzeit waren die Quellen des langobardischen Lehensrechts, die *libri feudorum*, darunter auch Gesetze mittelalterlicher deutscher Kaiser, den justinianischen Novellen als *decima collatio novellarum* einverleibt.

erstreckt sich der Rezeptionsvorgang in der Hauptsache über das ausgehende 15. und das 16. Jahrhundert. Der politischen und rechtlichen Zersplitterung Deutschlands entsprach es, daß sich die Rezeption örtlich zu verschiedener Zeit und auf unterschiedliche Weise abspielte. Daß das oberste Gericht des Reichs, das 1495 neugestaltete Reichskammergericht, zur Hälfte mit Doctores iuris, also mit römisch gebildeten Juristen besetzt und angewiesen war, nach des Reichs gemeinen Rechten, d. h. nach den eben umschriebenen Rechtsnormen der Kommentatoren zu urteilen, gab der bereits an vielen Stellen in Fluß befindlichen Rezeptionsbewegung einen kräftigen Anstoß. Nach dem Vorbild des Reichskammergerichts schufen sich auch die Landesherren gelehrte Obergerichte, und durch ihre Rechtsprechung pflanzte sich die Rezeption gewissermaßen von oben nach unten fort. Zugleich aber wurde an die noch mit Laien besetzten Gerichte das fremde Recht von den Prozeßparteien selbst herangetragen, weil diese begannen, sich gelehrter Anwälte zu bedienen. Die Gerichte wurden dadurch gezwungen, auch ihrerseits gelehrte Juristen zuzuziehen: in den Städten die Stadtadvokaten oder Syndici, die bisher nur zur Vertretung vor fremden Gerichten oder zu diplomatischen Diensten gebraucht worden waren, auf dem Lande die fürstlichen Beamten oder auch die Professoren einer benachbarten Juristenfakultät. Vielfach wendeten sich die Prozeßparteien auch von vornherein unter Umgehung der Laiengerichte an die fürstlichen Beamten als schiedsrichterliche Instanz. Zu alledem trat, schon in den siebziger Jahren des 15. Jahrhunderts beginnend, vielerorts die Einführung römischer Rechtssätze durch die Gesetzgebung der Landesherren und der Städte.

Der radikale Bruch mit dem bisherigen Rechtsleben, der in dieser Entwicklung lag, wurde den Zeitgenossen keineswegs in seiner vollen Tragweite klar. Galt doch das heilige römische Reich deutscher Nation als die Fortsetzung des antiken römischen Reichs und darum das Recht des Corpus iuris Justinians als sein angestammtes Recht, während man das bodenständige Recht Deutschlands als das Produkt einer sekundären und z. T. mißbräuchlichen Entwicklung anzusehen geneigt war. Die Beschwerden, die uns in den Geschichtsquellen der Rezeptionszeit nicht selten begegnen, richten sich darum mehr gegen die gelehrten Juristen und ihr unverständliches Gehaben als gegen das fremde Recht selbst. Aber auch den Rechtsgelehrten brachte das Zeitalter des Humanismus weithin ein günstiges Vorurteil entgegen. Humanismus und Ausbreitung der gelehrten Jurisprudenz waren ja nur Teilerscheinungen eines und desselben Vorgangs, der Entstehung einer am Vorbilde des klassischen Altertums ausgerichteten weltlichen Bildung, welche die von den Traditionen der Kirche beherrschte und mehr oder weniger den Geistlichen vorbehaltene Bildungswelt des Mittelalters ablöste.

Wenn somit der Humanismus der Ausbreitung der gelehrten Rechtswissenschaft und des römischen Rechts in gewissem Sinne den Weg bereiten half, trat er doch andererseits in einen scharfen Gegensatz zu den in Rechtslehre und Praxis herrschenden Methoden dieser Wissenschaft. Den feingeistigen

Kennern der antiken Klassiker konnte weder die schwülstige Sprache noch die ganz unhistorische, spitzfindig-scholastische Auslegungsweise der Kommentatoren und ihrer Schüler zusagen. Es konnte nicht ausbleiben, daß man wie Cicero und Livius, so auch die römischen Rechtsquellen als Zeugnisse antiker Kultur zu betrachten unternahm, wenig bekümmert um ihre praktische Geltung und um den ganzen Wust von Kontroversen und oft sehr kühnen Konstruktionen, mit denen die jahrhundertelange Arbeit der mittelalterlichen Juristen die klaren Linien dieser Quellen zugedeckt hatte.

Am Anfang dieser humanistischen Betrachtung des römischen Rechts (der sog. eleganten Jurisprudenz) steht neben dem Italiener Andreas Alciatus (1492–1540) auch ein deutscher Jurist: Ulrich Zasius (1461–1535), Professor und Stadtschreiber in Freiburg i. Br. Auch sonst hat die junge deutsche Rechtswissenschaft einiges zu den Leistungen der humanistischen Jurisprudenz beigetragen. So stammt die erste Ausgabe der griechischen Novellen Justinians (im Rahmen einer Gesamtausgabe des Corpus iuris, die 1529–31 in Nürnberg erschien) von Gregorius Haloander (Gregor Meltzer) aus Zwickau. Allein auf die Dauer konnte sich die humanistische Richtung weder in Italien, wo die Tradition der Kommentatoren übermächtig war, noch in Deutschland, wo die praktischen Aufgaben der Rezeption alle Kräfte in Anspruch nahmen, wirklich durchsetzen. Ihre eigentliche Heimat ist darum Frankreich geworden, wo schon Alciat zeitweise gelehrt hatte. Vor allem war es die junge Hochschule von Bourges, an der sich die humanistische Jurisprudenz zur höchsten Blüte erhob. Hier lehrte im 16. Jahrhundert eine Reihe von Männern, deren Leistungen für das Verständnis des antiken römischen Rechts auch heute noch bewundert und von der modernen Forschung dankbar benutzt werden, allen voran Jacobus Cuiacius (Jacques Cujas, 1522 bis 1590; s. auch o. S. 153), der juristischen und philologischen Scharfsinn mit umfassender Kenntnis der gesamten antiken Überlieferung verband, und Hugo Donellus (Doneau, 1527–1591), der bedeutendste Systematiker des römischen Rechts bis auf Savigny. Die Blüte der humanistischen Jurisprudenz in Frankreich war übrigens nicht von langer Dauer. Ein großer Teil der besten Männer dieser Richtung hing dem reformierten Glauben an und mußte, als 1573 die große Hugenottenverfolgung ausbrach, das Land verlassen. So ist Donellus als Professor an der nürnbergischen Universität Altdorf gestorben, nachdem er (gleich anderen französischen Humanisten) zeitweise auch in Heidelberg gelehrt hatte. Eine dauerhafte humanistische Tradition schufen die französischen Emigranten nur in den Niederlanden. In diesem reichen Lande, das der Pflege von Kunst und Wissenschaft eine günstigere Stätte bot als das im 30jährigen Krieg verarmte Deutschland, hat die elegante Jurisprudenz bis ins 18. Jahrhundert mit bedeutenden Leistungen fortgelebt.

Wie sich das römische Recht in Deutschland und anderen Ländern weiterentwickelte, wie es sich dabei im einzelnen mit dem ererbten nationalen Rechtsgut, mit den praktischen Bedürfnissen und dem naturrechtlichen Ideengut der Aufklärungszeit auseinandersetzte und wie aus dieser Auseinandersetzung die Grundlagen der heutigen Rechtssysteme Europas erwuchsen, das ist in dieser Darstellung, deren eigentlichen Gegenstand das antike, römische Recht bildet, nicht zu erörtern. Es ist auch nicht möglich, auf die mannigfaltigen Ausstrahlungen einzugehen, die von dem staatlichen Denken der Römer, vermittelt durch den Humanismus des 16. und den Klassizismus des ausgehenden 18. und beginnenden 19. Jahrhunderts, auf die politische Entwicklung der Neuzeit eingewirkt haben. Die Geschichte dieser Einflüsse, die teils äußerlicher Natur sind, teils aber auch tief in die Struktur des politischen Lebens eingegriffen haben, ist erst stückweise geschrieben. Wohl aber muß noch angedeutet werden, wie seit der Wende vom 18. zum 19. Jahrhundert die Erforschung des antiken römischen Rechts einen neuen Aufschwung genommen hat. Ausgangspunkt und für mehr als ein Jahrhundert auch Mittelpunkt dieser Bewegung war diesmal Deutschland, und die Persönlichkeit, von der sie ihren eigentlichen Ausgang nahm, war Friedrich Carl v. Savigny (1779–1861).

So wie die elegante Jurisprudenz in der humanistischen Bewegung wurzelte, erwuchs auch Savignys „historische Rechtsschule" aus der geistigen Entwicklung seiner Zeit, aus dem Umbruch, in dem die rationalistische, ungeschichtliche Denkweise der Aufklärung überwunden und neue Regionen der Geisteswelt und des menschlichen Innenlebens erschlossen wurden. Klassik und Romantik in der deutschen Dichtung, klassizistische Vorliebe für die Antike und romantische Begeisterung für die mittelalterliche Kunst und Kultur, die Begründung der modernen Altertumswissenschaft und die Entstehung der germanischen Philologie sind die teils nach-, teils nebeneinander in Erscheinung tretenden gegensätzlichen Folgen dieses Umbruchs. In der Persönlichkeit Savignys lebte beides, Klassizistik und Romantik. Von der Romantik beeinflußt war die Lehre, die er der rationalistischen Experimentierlust der Aufklärung und insbesondere auch der französischen Revolution als Bollwerk konservativer Staats- und Rechtsauffassung entgegensetzte: daß das Recht in allmählicher, fast unmerklicher Entwicklung vom „Volksgeist", der im Verborgenen webe, entwickelt und immer schärfer mit den Wesenszügen der Nation ausgeprägt werde. So einseitig diese Auffassung ist, Savigny hat damit das Recht als geschichtliche Erscheinung erst in vollem Maße entdeckt und zum Gegenstand einer im höheren Sinne historischen Betrachtung erhoben. Klassizistisch ist Savignys Freude an den „edlen Linien" des römischen Rechts, die ihn sein Leben dieser fremden und nicht der nationalen Rechtswelt widmen ließ. Mit diesem seinem klassizistischen Formgefühl, aber auch mit dem Drang der von ihm überwundenen „Naturrechtslehre" zur Systematik hängt schließlich die gewaltige konstruktive Kraft zusammen, die schon das Werk des 24jährigen über das Recht des Besitzes zu einer juristischen Meisterleistung werden ließ und die sich nicht minder in dem großen Alterswerk, dem „System des heutigen römischen Rechts" bewährt hat.

Auf Savigny gehen die Grundströmungen zurück, welche die Entwicklung der Wissenschaft vom römischen Recht in Deutschland während des 19. Jahrhunderts beherrschten. Unter ihnen überwog die systematische lange Zeit hindurch die historische Strömung. Bis zum 1. Januar 1900 in großen Teilen Deutschlands unmittelbar geltendes Recht, stand das römische Recht in Lehre und Praxis im Mittelpunkt des zivilrechtlichen Denkens. In immer strengerer Dogmatik durchgebildet, erhob die wissenschaftliche Darstellung des „reinen" römischen Rechts beinahe den gleichen Anspruch eines allgemeingültigen Vernunftsrechts wie einst im 18. Jahrhundert die geschichtslose Naturrechtslehre. Durch ihren Einfluß auf die Praxis führte sie auf manchen Gebieten eine „Spätrezeption" römischer Rechtssätze herbei. Sie gab auch dem Bürgerlichen Gesetzbuch, das der unmittelbaren Geltung des römischen Rechts ein Ende bereitete, sein eigentümliches Gesicht: nicht nur der überwiegende Teil seines Inhalts, sondern auch sein Geist ist römisch, wenigstens in dem Sinne, in dem das 19. Jahrhundert das römische Recht verstand. Darum war es sinnvoll, wenn noch Jahrzehnte nach der Einführung des Bürgerlichen Gesetzbuchs die Vorlesung über römisches Privatrecht die Rolle einer Einführung in das privatrechtliche Denken überhaupt und in das bürgerliche Recht im besonderen behielt.

Die heutige Betrachtung des römischen Rechts sieht in ihm vor allem ein wesentliches Stück der Geschichte unserer Rechtskultur. Sie richtet ihr Augenmerk nicht, wie das 19. Jahrhundert, in erster Linie auf seine Verarbeitung zu einem geschlossenen logischen System, sondern auf die Erkenntnis seiner geschichtlichen Entfaltung, die uns in ihrer Erstreckung über zweieinhalb Jahrtausende (das Nachleben des römischen Rechts mitgerechnet) das geschichtliche Wesen des Rechts überhaupt, den Bedeutungswandel seiner Normen im Wechsel der Umwelt und die schrittweise Erarbeitung überzeitlicher Werte unserer Rechtskultur in einzigartiger Weise vor Augen führt. Voraussetzung einer solchen Betrachtungsweise ist aber nicht nur die Erkenntnis der rechtsgeschichtlichen Entwicklungsvorgänge als solcher, sondern auch ihre Deutung aus der politischen, sozialen, wirtschaftlichen und geistigen Umwelt in enger Fühlung mit den historischen Nachbarwissenschaften. Mit ihrer Bemühung um die Lösung dieser Aufgaben steht die Wissenschaft vom römischen Recht auf den Schultern Theodor Mommsens (1817–1903), der, von Hause aus Jurist und von der Rechtswissenschaft des 19. Jahrhunderts in der scharfen Erfassung und systematischen Verknüpfung seiner Erkenntnisse geschult, mit umfassender Beherrschung der gesamten römischen Überlieferung alle Zweige der römischen Altertumswissenschaft auf neue Grundlagen gestellt und auf ihre gemeinsamen Aufgaben hingewiesen hat.

QUELLEN UND SCHRIFTTUM

Im allgemeinen:

Kaum jemals in der Geschichte der Menschheit ist das gesamte Leben eines Volkes so sehr von der Vorstellungswelt der Politik und des Rechts beherrscht gewesen wie in Rom. Darum gibt es nur wenige Teilgebiete der römischen Überlieferung, die nicht wesentliche Beiträge zum Aufbau der römischen Rechtsgeschichte darbieten.

Die Überlieferung des römischen Altertums[1] ist entweder literarischer oder monumentaler Natur. Die literarische Überlieferung besteht in den Werken der antiken Schriftsteller, die zumeist in den Klosterbibliotheken des Mittelalters erhalten geblieben, studiert und abgeschrieben worden sind, auch wohl vergessen in einem Winkel ruhten und erst in der Renaissance oder noch später ans Licht gezogen wurden; auch die modernen Bodenfunde Ägyptens haben uns neue Reste der antiken Literatur beschert, freilich, da Ägypten dem griechischen Teil des Römerreichs angehört hat, überwiegend Werke in griechischer Sprache. Monumentale Überlieferung sind die Denkmäler römischer Kunst, die Inschriften auf Bronze und Stein, die man überall gefunden hat, wo einst die römische Kultur herrschte; dazu die massenhaften Urkunden des täglichen Lebens auf Papyrusblättern, Holztafeln und Pergamenten, die hauptsächlich der trockene Wüstensand am Rande des Niltals (aber auch der Lavaschutt über Pompeji und Herculaneum) unzerstört bewahrt hat und die, nach einer Reihe von Zufallsfunden seit dem Ausgang des 19. Jh. durch systematische Grabungen zutagegefördert worden sind. Das feste Gerüst unserer Kenntnis der römischen Rechtsgeschichte (wie der antiken Kultur überhaupt) bildet die literarische Überlieferung; die monumentalen Quellen ergänzen sie, je nach dem Sachgebiet, in bald mehr, bald minder reichlichem Maße. Trotz der Fülle des Erhaltenen besitzen wir nur einen verschwindend kleinen Bruchteil dessen, was an Zeugen des römischen Rechtslebens einmal vorhanden gewesen ist, und was wir besitzen, verteilt sich sehr ungleich auf die verschiedenen zeitlichen und geographischen Räume des römischen Altertums. So bleibt unser Wissen in hohem Maße Stückwerk, und nur die sorgfältigste Verwertung eines jeden, noch so unscheinbaren Neufundes und die immer erneute Prüfung des bereits Bekannten kann unsere Erkenntnis weiterführen.

Unter den literarischen Quellen stehen für die Rechtsgeschichte naturgemäß die eigentlichen Rechtsquellen im Vordergrunde, d. h. die spätrömischen Gesetzgebungswerke und die (größtenteils in deren Rahmen erhaltenen) Reste des Schrifttums der römischen Juristen. Dieser Teil der Überlieferung ist in der Darstellung dieses Grundrisses selbst ausführlicher behandelt. Soweit ergänzende Bemerkungen über moderne Ausgaben und Untersuchungen nachzutragen sind, geschieht dies im folgenden jeweils zu den betreffenden Abschnitten der Darstellung.

Die außerjuristische Literatur der Römer ist von besonderer Bedeutung für denjenigen Teil unserer Darstellung, der sich mit der Entwicklung des römischen Staates befaßt. Hier bilden vor allem die Werke der römischen (und der die römische Geschichte behandelnden griechischen) Historiker und der römischen Altertumsforscher, dazu die politischen Reden und theoretischen Schriften Ciceros das eigentliche Fundament unseres Wissens. Dieselben Werke sind aber auch für die engere Rechtsgeschichte von großer Bedeutung. Zu ihnen treten für diesen Bereich die Gerichtsreden Ciceros, das Fachschrifttum der Römer auf dem Gebiet der Feldmeßkunst und der Landwirtschaft und

[1]) Näheres hierüber bei H. Bengtson, Einführung in d. alte Gesch. (6. Aufl. 1969).

selbst viele Werke der römischen Dichtung: so sind z. B. die Komödien des Plautus eine wichtige Quelle für das Rechtsleben um die Wende vom dritten zum zweiten Jahrhundert v. Chr., und in den Satiren des Horaz gibt es Stellen, an denen sich immer wieder der Scharfsinn des Rechtshistorikers versucht hat. Mit diesen Andeutungen ist der Kreis der rechtsgeschichtlich bedeutsamen literarischen Quellen keineswegs erschöpft. Rhetorische Schriften und Briefliteratur, die Werke der christlichen Kirchenväter, die Naturgeschichte des Plinius und noch manche andere Schriften sind mit Erfolg für die Rechtsgeschichte ausgewertet worden.

Von der monumentalen Überlieferung interessieren den Rechtshistoriker in erster Linie die inschriftlich erhaltenen Gesetze, Senatsbeschlüsse, Edikte usw. sowie die Rechtsurkunden des täglichen Lebens, die Verträge, Testamente, Prozeßakten, Vereinssatzungen u. dgl. mehr, Quellen, die uns zeigen, wie das römische Recht in der Geschäftspraxis, fern von der begrifflich zergliedernden Arbeit der Juristen, ausgesehen hat. Aus diesen Quellen hat die Forschung seit dem Ausgang des vorigen Jahrhunderts eine Fülle ganz neuer Einsichten gewonnen. Die lateinischen Inschriften aus allen Teilen des römischen Reichs sind in dem gewaltigen, von Th. Mommsen organisierten Corpus Inscriptionum Latinarum (CIL) der Berliner Akademie der Wissenschaften in geographischer Ordnung zusammengestellt (die der republikanischen Zeit außerdem noch einmal im ersten Bande des Werkes sowie neuerdings auch bei A. Degrassi, Inscr. Lat. liberae rei republicae, 2 Bde 1957–63 gesammelt). Daneben gibt es Spezialsammlungen für einige Teilgebiete des römischen Reichs, insbesondere für die afrikanischen Provinzen; die von der italienischen Wissenschaft unternommene neue Ausgabe der in Italien gefundenen Inschriften (Inscriptiones Italiae) ist noch nicht sehr weit gediehen. Für die Inschriften in griechischer Sprache besteht ein dem CIL entsprechendes, freilich unvollständiges Sammelwerk, die Inscriptiones Graecae (IG). Diejenigen unter ihnen, welche sich auf römische Verhältnisse beziehen, findet man bei R. Cagnat u. a., Inscriptiones Graecae ad res Romanas pertinentes (IGR; von 4 Bden sind nur 3 in den Jahren 1922–27 erschienen). Eine breit angelegte Auswahl der wichtigsten lateinischen Inschriften (gegen 10 000) enthält das Werk von H. Dessau, Inscriptiones Latinae selectae (3 Bände, 1892–1916). Sehr viel enger ist die Auslese in folgenden Spezialsammlungen für Zwecke der Rechtsgeschichte: C. G. Bruns, Fontes iuris Romani antiqui, 7 Aufl. (mit Abbildungsband und Index) von O. Gradenwitz, 1909 (Neudruck 1958); P. F. Girard, Textes de droit rom., 6. Aufl. 1937, 7. Aufl., Bd. I 1967; S. Riccobono–J. Baviera–C. Ferrini–J. Furlani–V. Arangio-Ruiz, Fontes iuris anteiustiniani (3 Bände, 2. Aufl., 1940–3). Die beiden letzten Werke enthalten auch literarische Rechtsquellen, s. u. S. 194. Eine Sammlung der literarischen oder inschriftlich überlieferten ‚Staatsverträge des Alterstums' gibt die Kommission f. Alte Gesch. u. Epigraphik heraus (bisher erschienen Bd. II u. III, 700–200 v. Chr., 1962–69). Ausgewählte Papyruskunde findet man im 2. Band des grundlegenden Buches von L. Mitteis u. U. Wilcken, Grundzüge u. Chrestomathie d. Papyruskunde (1912), ferner bei P. M. Meyer, Jurist. Papyri (1920). Die Forschungsarbeit muß natürlich stets auf die zahlreichen, z. T. sehr umfänglichen Originalausgaben zurückgehen, die hier nicht aufgeführt werden können. Liste der bis dahin erschienenen Ausgaben (mit Angabe der bei Zitaten gebräuchlichen Abkürzungen) bei M. David u. B. A. van Groningen, Papyrological Primer (4. Aufl. 1956) S. 6* ff. – Wie bedeutsam auch die Werke der antiken Kunst für die rechtsgeschichtliche Forschung sein können, zeigen etwa zwei Abhandlungen des ungarischen Historikers A. Alföldi über „Die Ausgestaltung des monarchischen Zeremoniells am römischen Kaiserhof" und „Insignien und Tracht d. röm. Kaiser" (Mitteilungen d. Deutschen Archäolog. Instituts, Röm. Abt. 49, 1934, 1 ff. und 50, 1935, 1 ff., neugedruckt 1970 unter d. Titel: Die monarchische Repräsentation im röm. Kaiserreiche), in denen aus den bildlichen Darstellungen der Kaiserzeit (insbes. auch aus den Münzbildern) im Verein mit den literarischen Quellen wichtige Ergebnisse für die Entwicklung der römischen Monarchie gewonnen werden. Ein anderes Beispiel für die Verwertung von Münzbildern bei der Behandlung verfassungsgeschichtlicher Probleme bietet die Untersuchung von K. Kraft, Der goldene Kranz Caesars u. d. Kampf um die Entlarvung des „Tyrannen" (Jahrb. f. Numismatik u. Geldgesch. 3–4, 1952–3).

Im modernen Schrifttum ist die römische Rechtsgeschichte, in vielen Ländern ein Bestandteil der juristischen Ausbildung, oftmals in Hand- oder Lehrbüchern dargestellt worden. Selbst von den deutschen Werken kann hier nur eine Auswahl gegeben werden[2]). Am umfangreichsten ist das unvollendete Buch von O. Karlowa (2 starke Bände, 1885–1901), das auch die Geschichte des Privatrechts mitumfaßt. Sehr faßlich und gediegen, aber nicht frei von stofflicher Überladung, ist die Römische Rechtsgeschichte von B. Kübler (1925). Der äußerst knappe und gedrängte Abriß des hervorragenden Romanisten und Zivilrechtsdogmatikers H. Siber (1925) ist begrifflich so scharf durchgearbeitet, daß das Entwicklungsmoment nicht recht zur Geltung kommt. Eine besonders reife und ausgeglichene Darstellung in deutscher Sprache ist die von O. Lenel meisterhaft bearbeitete Abhandlung von C. G. Bruns, Geschichte u. Quellen d. röm. Rechts, in Holtzendorff u. Kohlers Enzyklopädie d. Rechtswissensch., Bd. I (7. Aufl., 1915, S. 303 ff.). In ihrer Art vorzüglich, ausgezeichnet durch Weite des Horizonts und sorgfältige Berücksichtigung der Forschung sind die Grundzüge d. röm. Rechtsgesch. v. E. Weiß (1936). Der Grundriß von H. Kreller bietet in der 2. Aufl. (1948) eine knappe Darstellung der geschichtlichen Entwicklung des römischen Rechts (unter Einbeziehung bestimmter Teile des materiellen Rechts, insbes. des Personen-, Familien- und Erbrechts) und eine systematische Übersicht über „die für das heutige Recht wichtigsten Lehren des römischen Kunstrechts" (d. h. im wesentlichen das Sachenrecht und das Schuldrecht). In Anlage und Zielsetzung der vorliegenden Darstellung verwandt, aber ausführlicher gehalten ist das vorzügliche Lehrbuch von M. Kaser (2. Aufl. 1967). Starke Betonung der Verfassungsgeschichte kennzeichnet das gleichfalls sehr gute und oft eigenständige Kurzlehrbuch von G. Dulckeit (5. Aufl., bearb. von F. Schwarz, 1970). Eine knapp gehaltene Einführung, veranschaulicht durch Quellenzitate mit Übersetzung, bietet A. Söllner (1970). Den Stoff einer „Römischen Rechtsgeschichte" enthält auch, wenngleich in eigenartiger Gruppierung, das umfangreiche, anschauliche und in manchen Fragen sehr eindringende Werk von U. v. Lübtow, Das röm. Volk, sein Staat und sein Recht (1955).

In der ausländischen Literatur stehen einige hervorragende italienische Darstellungen der römischen Rechtsgeschichte (Storia del diritto romano) an erster Stelle, so die Werke von P. Bonfante (2 Bände, 4. Aufl., 1934, Neudruck und Literaturnachtrag, 1959), P. de Francisci (unvollendet, I. u. II., 1. u. 2. Aufl., 1938 f., III 1, 1936) und namentlich das geistvolle Buch von V. Arangio-Ruiz (7. Aufl., 1957). Diesen klassischen Werken reiht sich eine große Zahl jüngerer Darstellungen an, z. B. von A. Guarino (4. Aufl., 1969); G. Grosso (5. Aufl., 1965) u. P. Frezza (2. Bearbeitung 1968). Die neueren französischen Lehrbücher der Rechtsgeschichte (histoire des institutions) beschränken sich, der französischen Studienordnung entsprechend, nicht auf Rom, sondern umfassen die gesamte Rechtsgeschichte des Al-

---

[2]) Soweit nichts anderes angegeben, lautet der Titel der im folgenden genannten Werke ‚Römische Rechtsgeschichte'.

tertums und mitunter auch noch die französische Rechtsgeschichte. Eine besonders eindringende Behandlung der römischen Rechtsgeschichte mit starker Betonung der sozialgeschichtlichen Grundlagen und reichhaltigen Literaturangaben findet man bei J. Gaudemet, Institutions de l'antiquité (1967). Eine eingehende Darstellung der römischen Rechtsgeschichte in englischer Sprache bietet H. F. Jolowicz, Historical Introduction to the Study of Roman Law (2. Aufl. 1952); knapper ist H. J. Wolff, Roman Law, An Historical Introduction (1951).

Ein Buch von besonderem Charakter ist F. Wieacker, Vom röm. Recht (2. Aufl., 1961); es enthält eine Reihe in sich geschlossener, gedankenreicher Essays über die wichtigsten Faktoren der römischen Rechtsentwicklung; auf sie wird im folgenden jeweils hingewiesen. Wiederum von anderer Art ist F. Schulz, Prinzipien d. röm. Rechts (1934, Neudruck 1954; auch engl. Ausgabe): Hier werden nicht in entwicklungsgeschichtlicher, sondern in mehr begrifflich-statischer Betrachtungsweise tragende Ideen und methodische Eigentümlichkeiten herausgearbeitet, die das Wesen des klassischen römischen Rechts geprägt haben; das bedeutende Buch gehört darum mehr in den Zusammenhang der „inneren" Rechtsgeschichte als in den der (äußeren) Rechtsgeschichte im Sinne dieser Einführung. In der Zielsetzung verwandt, in Anlage und Durchführung ganz anders geartet, ist das berühmte Werk von R. v. Jhering, D. Geist d. röm. Rechts auf den verschiedenen Stufen seiner Entwicklung (3 Bände, zuerst erschienen seit 1852, letzter Abdruck der neuesten Auflagen 1921–24); obwohl im Forschungsstande und auch in der historischen Betrachtungsweise überholt, ist es durch den Reiz der geistreichen und lebendigen Darstellung auch heute noch von großer Wirkung. – Aus der Sicht des Sozialhistorikers geschrieben ist das anregende und fesselnde Buch von J. A. Crook, Law and Life of Rome (1967).

Die heutige Auffassung des römischen Staatsrechts, namentlich der republikanischen Zeit, beruht trotz vieler neuerer Einsichten noch immer in weitem Umfange auf der epochemachenden Darstellung von Th. Mommsen, Röm. Staatsr. (Bd. I u. II in 3., III in 1. Aufl. 1887–88, Neudr. 1952; ein kürzerer Abriß d. röm. Staatsr. in Bindings Handbuch d. dtschen Rechtswissensch. I 3, 2. Aufl. 1907). Mommsen hat mit der Schärfe des juristischen Dogmatikers aus einem weitverstreuten Quellenmaterial die Begriffswelt des römischen Staatsrechts abgeleitet und zu einem großartigen Systemgebäude verarbeitet. Manchen Erscheinungen des römischen Staatslebens wurde er dabei nicht voll gerecht; um sich in solchen Punkten von der faszinierenden Wirkung seiner Systematik freizuhalten, empfiehlt es sich, das sehr viel weniger von Systemdenken beherrschte Werk von L. Lange, Röm. Altertümer (3 Bde. in 3. Aufl. 1876–79) mit heranzuziehen. Andere Darstellungen des römischen Staatsrechts aus den 80er Jahren des 19. Jh. stehen ganz im Schatten des überragenden Werkes von Mommsen und brauchen hier nicht namentlich angeführt zu werden. Nach diesen älteren Werken sind dann Gesamtdarstellungen des römischen Staatsrechts in größerem Stile erst in den letzten Jahrzehnten wieder unternommen worden. Diese neueren Werke versuchen nicht nur die in zahlreichen monographischen Arbeiten der Historiker und Juristen verstreuten Erkenntnisse der letzten beiden Menschenalter zusammenzufassen, sondern auch der dogmatisch-konstruktiven Betrachtung Mommsens eine mehr historische Auffassung entgegenzustellen. Dabei bleibt allerdings das nachgelassene Werk von H. Siber, Röm. Verfassungsr. (1952) trotz zahlreicher Korrekturen im einzelnen (die z. T. Ergebnisse wichtiger Monographien des Verf. sind) insgesamt doch den Grundkonzeptionen Mommsens verhältnismäßig nahe; insbes. schließt Siber wie Mommsen die soziologischen und ideologischen Elemente der politischen Entwicklung bewußt aus der Darstellung des Staatsrechts aus. Ganz anders verfährt F. De

Martino in seiner groß angelegten Storia della costituzione romana (5 Bde. 1951–67; der Registerband steht noch aus; Neudr. v. Bd. I 1958, Bd. II 1960); vom marxistischen Standpunkt aus geschrieben, betont dieses Werk in besonderem Maße die sozial- und wirtschaftshistorischen Zusammenhänge der römischen Verfassungsgeschichte. Diese Zusammenhänge berücksichtigt auch A. Burdese, Manuale di diritto publico romano (1966), eine knappere Darstellung, die auf Quellen- und Literaturhinweise verzichtet, aber als wohlabgewogene Synthese Beachtung verdient; sie bezieht auch das Straf- und Strafverfahrensrecht ein. Für einen weiteren Leserkreis gedacht und mit den Augen des Historikers, nicht des Juristen gesehen sind die vorzüglichen Zusammenfassungen von L. Homo, Les institutions politiques romaines (letzte Aufl. 1950) und Ernst Meyer, Röm. Staat u. Staatsgedanke (1948; 3. Aufl. 1964).

Eine Ergänzung zu Mommsens Staatsrecht nach der Seite des mehr Verwaltungstechnischen bildet das freilich minder bedeutende Buch von J. Marquardt, Röm. Staatsverwaltung (3 Bde. in 2. u. 3. Aufl. 1884–85, Neudruck 1952). Dieses Werk ist weithin durch Spezialarbeiten und Teildarstellungen überholt, aber noch nicht als Ganzes ersetzt.

Auch für das Gebiet des römischen Strafrechts hat Th. Mommsen das grundlegende Werk geschaffen (in Bindings Handbuch I 4, 1899; Nachdruck 1955). Trotz wesentlicher Fortschritte der Forschung gibt es keine neuere Gesamtdarstellung, die es in vollem Umfange ersetzen könnte. Aus kritischer Auseinandersetzung mit Mommsen erwachsen, aber in der Grundkonzeption von ihm abhängig ist J. L. Strachan-Davidson, Problems of Roman Criminal Law (2 Bde. 1912). Wie dieses Werk beschränkt sich auch die Abhandlung von W. Kunkel, Untersuchungen z. Entwicklung des röm. Kriminalverfahrens in vorsull. Zeit (Abh. Bayer, Akad. d. Wiss. NF 56, 1962) auf das Strafverfahren der republikanischen Periode; sie versucht aber, im Anschluß an bestimmte Einzelergebnisse des neueren Schrifttums ein von der Darstellung Mommsens durchaus verschiedenes Entwicklungsbild zu zeichnen. Speziellere Literatur, s. u. zu § 2 II und § 4.

Von den zahllosen Lehr- und Handbüchern des römischen Privatrechts können hier nur einige wenige neuere Werke in deutscher Sprache erwähnt werden: die umfassende Darstellung von M. Kaser im Handb. d. Altertumswiss. (2 Bde, 1953–59, Neubearb. v. Bd I 1971) und das Kurzlehrbuch desselben Autors (6. Aufl. 1968); dem Umfange nach zwischen beiden steht P. Jörs – W. Kunkel, Röm. R. (3. Aufl. 1949; enthält auch eine Darstellung der Geschichte der Rechtsquellen und – von L. Wenger – einen Abriß des Zivilprozeßrechts).

Die Geschichte der römischen Rechtsquellen behandelt das monumentale Werk von L. Wenger, Die Quellen des röm. Rechts (1953), eine Fundgrube des Wissens für viele, namentlich für am Rande der römischen Rechtsgeschichte gelegene Fragen. Für manche wichtige Bereiche, insbes. für die bei Wenger etwas stiefmütterlich behandelte Geschichte der Rechtswissenschaft, wird man daneben (und neben den später aufzuführenden speziellen Darstellungen) immer noch die musterhaft klare und sorgfältige Gesch. d. Quellen und Literatur d. röm. R. von P. Krüger heranziehen (Bindings Handb. I 2, 2. Aufl. 1912). Ebenso bietet Th. Kipp, Gesch. d. Quellen d. röm. Rechts (4. Aufl. 1919), knapp, gehaltreich und selbständig, eine verläßliche Orientierung. Beide Bücher sind allerdings in zahlreichen Einzelfragen durch die neuere Forschung, mitunter auch durch neue Quellenfunde, überholt.

Wer den Staat und das Recht Roms richtig verstehen will, wird immer wieder auf allgemeine historische Zusammenhänge zurückgreifen müssen. Darum sind im folgenden wenigstens einige wichtige Darstellungen der römischen Geschichte zu erwähnen. Unerreicht an künstlerischer Kraft und Reichtum der Gesichtspunkte, wenn auch aus den Anschauungen des 19. Jahrhunderts und den eigenen politischen Idealen des Verfassers heraus geschrieben, ist Th. Mommsens Röm. Geschichte (Bd. I–III zuerst 1854–56; Bd. IV, der die Geschichte der Prinzipatszeit enthalten sollte, fehlt; Bd. V mit großartigem Überblick über die sozialen, wirtschaftlichen und kulturellen Zustände des Reichs unter dem Prinzipat erschien erst 1885; viele Neudrucke, auch eine gekürzte Ausgabe in einem Bde.). Ein Werk von gleichem Format hat die deutsche Geschichtsschreibung nicht wieder geschaffen. Die jüngste knappe Zusammenfassung mit reichhaltigen Literaturangaben ist H. Bengtson, Grundr. d. röm. Gesch. mit Quellenkunde I (bis 284 n. Chr., 1967, in I. v. Müllers Handbuch d. klass. Altertumswissensch.). Eine Darstellung für weitere Kreise bietet E. Kornemann, Röm. Gesch. (in Kröners Taschenausg., 2 Bände, 5. Aufl. 1963 f.). Gleichfalls nicht nur für den Fachmann geschrieben und dem äußeren Umfange nach knapp gehalten, aber sehr eindrucksvoll in ihrer Konzentration auf die Darstellung und Deutung des entscheidenden politischen Geschehens ist die 1964 in 2. Aufl. erschienene Römische Geschichte von A. Heuß (im letzten Kapitel ein ausgezeichneter Überblick über den Forschungsstand). Von einer groß angelegten Römischen Geschichte von F. Altheim sind bisher 2 Bde. (bis 338 v. Chr. reichend) erschienen (1951 u. 1953). Italien besitzt zwei große wissenschaftliche Werke von bedeutendem Range, die allerdings nur die ältere römische Geschichte umfassen: E. Pais, Storia critica di Roma durante i primi cinque secoli (4 Bände, 1913–20), mit radikaler Kritik gegenüber der altrömischen Überlieferung, und G. de Sanctis, Storia dei Romani (4 Bde., 1907–64, 2. Aufl. 1956 ff., unvollendet), konservativer in der kritischen Haltung. Eine knappe französische Darstellung, die namentlich durch die Hinweise auf die Schwerpunkte der modernen Forschungsarbeit wertvoll ist, ist A. Piganiol, Histoire de Rome (5. Aufl. 1962). Die umfangreichste moderne Darstellung der römischen Geschichte findet sich in der Cambridge Ancient History, einem Sammelwerk zahlreicher (darunter auch deutscher) Autoren, das in Band 7–12 (1928–39) die römische Geschichte bis 324 n. Chr. behandelt. Ein ähnliches französisches Unternehmen, die Histoire ancienne, enthält Teildarstellungen der römischen Geschichte von E. Pais, G. Bloch, L. Homo und M. Besnier. Ins Deutsche übersetzt ist die „Geschichte der alten Welt" des großen russischen Historikers M. Rostovtzeff (s. u.), in deren 2. Band (1942) eine knappe Schilderung der römischen Geschichte enthalten ist.

Für das Verständnis sowohl der staatlichen Entwicklung als auch der Geschichte des Privatrechts von größter Bedeutung ist schließlich auch die Wirtschaftsgeschichte des römischen Reichs. Sie ist in neuerer Zeit durch planmäßige Auswertung aller Quellen, besonders auch der Bodenfunde, entscheidend gefördert worden. Das wichtigste Werk auf diesem Gebiet, an Kraft der Stoffbewältigung und Größe der Gesichtspunkte an Mommsen gemahnend, ist M. Rostovtzeff, Social and Economic History of the Roman Empire (1926; Neudruck 1953), deutsch unter dem Titel Gesellschaft u. Wirtschaft im röm. Kaiserreich (2 Bände, o. J.). Eine „Wirtschaftsgeschichte des Altertums" mit ungeheurer Materialfülle bietet das zweibändige Werk von F. Heichelheim (1938; engl. Neuauflage unter d. Titel an Ancient Economic Historiy, Bd. I 1958, II 1964). Schließlich besitzen wir in dem Sammelwerk An Economic Survey of Ancient Rome des Amerikaners T. Frank und seiner Mitarbeiter eine eingehende Darstellung der wirtschaftlichen Entwicklung einzelner Reichsteile (1933–1940, 6 Bde.).

Obwohl Zeitschriftenaufsätze in dieser knappen Literaturübersicht nur ausnahmsweise angeführt werden können, seien im Folgenden wenigstens die wichtigsten

Periodica genannt, in denen sich regelmäßig Beiträge zur Geschichte des römischen Rechts finden. Nur das römische und die anderen antiken Rechte pflegen die italienischen Zeitschriften *Bullettino dell'Istituto di diritto romano ‚Vittorio Scialoja'* (in älteren Arbeiten zitiert: Bull., heute meist BIDR), *IVRA* und *Labeo* sowie die in Belgien erscheinende *Revue internationale des droits de l'antiquité* (RIDA). Dasselbe gilt, trotz des weitgefaßten Titels, von den im päpstlichen Institutum utriusque iuris veröffentlichten *Studia et documenta historiae et iuris* (SDHI). Andere Zeitschriften, wie die von holländischen und belgischen Gelehrten herausgegebene *Tijdschrift voor Rechtsgeschiedenis* (Tijdschr. oder TS) und die französische *Revue historique de droit français et étranger* (RH oder RHD) beziehen auch die mittelalterliche und neuere Rechtsgeschichte (insbesondere ihrer Länder) ein. Von den drei Abteilungen der *Zeitschrift der Savigny-Stiftung für Rechtsgeschichte* (SZ oder ZSSt, in diesem Buch: Ztschr. d. Sav.-Stift.) ist die ‚romanistische' der Geschichte des römischen Rechts vom Altertum bis in die Neuzeit und den anderen antiken Rechten gewidmet. Alle diese Zeitschriften enthalten neben größeren und kleineren Abhandlungen auch Besprechungen neuerschienener Bücher. Eine sehr weitgespannte und vollständige Zusammenstellung aller Neuerscheinungen zur Rechtsgeschichte des Altertums, einschließlich der Zeitschriftenaufsätze, Besprechungen und Nachrufe findet man alljährlich in *IVRA*, periodische Übersichten über Quellenpublikationen und Untersuchungen auf den Spezialgebieten der juristischen Papyruskunde und der Inschriftenkunde (Epigraphik) in *Studia et documenta.* Die 1970 erstmals erschienene italienische Zeitschrift ‚Index' mit dem Untertitel ‚International Survey of Roman Law' enthält außer Abhandlungen und zahlreichen Rezensionen Länderberichte über neues Schrifttum zum römischen Recht.

Die früher nicht seltene Veröffentlichung rechtshistorischer Arbeiten in Zeitschriften, die in erster Linie dem geltenden Recht gewidmet sind (z. B. im deutschen *Archiv für die zivilistische Praxis,* im italienischen *Archivio giuridico* oder in der englischen *Law Quarterly Review* ist infolge der schärferen Trennung der juristischen Disziplinen und der Vermehrung der spezifisch rechtshistorischen Periodica fast ganz abgekommen. Eine Ausnahme macht in dieser Hinsicht die 1966 neugegründete Zeitschrift *The Irish Jurist.*

Die große Zahl der Periodica anderer altertumswissenschaftlicher Fachbereiche, die für den Rechtshistoriker in Betracht kommen (alte Geschichte, klassische Philologie, vergleichende Sprachwissenschaft, Byzantinistik, Archäologie, Papyruskunde, Epigraphik) kann hier nicht namentlich aufgeführt werden. Sie sind in dem o. S. 171 Anm. 1 genannten Buch von H. Bengtson in großer Vollständigkeit verzeichnet.

Zu § 1 *(Der Stadtstaat als Ausgangspunkt der römischen Rechtsentwicklung):*

Die Frühzeit Roms gehört wegen der zuerst von B. G. Niebuhr (1776–1831) in vollem Umfange erkannten Lückenhaftigkeit und Unzuverlässigkeit der antiken Überlieferung zu den schwierigsten Gebieten der historischen Forschung. Schon die gegen Ende des 3. Jh. v. Chr. einsetzende älteste römische Geschichtsschreibung (die sog. Annalistik), von der uns nur geringe Trümmer erhalten sind, besaß für die Zeit vor dem 4. Jh. offenbar nur eine dürftige Kunde von den wirklichen Geschehnissen und Zuständen. Sie füllte die Lücken ihres Wissens mit Sagen, die z. T. wohl erst damals in einen scheinbar historischen Zusammenhang gebracht worden sind, und mehr und mehr auch mit willkürlichen Erfindungen, deren Zweck vielfach die Verherrlichung bestimmter Adelsgeschlechter war und deren Farben von bekannten historischen Begebenheiten oder gar aus den eigenen Zeitverhältnissen entlehnt wurden. Aus der Annalistik schöpften wieder die Historiker der augusteischen Zeit (Livius, Diodor, Dionysius v. Halikarnass u. a.), die für uns die literarische Überlieferung über die Frühzeit Roms darstellen. Von welchem Zeitpunkt an diesen Quellen eine größere Verläßlichkeit innewohnt, und in welchem Umfang auch in den überwiegend legendären Partien ihrer Darstellung glaubhafte Nachrichten enthalten sind, ist außerordentlich bestritten. Im ganzen gesehen ist die historische und rechtshistorische Forschung der letzten Jahrzehnte von der radikalen Kritik, die namentlich zu Beginn des 20. Jh. vorherrschte, zu einer etwas positiveren Beurteilung der römischen Überlieferung zurückgekehrt. Insbesondere genießt deren Grundstock, das Verzeichnis der Konsuln seit dem Beginn der Republik die *fasti consulares* (s. o. S. 25), heute wieder weitgehendes Vertrauen.

Dennoch ist man für die Erkenntnis der frühzeitlichen Verhältnisse und namentlich auch der frührömischen Sozial- und Staatsordnung in weitestem Maße auf Rückschlüsse aus späteren Zuständen angewiesen, für die der strenge Traditionalismus der Römer wenigstens eine gewisse Gewährschaft bietet. Daneben ergeben sich wertvolle Anhaltspunkte aus sprachgeschichtlichen Erwägungen und aus einer mit Vorsicht gehandhabten vergleichenden Betrachtung anderer frühgeschichtlicher Gemeinwesen und Rechtsordnungen. Die Bodenfunde, die für die reine Geschichtsforschung im altrömischen Bereich in den letzten Jahrzehnten steigende Bedeutung gewonnen haben (freilich im ganzen mehr neue Fragen aufgeworfen als alte beantwortet haben), kommen für den Rechtshistoriker weniger in Betracht, zumal inschriftliche Zeugnisse aus dieser Periode nur ganz vereinzelt erhalten geblieben sind.

Die Anfänge des römischen Gemeinwesens behandelt in großer Ausführlichkeit und mit bewundernswerter Beherrschung der gesamten Problematik P. de Francisci, Primordia civitatis (Studia et Documenta 2, 1959); dazu kritisch U. Coli in Studi Senesi 71, fasc. 3, 1959, u. W. Kunkel, Ztschr. d. Sav-Stift. 77 (1960), 345 ff.[3]). Im übrigen sei in erster Linie auf die o. S. 174 ff. genannten Gesamtdarstellungen des römischen Staatsrechts und der römischen Geschichte verwiesen. Zu ihnen treten insbesondere die folgenden Werke über die Geschichte der römischen Frühzeit: J. Beloch, Röm. Gesch. bis z. d. punischen Kriegen (1926), ein Alterswerk des bedeutenden Historikers, wohl nicht ganz von dem Range seiner großen Darstellung der griechischen Geschichte und oft sehr radikal in der Kritik der Überlieferung, aber dennoch einer der wichtigsten Beiträge zur frührömischen Geschichte; A. Alföldi, Early Rome and the Latins (Univ. of Michigan Press, o. J.) mit neuen, großenteils sehr einleuchtenden Thesen über das Verhältnis Roms zu den Latinern und über die Frühentwicklung des *ager Romanus* und des römischen Machtbereichs. Die jüngste deutsche Darstellung der römischen Geschichte in republikanischer Zeit ist J. Vogt, Röm. Gesch. I, Die röm. Republik (4. Aufl. 1959). Anregend, aber mit Kritik zu benutzen sind die Werke von F. Altheim, Epochen d. röm. Gesch. (1934) und Rom u. Italien (2 Bde., o. J.). Die fast unübersehbare Spezialliteratur zur älteren römischen Verfassungsgeschichte kann hier nicht im einzelnen aufgeführt werden. Man findet sie in den Gesamtdarstellungen von Siber und de Martino (s. o. S. 174 f.), für die älteste Zeit in großer Vollständigkeit in de Franciscis Primordia civitatis; eine vorzügliche kritische Übersicht über die wichtigsten Probleme der Frühgeschichte des römischen Staats gibt A. Momigliano, Journ. of Roman Studies 53 (1963), 95 ff. Die folgenden Hinweise beschränken sich auf eine kleine Auswahl von Arbeiten allgemeineren Charakters. Über das Staatsgebiet der römischen Frühzeit: J. Beloch, Der italische Bund (1880) und Röm. Gesch. S. 144 ff.; Alföldi, Early Rome (s. o.) 296 ff. Hauptsächlich über

---

[3]) Alle Zitate aus dieser Zeitschrift beziehen sich auf die Romanistische Abteilung.

die Kurienverfassung handelt (mit kühnen Folgerungen für die innere Geschichte Roms bis 367 v. Chr.) R. E. A. Palmer, The Archaic Community of the Romans (1970). Über die (lokale) Tribuseinteilung, ihre Entwicklung und ihre politische Bedeutung L. Ross Taylor, The Voting Districts of the Roman Republik (1960). Dieselbe Autorin hat auch die Zusammensetzung und das Verfahren der römischen Volksversammlungen (allerdings erst für die Zeit nach dem 2. punischen Krieg) eindringend und anschaulich dargestellt: Roman Voting Assemblies (1966). Über Patriziat und Senatsadel: A. Alföldi, Der frührömische Reiteradel und seine Ehrenabzeichen (1952) mit neuen Aspekten über die Entstehung des Patriziats; F. Münzer, Röm. Adelsparteien (1920), ein Werk, das wichtige Erkenntnisse über die Entwicklung des Senatsadels z. Z. der hohen und späteren Republik gebracht hat. Über das Königtum: U. Coli, Regnum (Studia et Documenta Historiae et Juris 17, 1951, 1ff.); W. Kunkel in Ius et Lex, Festgabe f. M. Gutzwiller (1959), 3 ff. Grundsätzliches über die Magistratur und die magistratische Gewalt: L. Wenger, Hausgewalt und Staatsgewalt im röm. Altertum (1942); F. Leifer, Die Einheit d. Gewaltgedankens in röm. Staatsr. (1914) und Studien z. antiken Ämterwesen I (Z. Vorgesch. d. röm. Führeramts; 1931); A. Magdelain, Recherches sur l'imperium (1968). Gegen die starke Betonung der ursprünglichen Einheit und Allseitigkeit des magistratischen Imperiums, wie sie insbes. auch von Wenger u. Leifer vertreten wird, wendet sich die in der neueren Literatur vielbeachtete Abhandlung von A. Heuß, Z. Entwicklung d. Imperiums d. röm. Oberbeamten, Ztschr. d. Sav.-Stift. 64 (1944), 57 ff. Dort (104 ff.) auch grundlegende Ausführungen über das Provokationsrecht, deren Thesen von J. Bleicken in ders. Zeitschr. 76 (1959), 324 ff. weiterentwickelt worden sind; vgl. ferner W. Kunkel, Unters. z. Entw. d. röm. Kriminalverfahrens (s. S. 175) 25 ff. Eine überaus lehrreiche Gegenüberstellung der idealisierenden Schilderung, die der griechische Historiker Polybios im 6. Buch seines Geschichtswerks von der römischen Verfassung entwirft, mit der Verfassungswirklichkeit der römischen Republik enthält das Werk von K. v. Fritz, The Theory of the Mixed Constitution in Antiquity (1954). Die Liste der uns bekannten Inhaber der römischen Magistraturen stellt zusammen T. R. Broughton, The Magistrates of the Roman Republic (2 Bde. u. Suppl., 1951–60). Die handlichste Ausgabe der Konsularfasten ist die von A. Degrassi, Fasti Capitolini (1954).

Zu § 2 *(Das ius civile der Frühzeit)*:

Was zu § 1 von den Überlieferungsverhältnissen der römischen Frühzeit und den Methoden der Forschung gesagt ist, gilt auch für die Geschichte des Zivilrechts. Zwischen den in verstreuten Einzelzitaten der literarischen Quellen erhaltenen Resten der Zwölftafelgesetzgebung und unserem Wissen über das Recht der späteren Republik klafft eine große Lücke, die nur durch Rückschlüsse aus dem späteren Recht und durch Beobachtungen der Rechtsvergleichung gefüllt werden kann. Hier hat gerade die Forschung der letzten Jahrzehnte mit zahlreichen Arbeiten erneut eingesetzt und neben manchen Hypothesen von geringer Überzeugungskraft auch sehr wertvolle Gesichtspunkte und Erkenntnisse gewonnen. Nähere Angaben darüber gehören indessen in die Darstellung des römischen Privatrechts. Hier seien nur die beiden wichtigen Werke von M. Kaser, Eigentum u. Besitz im älteren röm. R. (2. Aufl. 1956) u. D. altröm. Jus (1949), sowie die breitangelegte Introduction to Early Roman Law (bis 1954 5 Bde.) des dänischen Rechtshistorikers C. W. Westrup genannt. Literatur zum Zwölftafelgesetz findet man bei W. Kunkel, Röm. Recht, 3. Aufl. S. 3 u. 392 und in der Abhandlung von F. Wieacker, Revue internationale des droits de l'antiquité 3, 1956, 459 ff. Die Ausführungen über das Strafrecht der Zwölftafeln (o. S. 35 ff.) beruhen auf der Abhandlung des Verf. über das vorsullanische Kriminalverfahren (s. S. 175) und den dort Anm. 117 u. 131 genannten Arbeiten von K. Latte. Die uns bekannten Volksgesetze sind bei G. Rotondi, Leges publicae populi Romani (1912, Neudr. 1962) zusammengestellt und erörtert. Über die politischen Hintergründe der privatrechtlichen Volksgesetze s. F. Wieacker, Vom röm. Recht, 2. Aufl. 45 ff. Untersuchungen über die Sprach- und Denkformen der römischen Gesetze enthält die Abhandlung von D. Daube, Forms of Roman Legislation (1956). Bedeutende Einsichten in das Wesen des altröm. Rechts vermittelt schließlich die Rechtssoziologie Max Webers (Grundriß d. Sozialökonomik III, 1922; verbesserte Neuausgabe v. J. Winckelmann in Soziolog. Texte 2, 1960).

Zu § 3 I *(Stadtstaat und Reich)*:

In der literarischen Überlieferung der Republik und des Prinzipats findet sich nirgends eine planmäßige Darstellung der Organisation des römischen Reichs. Für die antiken Autoren, die sich mit römischer Geschichte befaßten (auch für die Provinzialen unter ihnen), stand Rom selbst und die stadtrömische Politik so sehr im Mittelpunkt des Interesses, daß sogar grundlegende Maßnahmen der Reichsorganisation oft nur nebenbei erwähnt werden oder überhaupt erst aus dem Zusammenhang der geschilderten Vorgänge erschlossen werden müssen. Reiches Material über die Verwaltung einer Provinz enthalten nur Ciceros Anklagereden gegen den sizilischen Statthalter C. Verres; auch sie sind aber nur mit Kritik zu verwerten, weil Auswahl und Art der Darstellung durchaus von den Zwecken der Anklage bestimmt sind. Einiges wenige über Ciceros eigene Statthalterschaft in Cilicien enthalten seine Briefe. Aus der Prinzipatszeit besitzen wir den Briefwechsel des bithynischen Statthalters C. Plinius Secundus mit Trajan und bescheidene Reste von Juristenschriften des späten 2. und beginnenden 3. Jh., die sich mit der Provinzialverwaltung befassen.

Die moderne Forschung hat die verstreuten Nachrichten der literarischen Quellen gesammelt und aus den Inschriften ergänzt, die freilich erst ausgangs der Republik wichtige Zeugnisse liefern (z. B. ein großes Stück aus einer wohl auf Cäsar zurückgehenden Munizipalordnung für Italien – *lex Julia municipalis*, Bruns, Fontes, 7. Aufl. S. 102 ff. – und Teile der Stadtrechte von Tarent und Urso, heute Osuna in Spanien – Bruns, ebd. S. 122 ff.). Außerordentlich reichhaltig werden dann die inschriftlich und auf Papyrus überlieferten Urkunden der Reichsverwaltung in der Prinzipatszeit (s. u. S. 183 f.). Bei dieser Überlieferungslage ist gerade im Bereich der Anfänge des römischen Imperiums vieles unsicher und bestritten. Unsere Darstellung versucht auch hier, nur die mehr oder weniger feststehenden Grundlagen herauszuarbeiten. Aus dem Schrifttum sei genannt: E. Täubler, Imperium Romanum (1913); A. Heuß, D. völkerrechtl. Grundlagen d. röm. Außenpolitik in republ. Zeit (1933); W. Dahlheim, Struktur u. Entw. d. röm. Völkerrechts im 3. und 2. Jh. v. Chr. (1968); J. Beloch, D. italische Bund (1880); H. Rudolph, Stadt und Staat im röm. Italien (1935); J. Göhler, Rom u. Italien (1939); A. Afzelius, D. röm. Eroberung Italiens (1942); G. H. Stevenson, Roman Provincial Administration (1939); A. N. Sherwin-White, The Roman Citizenship (1939); M. Gelzer, Gemeindestaat u. Reichsstaat in d. röm. Geschichte: Vom röm. Staat I, S. 6 ff.; E. Badian, Foreign Clientelae (1958). Letzte aufführliche Gesamtdarstellung der republikanischen Reichsverwaltung im 2. und 3. Bd. von de Martinos Storia della costituzione rom. (s. o. S. 174 f.).

Zu § 3 II u. III *(Wirtschaftliche, soziale und innerpolitische Entwicklung Roms am Ausgang der Republik; die Krise der Republik):*

Die reiche antike Literatur über die Geschichte Roms seit den punischen Kriegen ist nur zum kleinen Teil erhalten. Wo wir das hervorragende Geschichtswerk des Griechen Polybios (etwa 200–120 v. Chr.) oder die zwar unkritische, aber ausführliche und auf guten Vorlagen beruhende Darstellung des T. Livius (59 v. Chr. bis 17 n. Chr.) besitzen, sind wir über die geschichtlichen Ereignisse sehr genau unterrichtet. Für andere Zeitabschnitte (namentlich für gewisse Teile des 2. Jh. v. Chr.) ist die Quellenlage minder günstig, reicht aber immerhin für ein verhältnismäßig eindringendes Verständnis auch der innerpolitischen Entwicklung Roms. Im Verlauf des letzten vorchristlichen Jahrhunderts verdichtet sich dann die Überlieferung dank der Erhaltung wichtiger zeitgenössischer Werke (Cicero, Cäsar, Sallust) so sehr, daß diese Periode in vieler Hinsicht die bestbekannte des Altertums ist.

In den Darstellungen der antiken Historiker, den Reden und theoretischen Schriften Ciceros steckt ein umfangreiches Material für die Rekonstruktion der republikanischen Staatsordnung und die Geschichte ihrer Wandlungen. Eine Reihe wichtiger, inschriftlich erhaltener Gesetze kommt hinzu (Beispiele o. S. 39). Auf der breiten Grundlage dieser Quellen ruht Mommsens große Darstellung des republikanischen Staatsrechts (s. o. S. 174). Die neuere Forschung hat sich erfolgreich bemüht, über das rein Institutionelle hinaus die geistigen, sozialen und wirtschaftlichen Triebkräfte der staatlichen Entwicklung am Ende der Republik zu erfassen. Wichtige Beiträge dazu sind: M. Gelzer, D. Nobilität d. röm. Republik (1912, jetzt auch in Kl. Schriften I, 1962, 17 ff.); E. Meyer, Cäsars Monarchie u. d. Prinzipat des Pompejus (3. Aufl. 1922); F. Münzer, Röm. Adelsparteien (1910); R. Heinze, Vom Geist d. Römertums (1936); L. Ross Taylor, Party Politics in the Age of Caesar (1949) nebst den beiden o. S. 179 genannten Werken über die Voting Districts und die Voting Assemblies; das schon zu § 1 erwähnte Werk von K. v. Fritz, The Theory of the Mixed Constitution in Antiquity. Über den Ritterstand der späten Republik s. Cl. Nicolet, L'ordre équestre à l'époque républicaine I (1966), dessen Hauptthese, daß der Ritterstand nur die Inhaber von ‚Staatspferden' umfaßt habe, indessen zweifelhaft erscheint. Zusammenfassende Schilderungen der Zustände am Ausgang der Republik geben (in verschiedenem Rahmen und Umfang): W. Kroll, D. Kultur d. ciceron. Zeit (2 Bände, 1933); M. Gelzer, D. röm. Gesellschaft zur Zeit Ciceros, Kl. Schriften I 154 ff. Mit der Eigenart und der Ausweglosigkeit des politischen Krisenzustands seit Sulla befaßt sich Chr. Meier, Res publica amissa (1966). Eine in vieler Hinsicht grundlegende Darstellung des Ausgangs der Republik und der Entstehung der Monarchie enthält das bedeutende Werk des englischen Historikers R. Syme, The Roman Revolution (1939; mehrfach neugedr.; dtsche Übers. 1957). Oftmals förderlich ist auch das ins Deutsche übersetzte Werk des sowjetrussischen Historikers N. A. Maschkin, Zwischen Republik und Kaiserreich (1954).

Zu § 3 IV *(Der Prinzipat):*

Den Staat des Augustus und seine spätere Entwicklung kennen wir aus den antiken Historikern der Kaiserzeit und aus einer außerordentlich reichen Fülle von Inschriften; dazu kommen die Papyrusfunde Ägyptens, die freilich nur ausnahmsweise über die besonderen Verhältnisse dieses Landes hinaus von Belang sind. Den urkundlichen Zeugnissen kommt dabei insofern eine hervorragende Bedeutung zu, als die kaiserzeitliche Geschichtsschreibung stark tendenziös und in ihrem Gesichtskreis fast noch mehr als die der Republik auf die stadtrömische Politik, ja auf die Person des Princeps und sein Verhältnis zu einer kleinen Oberschicht – in erster Linie zum Senatsadel – beschränkt ist. Dies gilt namentlich auch für Tacitus, den größten Historiker der Kaiserzeit, so glänzend seine Darstellungsform und seine psychologische Gestaltungskraft auch sein mag. (Positiver urteilt über ihn R. Syme in seinem zweibändigen, für die Geschichte des frühen Prinzipats bedeutsamen Tacituswerk, 1958). Da aber in Wahrheit die Bedeutung der Stadt Rom und ihrer Organe (auch des Senats) im politischen Kräftespiel unaufhaltsam zurückging, und da die hervorragendsten Leistungen des Prinzipats gerade in der Organisation der Reichsverwaltung lagen, geben die literarischen Quellen in vieler Beziehung ein schiefes Bild der Verhältnisse, das nur aus der urkundlichen Überlieferung korrigiert werden kann.

Grundsätzliche Äußerungen über die Staatsordnung des Augustus besitzen wir bei dem anfangs des 3. Jh. n. Chr. schreibenden Historiker Cassius Dio in Gestalt eines fingierten Gesprächs zwischen Augustus und seinen Freunden Agrippa und Mäcenas über die Neuordnung des Staates (52, 1–40) und in dem inschriftlich erhaltenen Rechenschaftsbericht des Augustus (dem sog. Monumentum Ancyranum). Die Ausführungen Dios sind interessant und lehrreich, aber sie sind beeinflußt von den eigenen Zeitverhältnissen des Historikers und entstellen deshalb bis zu einem gewissen Grade das echte Bild der augusteischen Schöpfung. In höchstem Maße authentisch ist dagegen das Monumentum Ancyranum (Ausgabe mit grundlegendem Kommentar v. Th. Mommsen, 1865; die in Antiochia in Pisidien aufgefundenen Bruchstücke wurden herausgegeben v. W. Ramsey u. A. v. Premerstein, Klio, Beiheft 19, 1927; sie sind in neueren Ausgaben – z. B. bei J. Gagé, Res gestae Divi Augusti, 2. Aufl. 1950 – eingearbeitet). Hier spricht Augustus selbst über seine Staatsordnung. Allein er stellt sie bezeichnenderweise mit großer Konsequenz als eine bloße Wiederherstellung der republikanischen Verfassung dar und läßt das umstürzend Neue, die Konzentration entscheidender Befugnisse und fast aller tatsächlichen Machtmittel in seiner Hand, nach Möglichkeit in den Hintergrund treten.

Der Widerspruch zwischen formaler Gestaltung und Wirklichkeit, die Verlagerung des ideellen Kerns der augusteischen Ordnung aus dem Bereich der Rechtsordnung in die Welt juristisch nicht scharf erfaßbarer Vorstellungen auf Schlagworte machten es dem Denken der im Konstitutionalismus des 19. Jh. erzogenen Historiker unmöglich, das Wesen dieses Staates zu ergründen. Auch Mommsens berühmte Theorie der „Dyarchie", d. h. einer Teilung der Staatsgewalt zwischen Princeps und Senat, verfehlt darum, wie heute allgemein anerkannt ist, die entscheidenden Gesichtspunkte. Die neuere Literatur über das Wesen des Prinzipats ist außerordentlich umfangreich; nur wenige Werke können hier angeführt werden. Eine der Arbeiten, welche die Studien über den Prinzipat wieder in Gang gebracht und ihre Richtung bestimmt haben, ist der Aufsatz von E. Schönbauer, Wesen u. Ursprung d. röm. Prinzipats (Ztschr. d. Sav.-Stift. 47, 1927, S. 264 ff.). Den ersten großangelegten Versuch, in die sozialen und ideologischen Zusammenhänge des Prinzipats einzudringen, unternahm dann A. v. Premerstein, Vom Werden u. Wesen d. Prinzipats (Abh. d. Bayer. Akad. d. Wiss., Philos.-hist. Abt., N. F. 15, 1937). Dagegen halten sich die Abhandlungen von H. Siber, Z. Entwicklung d. röm. Prinzipatsverfassung u. Das Führeramt d. Augustus (Abh. d. Sächs. Akad. d. Wiss., Philol.-hist. Kl. 42, 3, 1933, u. 44, 2, 1940), streng im Bereich einer rein juristischen Betrachtung. Den viel diskutierten Begriff der „Auctoritas principis" behandelt der französische Rechtshistoriker A. Magdelain (unter diesem Titel, 1947) in vorzüglicher Weise für die republikanische Zeit, insbes. für Cicero, während seine Ausführungen über die Entwicklung dieses Begriffs unter dem Prinzipat minder glücklich erscheinen. Die letzte Spezialuntersuchung über den Begriff des Princeps b. Cicero ist E. Lepore, Il princeps ciceroniano (1954). Umfassend erörtert die Ideologie des Prinzipats das geistvolle und anregende Buch von J. Béranger, Recherches sur l'aspect idéologique du Principat (1953). Vielseitige sozialgeschichtliche und ideologische Aspekte bietet auch der große Artikel Princeps bei Pauly-Wissowa, Realencykl. d. klass. Altertumswiss. XXII 2 (1954) von L. Wickert. Zur Auffassung der beiden letztgenannten Autoren über den Prinzipat W. Kunkel, Ztschr. d. Sav.-Stift. 75 (1958), 302 ff. Über das Verhältnis von Prinzipat und republikanischer Magistratur handelt G. Tibiletti, Principe e magistrati repubblicani (1953). Die eigene Ansicht des Verf. über die Schöpfung des Augustus ist ausführlicher dargelegt in dem Aufsatz über das Wesen des augusteischen Prinzipats, Gymnasium 68 (1961), 353 ff., jetzt auch in dem von W. Schmitthenner hg. Sammelband ‚Augustus' (Wege d. Forschung 128, 1969), auf den insgesamt verwiesen wird; er enthält 19 Aufsätze und (S. 565 ff.) eine sorgfältig ausgewählte Bibliographie über Augustus und sein politisches Werk.

Den Verwaltungsapparat des Princeps kennen wir hauptsächlich aus den Inschriften. Ihr reicher Gehalt ist meisterhaft verarbeitet in dem heute zwar in vielen Einzelheiten überholten, aber noch immer grundlegenden Werk von O. Hirschfeld, Die kaiserlichen Verwaltungsbeamten bis auf Diokletian (2. Aufl. 1905). Dazu kommen jetzt monographische Arbeiten über einzelne Ämter (z. B. des *praefectus praetorio* und des *praefectus Aegypti*) und Ämterkategorien. Genannt seien von ihnen nur die beiden besonders wichtigen Werke von H. G. Pflaum, Les procurateurs équestres sous le Haut-Empire rom. (1950) und Les carrières procuratoriennes équestres (3 Bde., 1960–1). Über das aus kaiserlichen Sklaven und abkommandierten Soldaten bestehende untere Personal der Finanz- und der Provinzialverwaltung s. A. H. M. Jones, Studies in Roman Government and Law (1960) 153 ff. Zur Entwicklung des Fiscus ebd. 101 ff. Über das Nachfolgeproblem, über Mitregentschaft und über die Formen der Einsetzung eines neuen Princeps vgl. insbes. E. Kornemann, Doppelprinzipat u. Reichsteilung im Imperium Rom. (1930); B. Parsi, Désignation et investiture de l'empereur rom. (1963). Die soziale Entwicklung der Prinzipatszeit, namentlich die der oberen Stände ist in den letzten Jahrzehnten mit Hilfe der dafür außerordentlich ergiebigen Inschriften sehr viel klarer herausgearbeitet worden. Das Quellenmaterial ist gesammelt in der Prosopographia Imperii Romani (2. Aufl. v. E. Groag u. A. Stein, Bd. I–IV, unvollendet, 1933–66; die 1. Aufl. in insgesamt 3 Bden. stammt von H. Dessau und anderen). Die Zusammensetzung des Senats im Laufe der Prinzipatszeit klärt eine Reihe von zeitlich aneinanderschließenden Einzeluntersuchungen, die hier nicht aufgezählt werden können. Für den Ritterstand leistete dasselbe A. Stein, Der röm. Ritterstand (1927). Methodologische und sachliche Beiträge zu diesem Problemkreis findet man auch bei W. Kunkel, Herkunft und soziale Stellung d. röm. Juristen (1952) und R. Syme, Tacitus II (1958) 585 ff. Die soziale und wirtschaftliche Entwicklung der Kaiserzeit insgesamt schildert in großartiger Weise das oben S. 176 genannte Werk von Rostovtzeff. Über die römische Kolonisation und Bürgerrechtspolitik unter Caesar u. Augustus handelt F. Vittinghoff (1952); eine Erörterung der Ausbreitung des römischen Bürgerrechts und seiner Bedeutung in der Kaiserzeit gibt A. N. Sherwin-White, The Roman Citizenship (1939), 165 ff. Die jüngste ausführliche Behandlung der *Constitutio Antoniniana* ist die Abhandlung von Ch. Sasse, Die Const. Ant. (1958); hier ist das ältere Schrifttum mit großer Vollständigkeit angeführt; zu Sasses eigener Ergänzung und Deutung vgl. die Einwände von H. J. Wolff, Ztschr. d. Sav.-Stift. 76 (1959), S. 575 ff.; reichliche Literaturangaben findet man auch bei M. Kaser, Röm. Privatr. I[2] (1971), S. 216, Anm. 27. Zu der mit den Problemen der Const. Ant. eng verquickten Frage des sog. Doppelbürgerrechts s. u. S. 185 f. Wie zähe das Leben stadtstaatlicher Vorstellungen sowohl auf der römischen Seite als auch in den griechischen Gemeinden des Ostens gewesen ist und wie langsam sich infolgedessen das Reich im Bewußtsein der Bevölkerung aus einem ‚völkerrechtlichen' Imperium Roms in ein einheitliches Staatsgebilde umwandelte, zeigt die Untersuchung von D. Nörr Imperium u. Polis in d. hohen Prinzipatszeit[2] (1969). Für die allgemeine Geschichte der Prinzipatszeit ist die letzte ausführliche Darstellung in deutscher Sprache das gediegene, aber durch eine gewisse Enge des Gesichtskreises enttäuschende (unvollendete) Werk von H. Dessau, Gesch. d. röm. Kaiserzeit (Bd. I, II, 1 u. 2, 1926–30). Im übrigen wird man in erster Linie zur Cambridge Ancient History greifen (s. o. S. 176). Von den gesellschaftlichen Zuständen handelt das berühmte Buch von L. Friedländer, Darstellungen aus d. Sittengesch. Roms (9. Aufl. v. G. Wissowa 1919–21; Neudr. 1964).

Zu § 4 *(Das öffentliche Strafverfahren)*:

Abschn. I gibt in großen Linien die (allerdings noch umstrittenen) Ergebnisse wieder, zu denen die o. S. 175 angeführten Untersuchungen des Verf. über die Entwicklung des röm. Kriminalverfahrens in vorsullanischer Zeit gelangt sind. Über das Schwurgerichtsverfahren der ausgehenden Republik und der frühen Kaiserzeit (Abschn. II) vgl. J. Lengle, Röm. Strafr. b. Cicero u. d. Historikern (1934) und des Verf. Art. ‚Quaestio' in Paulys Realencykl. d. klass. Altertumswiss. 24, 720 ff. Eine Anzahl wertvoller Untersuchungen der letzten Jahre betreffen einzelne Strafgesetze der späten Republik und des Augustus; s. insbes. J. D. Cloud, Ztschr. d. Sav.-Stift. 80 (1963), 206 ff. u. 86 (1969), 258 ff. über die *Lex Julia maiestatis* und die *Lex Cornelia de sicariis*. R. A. Bauman, The Crimen Maiestatis in the Roman Republic and Augustan Principate (1967). Über Entstehung und Entwicklung des Kaisergerichts und des Senatsgerichts handelten zuletzt J. M. Kelly, Princeps iudex (1957); J. Bleicken, Senatsger. u. Kaiserger. (Abh. Göttinger Akad. d. Wiss., Phil.-Hist. Kl. N. F. 53, 1962); W. Kunkel, Über d. Entstehung d. Senatsgerichts (Sitz.-ber. Bayer. Akad. d. Wiss., Phil.-hist. Kl. 1969, 2); A. H. M. Jones, Studies in Rom. Government and Law (1960) 69 ff. Zum römischen Strafensystem und seiner Entwicklung vgl. insbes. E. Levy, Die röm. Kapitalstrafe, Ges. Schr. II (1965) 323 ff.; ders. Gesetz und Richter im kaiserl. Strafr., ebd. 433 ff.; U. Brasiello, La repressione penale in dir. rom. (1937).

Zu § 5 *(Die Privatrechtsentwicklung im römischen Großstaat und im Weltreich)*:

Über das römische Gastrecht vgl. Mommsen, Röm. Forschungen I (1864), S. 326 ff. Seine Auffassung ist allerdings nicht unbestritten geblieben; s. bes. A. Heuß, Die völkerrechtl. Grundlagen d. röm. Außenpolitik (1933) u. De Martino, Storia della costituzione rom. II 1, 11 ff. Das *ius gentium* bildet in der Darstellung der römischen Juristen (und auch in den modernen Darstellungen) keineswegs eine geschlossene Masse, sondern erscheint im Zusammenhang der Privatrechtsordnung eingesprengt zwischen den nur für römische Bürger geltenden Sätzen des *ius civile*. Das Wesen des *ius gentium* ist in neuerer Zeit erörtert worden von E. Schönbauer, Ztschr. d. Sav.-Stift. 49 (1929), S. 383 ff.; M. Kaser, ebenda 59 (1939), S. 67 ff.; W. Kunkel, Festschr. P. Koschaker II (1939), S. 1 ff.; M. Lauria, ebenda I S. 258 ff.; G. Lombardi, Sul concetto di ius gentium (1947) u. Ricerche in tema di ius gentium (1946).

Das Problem „Reichsrecht u. Volksrecht" ist entdeckt und zugleich in weitem Umfang geklärt worden in dem epochemachenden Buch von L. Mitteis, Reichsr. u. Volksr. in d. östl. Provinzen d. röm. Kaiserreichs (1891, Neudr. 1963). Mit diesem Werk begann eine Periode, in der sich die rechtsgeschichtliche Forschung eindringend mit dem griechisch-ägyptischen Rechtsleben und darüber hinaus auch mit dem vorhellenistischen (d. h. vor der Zeit Alexander d. Großen geltenden) Recht Griechenlands und mit den altorientalischen Rechtsordnungen (dem sumerischen, babylonischen, assyrischen, hethitischen, altägyptischen Recht) befaßte. Fortwährende reiche Urkundenfunde nährten diese Studien: Papyri aus Ägypten, griechische Inschriften, Keilschrifttontafeln und -zylinder aus dem Zweistromland und anderen Teilen Vorderasiens, darunter auch Gesetze und Rechtsbücher bedeutenden Umfangs, wie z. B. das um 1700 v. Chr. entstandene Gesetzbuch des babylonischen Königs Hammurabi, das altertümliche griechische Stadtrecht von Gortyns auf Kreta oder das Stadtrecht der hellenistischen Weltstadt Alexandria. Juristen studierten die altorientalischen Sprachen, um die neuerschlossenen Rechtsquellen in der Ursprache verstehen zu können. Es entstand eine ganze Literatur über die Rechtswelt des alten Orients und des griechisch-hellenistischen Bereichs. Das Ergebnis dieser Forschungen war eine außerordentliche Erweiterung des rechtshistorischen Gesichtskreises, die Entdeckung zahlreicher Parallelen zwischen Rechtsordnungen, die entwicklungsmäßig nicht voneinander abgeleitet werden können, und im Anschluß daran die Erkenntnis, daß es für bestimmte wirtschaftliche und soziale Tatbestände nur eine begrenzte Zahl von rechtlichen Gestaltungsmöglichkeiten gibt, die je nach Kulturstufe und Umwelt in den einzelnen Rechtsordnungen verwirklicht werden, eine Erkenntnis, die für die geschichtliche Rechtsvergleichung von großer Bedeutung ist. Daneben wurden – worauf es ursprünglich in der Hauptsache abgesehen war – auch manche Entwicklungszusammenhänge zwischen der griechisch-orientalischen Rechtswelt und der späteren römischen Rechtsgeschichte gewonnen. Doch trat zugleich auch gerade die weitgehende Eigenständigkeit der römischen Rechtsentwicklung, selbst in der Spätzeit, scharf hervor. Es zeigte sich, daß es eine „antike Rechtsgeschichte" (der Ausdruck stammt von L. Wenger) nur im Sinne einer vergleichenden und die mannigfachen Berührungspunkte untersuchenden Betrachtung der auf antikem Kulturboden erwachsenen Rechtsordnungen, nicht aber in dem einer kontinuierlichen Entwicklung von der Frühzeit des alten Orients bis an die Schwelle des Mittelalters geben kann.

Nach Mitteis ist das Verhältnis von Reichsrecht und Volksrecht erneut untersucht worden von E. Schönbauer, Ztschr. d. Sav.-Stift. 51 (1931), S. 277 ff.; 57 (1937), S. 309 ff.; 62 (1942), S. 267 ff. S. auch F. De Visscher, Comptes-Rendus de l'Académie des Inscriptions et Belles Lettres 1938, S. 24 ff. und Nouvelles Etudes de droit rom. (1949) 51 ff. Weitere Arbeiten zu diesem Problemkreis sind bei Gaudemet, La formation du droit séculier et du droit de l'Eglise aux IVe et Ve siècles (1957) S. 121, Anm. 2, angeführt. Viel diskutiert ist insbes. die von Schönbauer aufgeworfene

Frage der Bedeutung des sog. Doppelbürgerrechts, d. h. der Zugehörigkeit der Provinzialen sowohl zum römischen wie zu ihrem heimischen Bürgerverband, für das Fortleben des Volksrechts. Literatur bei Kaser, Röm. Privatr. I[2], 217, Anm. 20 u. Gaudemet, a. a. O. 121, Anm. 1. S. ferner die Abhandlung von D. Nörr, Tijdschr. v. Rechtsgeschiedenis 31 (1953) 525 ff., bes. 556 ff.

Die maßgebende Untersuchung über die dem Abschnitt „Rechtsquellen u. Rechtsschichten" zugrundeliegenden Tatsachen, ist noch immer M. Wlassak, Krit. Studien z. Theorie d. Rechtsquellen im Zeitalter d. klass. röm. Juristen (1884). Zur Frage der Verschmelzung von *ius civile* und *ius honorarium* s. u. S. 190.

Zu § 6 *(Die zivilrechtliche Jurisdiktion und das Amtsrecht):*

Den Zivilprozeß der republikanischen Periode und der Prinzipatszeit kennen wir in der Hauptsache nur aus dem 4. Buch der Gaiusinstitutionen (o. S. 112) und aus den Schriften, insbesondere den Prozeßreden Ciceros; in der justinianischen Überlieferung dagegen sind seine Spuren stark verwischt, weil zur Zeit der Gesetzgebung längst ein anderes Verfahren (der Kognitionsprozeß; s. S. 129 ff.) in Übung war. Sowohl die ziemlich elementar gehaltene Darstellung des Gaius, die sich im wesentlichen auf eine Einführung in das prozessuale Formelwesen beschränkt, wie besonders die prozessualen Anspielungen Ciceros setzen vieles voraus, was den Zeitgenossen aus täglicher Anschauung auf dem Forum geläufig war, von uns aber erst mühsam erschlossen werden muß. Die genaue Erforschung des altrömischen und klassischen Zivilprozesses gehört darum zu den schwierigsten Aufgaben der rechtshistorischen Wissenschaft. Unsere Darstellung muß sich auf die Andeutung derjenigen Gesichtspunkte beschränken, die für das Verständnis der äußeren Rechtsgeschichte unentbehrlich sind. Ihr liegt eine Auffassung des römischen Zivilprozesses zugrunde, die von der lange Zeit herrschenden, von M. Wlassak in zahlreichen Schriften begründeten und verteidigten, in wesentlichen Punkten abweicht.

Eine Zusammenfassung der Ergebnisse Wlassaks findet man bei L. Wenger, Institutionen d. röm. Zivilprozeßrechts (1925), den heutigen Stand der Forschung bei M. Kaser, D. röm. Zivilprozeßr. (1966, im Hdb. d. Klass. Altertumswiss.). Neben dieser umfassenden und gründlichen Darstellung verdienen drei Vorlesungspublikationen in italienischer Sprache Beachtung: G. I. Luzatto, Procedura civile romana (3 Bde. 1948–50, reicht bis zur Entstehung des Formularverfahrens); G. Pugliese, Il processo civile rom. (I 1961–2, Legisaktionen; II 1 1963, Beginn der Behandlung des Formularprozesses); A. Biscardi, Lezioni sul processo civile romano antico e classico (o. J.). Keine Darstellung des Verfahrensrechts, sondern eine Folge von Untersuchungen über die Realitäten der römischen Gerichtspraxis und namentlich über ihre Mängel (Benachteiligung des sozial Schwächeren, Bestechlichkeit und Unfähigkeit der Gerichtsorgane) enthält das Buch von J. M. Kelly, Roman Litigation (1966).

Von den deutschen Einzeluntersuchungen leitete (nach einigen kritischen Ansätzen bei Wenger) ein Aufsatz von M. Kaser in der Festschr. f. L. Wenger I (Münchener Beitr. z. Papyrusforschung u. antiken Rechtsgesch. 34), 106 ff., den Bruch mit den Grundkonzeptionen Wlassaks ein. Wesentliche Fortschritte in dieser Richtung brachten die Abhandlungen von G. Broggini, Iudex arbiterve (1957) und G. Jahr, Litis contestatio (1960). Einige neue Aspekte für die Gerichtsverfassung der römischen Frühzeit und den Legisaktionsprozeß ergeben sich aus den Untersuchungen des Verf. über die Entwicklung des römischen Strafverfahrens (vgl. o. zu § 4). Eine eindringende Monographie über die Legisaktionen bietet das Werk von H. Lévy-Bruhl, Recherches sur les actions de la loi (1960), die Zusammenfassung früherer Einzelstudien dieses Autors.

Für den Zusammenhang zwischen der Entstehung des Formularverfahrens und dem Beginn der prätorischen Rechtsschöpfung ist namentlich auf das oben genannte Buch von G. Broggini zu verweisen. Zur Herkunft der *bonae fidei iudicia* zuletzt F. Wieacker, Ztschr. d. Sav.-Stift. 80 (1963) 1 ff.

Die schwierige Aufgabe der Rekonstruktion des prätorischen Edikts aus den Kommentarfragmenten der hoch- und spätklassischen Juristen hat, nach unvollkommenen Versuchen älterer Gelehrter, O. Lenel meisterhaft gelöst. Sein Edictum perpetuum (3. Aufl. 1927; Neudr. 1956) ist ein fester Ausgangspunkt für jede Untersuchung auf dem Gebiet des klassischen Privatrechts. Einen Abdruck des Ediktstextes (nach der 2. Aufl. des Lenelschen Werks v. 1907) enthält auch Bruns, Fontes I^7 S. 211 ff.

Von den älteren Fassungen des Edikts des *praetor urbanus* besitzen wir bescheidene Reste hauptsächlich in den Reden Ciceros. Cicero gibt auch (in einem Brief an seinen Freund Atticus, 6, 1, 15) einen kurzen Bericht über sein eigenes Edikt für die Provinz Cilicien. Stücke aus dem sizilischen Provinzialedikt des C. Verres finden sich in Ciceros großer Anklagerede gegen diesen Statthalter. Die in der justinianischen Gesetzgebung enthaltenen Reste eines um die Mitte des 2. Jahrhunderts von Gaius (o. S. 112 f.) verfaßten Kommentars *ad edictum provinciale* (zu einem einheitlichen Edikt für alle Provinzen oder zur Ediktsfassung einer bestimmten Provinz?) zeigen keine Abweichungen vom Edikt des Stadtprätors. Den Ediktsstil untersucht M. Kaser, Festschr. F. Schulz II (1951) S. 21 ff.

Zu § 7 *(Die Rechtswissenschaft und das Juristenrecht):*

Mit ihrer eigenen Geschichte hat sich die römische Jurisprudenz, soviel wir sehen, kaum befaßt. Darum besitzen wir nur den o. S. 101 und 112 erwähnten dürftigen Abriß über die Geschichte der Rechtswissenschaft, der aus dem Enchiridium des Pomponius in die Digesten Justinians (1, 2, 2) aufgenommen worden ist. Einiges über die Geschichte der republikanischen Jurisprudenz findet man auch bei Cicero, der übrigens von Pomponius (oder dessen Gewährsmann) benutzt zu sein scheint. Zu diesen Quellen kommen vereinzelte Notizen in der historischen und antiquarischen Literatur. Eine stattliche Anzahl von Ehreninschriften unterrichtet uns über die Ämterlaufbahn solcher Juristen der Kaiserzeit, die es auch im Staatsdienst zu etwas gebracht haben (Beispiele o. S. 103). Schließlich haben wir die Überreste der Werke der römischen Juristen selbst. Sie sind freilich schweigsame Zeugen über die Schicksale und die Persönlichkeit ihrer Verfasser. Nur sehr selten findet sich in ihnen einmal eine biographische Notiz, und die Individualität der Verfasserpersönlichkeit tritt überall mehr oder weniger hinter der fast handwerklichen Traditionsgebundenheit in Stil und Methode zurück (s. o. S. 106).

Zu einer Literaturgeschichte der römischen Rechtswissenschaft im vollen Sinne des Wortes reicht das alles kaum aus, und es ist verständlich, daß noch die Darstellung in den grundlegenden Handbüchern von P. Krüger und Th. Kipp (s. o. S. 175) über eine bloße Aufzählung äußerer Daten kaum hinausgelangt ist. Die erste wahrhafte Geschichte der römischen Rechtswissenschaft bietet das 1946 erschienene Buch von F. Schulz, History of Roman Legal Science (deutsche Ausgabe, nach der im folgenden zitiert wird: Gesch. d. röm. Rechtswiss., 1961), ein hervorragendes Werk, wenn schon manche seiner Aufstellungen Widerspruch herausfordern. Während für Schulz die innere Geschichte der Rechtswissenschaft und namentlich auch die Geschichte der Literaturformen im Vordergrund steht, versucht W. K u n k e l , Herkunft u. soziale Stellung d. röm. Juristen (2. Aufl. 1967), mit den Methoden der personengeschichtlichen (prosopographischen) Forschung (s. o. S. 183) die soziale Entwicklung und Schichtung der republikanischen und klassischen Jurisprudenz zu erfassen. Eine für das Verständnis der klassischen Rechtsliteratur und die Kenntnis der einzelnen Juristen grundlegende Zusammenstellung aller Bruchstücke aus den Werken eines jeden Juristen der republikanischen und klassischen Zeit, soweit möglich im ursprünglichen Gedankenzusammenhang, ist das zweibändige Werk von O. L e n e l , Palingenesia iuris civilis (1889). Über „Alter u. Folge d. röm. Juristen von Hadrian bis Alexander" handelt eine großenteils auch heute noch maßgebliche Schrift von H. F i t t i n g (2. Aufl., 1908). Im übrigen wird, wer nähere Einzelheiten, insbes. auch Angaben über die in diesem Grundriß nicht erwähnten Juristen sucht, noch immer zunächst zu den Darstellungen von P. K r ü g e r und Th. K i p p greifen. Sehr gut unterrichten auch die Artikel über die einzelnen Juristen in der Realenzyklopädie d. klass. Altertumswissenschaft v. P a u l y – W i s s o w a – K r o l l. Neuere Spezialliteratur zu einzelnen Juristen und ihren Werken ist im Nachtrag d. 2. Aufl. des o. genannten Buches von W. K u n k e l, S. 408 ff., verzeichnet; einige größere Werke werden im folgenden noch angeführt. Schließlich sei noch auf die plastische und anregende Skizze der röm. Jurisprudenz bei F. W i e a c k e r, Vom röm. R., 2. Aufl. 128 ff. hingewiesen.

Eine Darstellung der J u r i s p r u d e n z d e r r e p u b l i k a n i s c h e n Z e i t unternahm P. J ö r s (Röm. Rechtswissensch. z. Z. d. Rep. I. 1888), gedieh damit aber nur bis zu Cato und berührte darum nicht mehr das Problem der griechischen Einflüsse. Diese traten in den Vordergrund des Interesses durch die 1926 erschienene Schrift v. J. S t r o u x, Summum ius summa iniuria (Neudr. zus. mit einer späteren Abhandlung, ‚Griech. Einflüsse auf d. Entw. d. röm. Rechtswiss. gegen Ende d. rep. Zt.' in ‚Röm. Rechtswiss. u. Rhetorik', 1949). Stroux' These, daß die Auslegungsmethoden der römischen Juristen von der sog. Statuslehre der rhetorischen Theorie entscheidend beeinflußt worden seien, fand sowohl Zustimmung wie Widerspruch. Im Sinne von Str. z. B. neuerdings wieder B. V o n g l i s , La lettre et l'esprit de la loi dans la jurisprudence classique et la rhétorique (1968). Gegen die Annahme eines sehr starken Einflusses der Rhetorik insbes. J. H i m m e l s c h e i n , Symbolae Friburgenses in hon. O. Lenel (o. J.) 373 ff. und jetzt U. W e s e l , Rhetor. Statuslehre u. Gesetzesausl. d. röm. Juristen (1967). Die Übernahme der dialektischen Methode von der griechischen Philosophie betrachten als das Wesentliche F. S c h u l z, Gesch. d. röm. Rechtswiss. 73 ff. (= 62 ff. d. engl. Ausg.) u. H. C o i n g, Ztschr. d. Sav.-Stift. 69 (1952), 24 ff: Studi in onore di V. Arangio-Ruiz I (1953) 365 ff., der dabei in erster Linie an die aristotelische Logik denkt. Kenntnis und Anwendung der Prinzipien stoischer Logik hat J. M i q u é l , Ztschr. d. Sav.-Stift. 87 (1970), 85 ff., bei mehreren Juristen der Kaiserzeit (Proculus, Julian, Cervidius Scaevola) nachgewiesen. Über die griechischen Wurzeln des Systems der gajanischen Institutionen s. F. W i e a c k e r, Ztschr. d. Sav.-Stift. 70 (1953), 93 ff. In den letzten Jahren ist die Beschäftigung mit dem Problem der griechischen Einflüsse etwas in den Hintergrund getreten gegenüber dem Bestreben, zunächst einmal die Methoden der römischen Juristen als solche exakter zu erfassen, ihre Definitionen, ihre ‚Rechtsregeln' und ihre Entscheidungsbegründung zu studieren (Literaturangaben hierzu b. F. H o r a k , Rationes decidendi I, 1969, 1, Anm. 2: dazu noch B. S c h m i d l i n, D. röm. Rechtsregeln, 1970). Zu dieser Wendung der Forschungsrichtung wesentlich beigetragen hat die vielbeachtete Schrift v. Th. V i e h w e g, Topik u. Jurisprudenz (1953; 4. Aufl. 1965), in der die Arbeitsweise der römischen Juristen als typisches Beispiel ,topischer' Betrachtung in Gegensatz zur begrifflichen Deduktion gestellt wird. Sie ist bei den Rechtshistorikern auf Widerspruch oder Vorbehalte gestoßen. Vgl. hierzu u. insgesamt M. K a s e r, Z. Methode d. röm. Rechtsfindung (Nachr. d. Göttinger Akad. d. Wiss., Phil.-hist. Kl. 1962, 2).

Im Bereich der k l a s s i s c h e n J u r i s p r u d e n z ist das Problem des *ius respondendi* oft behandelt worden. Die Begründung der im Text vorgetragenen Auffassung und zugleich Hinweise auf weitere Literatur in Ztschr. d. Sav.-Stift. 66 (1948), 423 ff. u. in Herkunft u. soziale Stellung d. röm. Juristen 281 ff. u. (2. Aufl.) 412. – Bezüglich der monographischen Literatur über einzelne klassische Juristen muß es im allgemeinen bei der Verweisung o. S. 188 bewenden; nur einige wenige größere Werke können im Folgenden noch besonders hervorgehoben werden. Das umfangreiche Buch von A. P e r n i c e , M. Antistius Labeo (3 Bände, 1879–1900, Band 2 in 2. Aufl.) geht nach einer kaum 90 Seiten langen biographischen Einleitung in den Versuch einer großangelegten Gesamtdarstellung des römischen Privatrechts zu Beginn unserer Zeitrechnung über. Obwohl dieses Unternehmen angesichts der Überlieferungsverhältnisse ebensowenig voll gelingen konnte wie eine wirkliche Biographie des Labeo, hat das Werk die Erkenntnis des klassischen Rechts wesentlich gefördert. Ähnliche Ausmaße, aber nicht die gleiche wissenschaftliche Bedeutung, hat die Papinianmonographie des Italieners E. C o s t a (Papiniano, 4 Bände, 1894–1899, Neudr. 1964). Sehr reichhaltig ist die Spezialliteratur über Gaius. Seine Institutionen sind Gegenstand eines mit 3 Bänden unvollendet gebliebenen Kommentars von F. K n i e p , der indessen das Verständnis der Schrift nicht allzusehr gefördert hat. (Über weitere Kommentare s. u. bei den Ausgaben). Von den älteren Abhandlungen, die sich mit der Persönlichkeit des Gaius befassen, werden hier nur diejenigen genannt, in denen die im Text erwähnten Hypothesen aufgestellt sind. Die Gleichsetzung des Gaius mit C. Cassius Longinus ist zuerst in der Berliner Dissertation des Rumänen St. L o n g i n e s c u (Gaius d. Rechtsgelehrte, 1896) vorgeschlagen und dann von W. K a l b (Jahresbericht f. Altertumswissenschaft 89, 1896, S. 231 f.; 99, 1901, 2, S. 40) durch die Annahme einer anonymen Bearbeitung der Schrift des Cassius im 2. Jh. n. Chr. verbessert worden. Die noch immer von vielen für wahrscheinlich gehaltene Hypothese vom Provinzialjuristen Gaius stammt von Th. M o m m s e n (Jurist. Schriften II, S. 26 ff., zuerst 1859). Der skeptische Standpunkt des Verf. wird begründet in Herkunft u. sozialer Stellung d. röm. Juristen 186 ff.; ihn aufzugeben gibt auch das einfallsreiche, aber in seinen Folgerungen oft sehr kühne Buch von A. M. H o n o r é, Gaius (1962), keine Veranlassung (vgl. dazu W i e a c k e r, Ztschr. d. Sav.-Stift. 81, 1964, 401 ff.). Über das Verhältnis der Gaiusinstitutionen zu den Werken der großen klassischen Juristen vgl. den Aufsatz von M. K a s e r , Ztschr. d. Sav.-Stift. 70 (1953), 127 ff., der eine lebhafte Diskussion hervorgerufen hat; eindrucksvolle Argumente für die Qualität der Gaiusinstitutionen b. W. F l u m e , in ders. Ztschr. 79 (1962), 1 ff. Vorträge über vielerlei Gaiusprobleme enthält der Band ,Gaio nel suo tempo' (Biblioteca di Labeo 31, 1966). – Ausgaben der Gaiusinstitutionen v. P. K r ü g e r u. G. S t u d e m u n d in Collectio librorum iuris anteiustiniani I (7. Aufl., 1923) und v. E. S e c k e l und B. K ü b l e r in Jurisprudentiae anteiustinianae reliquiae I (1908); daneben Sonderausgabe v. S e c k e l – K ü b l e r , deren 7. Auflage (1935) auch die neuen, in Ägypten gefundenen Bruchstücke einbezieht. Der zweite, weitaus wichtigere dieser Funde ist für den deutschen Leser am bequemsten bei E. L e v y, Zeitschr. d. Sav.-Stift. 54 (1934), S. 258 ff. = Ges. Schr. I 60 ff., zugänglich (mit grundlegenden Erläuterungen). Nach dem 2. Weltkrieg sind mehrere neue Gaiusausgaben im Ausland erschienen: von J. R e i n a c h (Paris 1950), von F. D e Z u l u e t a (2 Bde., Text und Kommentar, London 1946, 1953), von M. D a v i d (Leiden 1948, 2. Aufl. 1964;

große Ausg. mit philol. Kommentar v. David u. Nelson seit 1954; bisher je 3 Lieferungen Text und Kommentar, die bis zum Ende des 2. Buches reichen). Auch in den S. 172 genannten Sammlungen von Girard u. Riccobono–Baviera–Ferrini sind die Gaiusinstitutionen enthalten.

Zum Abschnitt Juristenrecht: Die schon in klassischer Zeit beginnende, im nachklassischen Recht fortschreitende Verschmelzung von Zivilrecht und Amtsrecht ist namentlich von dem italienischen Forscher S. Riccobono in ihrer Bedeutung für die römische Rechtsentwicklung erkannt und beleuchtet worden. Von seinen Schriften über diesen Gegenstand sei hier nur der in Deutschland erschienene Aufsatz La fusione del ius civile e del ius praetorium genannt (Archiv f. Rechts- u. Wirtschaftsphilosophie 16, 1923, S. 503 ff.).

Zu § 8 *(Das Kaiserrecht):*

Volksgesetze und Senatsbeschlüsse der Kaiserzeit sind uns sowohl in den Überresten der klassischen Rechtsliteratur als auch inschriftlich erhalten. Die Juristenschriften geben uns die wichtigeren von ihnen, aber in der Regel nur bruchstückweise in kurzen Zitaten und oft nicht im genauen Wortlaut. Die Inschriften dagegen bieten, von den Zufälligkeiten lückenhafter Erhaltung abgesehen – in der Regel den vollen und genauen Text; aber das Geschick hat uns – wenigstens aus der Prinzipatszeit – zumeist nur solche Gesetze und Senatsbeschlüsse inschriftlich bewahrt, deren rechtsgeschichtliche Tragweite nicht sehr groß ist. Ausnahmen bilden in dieser Hinsicht z. B. die berühmte *lex de imperio Vespasiani* des Jahres 69 (s. o. S. 61; zweifelhaft, ob Volksgesetz oder Senatsbeschluß) und das *senatus consultum Calvisianum* über den Repetundenprozeß vor dem Senat (o. S. 70 Anm. 30). Die Texte (auch die literarisch überlieferten), soweit damals bekannt, bei Bruns, Fontes (7. Aufl.) S. 111 f. (Volksgesetze) und S. 191 ff. (Senatsbeschlüsse). Vollständiger, weil jünger, ist die Sammlung in der von Riccobono u. a. veranstalteten Ausgabe der Fontes iuris anteiustiniani (s. o. S. 172), Bd. I, 1941.

Die überwiegende Zahl der literarisch erhaltenen Kaiserkonstitutionen stammt erst aus der Zeit des Dominats. Immerhin enthalten aber die justinianischen Gesetzbücher und die anderwärts überlieferten Reste der klassischen Rechtsliteratur eine sehr große Menge von Konstitutionentexten und Anführungen von Konstitutionen des 2. u. 3. Jh., wobei die Reskripte durchaus überwiegen. (Die Konstitutionenzitate in den Fragmenten der klassischen Juristen, mehr als 1500 an der Zahl, sind jetzt gesammelt von G. Gualandi, Legislazione imperiale e giurisprudenza, 1963, Bd. I; Bd. II enthält eine Auswertung dieses Materials für die Frage nach dem Verhältnis von Jurisprudenz und Kaisergesetzgebung). Hinzu kommt die monumentale Überlieferung, die hier reicher ist als bei den Volksgesetzen und Senatsbeschlüssen. Im Gegensatz zu den in aller Regel gekürzten Texten oder bloßen Zitaten in den literarischen Quellen sind die inschriftlich oder auf Papyrus überlieferten Konstitutionen zumeist im vollen Wortlaut wiedergegeben, wenn auch sehr oft nicht vollständig erhalten. Sie bieten deshalb ein getreueres Bild der Formalien und des Stiles der Kaisergesetzgebung. Zu den bei Bruns, Fontes (7. Aufl.), S. 249 ff. zusammengestellten Texten kommen nicht wenige Neufunde, unter ihnen z. B. fünf Edikte des Augustus, die bei italienischen Ausgrabungen in Kyrene gefunden worden sind und wichtige Aufschlüsse über Gerichtsbarkeit und Verwaltung in dieser Provinz, darüber hinaus auch über das Verhältnis von Kaiser und Senat enthalten (s. o. S. 57 Anm. 18). Aus der umfangreichen Literatur zu diesen

Edikten ragen die Abhandlungen von J. Stroux–L. Wenger, Die Augustusinschrift auf dem Marktplatz von Kyrene (Abhandl. d. Bayerischen Akademie d. Wissensch., Philos.-hist. Kl. 34, 2, 1928) und A. v. Premerstein, Die fünf neugefundenen Edikte des Augustus aus Kyrene (Ztschr. d. Sav.-Stift. 48, 1928, S. 419 ff.) hervor (beide mit Text); die letzte ausführliche Behandlung bietet das Buch von F. de Visscher, Les édits d'Auguste découverts à Cyrène (1940). Kein *liber mandatorum*, aber doch eine wesensverwandte Dienstanweisung für eine untere Dienststelle der ägyptischen Finanzverwaltung (die z. T. auf Mandate zurückgeht) ist der Gnomon des Idios Logos, ein umfangreicher Papyrus der Berliner Sammlung (Berliner Griechische Urkunden, Bd. 5, mit Kommentar; weiterer sehr ausführlicher Kommentar von S. Riccobono jr., Il Gnomon dell'Idios Logos, o. J. [1950]; Textabdruck mit Erläuterungen auch bei P. M. Meyer, Jurist. Papyri, S. 315 ff.); er bietet mancherlei auch für das römische Privatrecht, doch in eigentümlicher Entstellung durch den juristischen Unverstand und den hemmungslosen Fiskalismus der provinzialen Finanzbehörde. Eine Anzahl von Reskripten des Septimius Severus enthält der Papyrus Columbia 123 (herausgeg. von W. L. Westermann u. A. A. Schiller, Apokrimata, 1954; revidierter Text b. H. C. Youtie u. A. A. Schiller, Chronique d'Egypte 30, 1955, 327 ff.). Eine Sammlung aller bekannten Konstitutionen der einzelnen Kaiser, die in Italien seit langem geplant wurde, ist bisher nicht zustandegekommen. Erschienen ist bisher nur ein 1. Teil der Acta Divi Augusti (Rom 1945).

Zu § 9 *(Staat, Gesellschaft und Rechtspflege in der Spätzeit):*

Was wir von der Geschichtsschreibung der römischen Spätzeit besitzen, ist von sehr ungleichem Werte. Einige wenige Autoren von Rang, wie Ammianus Marcellinus, dessen um 390 n. Chr. geschriebenes Werk etwa für das dritte Viertel des 4. Jahrhunderts erhalten ist, oder Procopius, der Historiker des justinianischen Zeitalters, stehen neben den Verfassern dürftiger Abrisse und Chroniken. Am übelsten ist es mit der historiographischen Überlieferung für das 3. Jahrhundert, die Übergangszeit zwischen Prinzipat und Dominat, bestellt. Da hier selbst die monumentalen Zeugnisse bis zu einem gewissen Grade versagen, ist das 3. Jahrhundert die dunkelste Periode der gesamten römischen Geschichte seit den punischen Kriegen.

Für die Erfassung der staatlichen, sozialen und politischen Entwicklung der Spätzeit sind wir im übrigen nicht nur auf die Angaben der antiken Historiker angewiesen. Sehr viel wichtiger und reicher ist in diesem Zusammenhang der Gehalt der Kaisergesetze, die uns namentlich der *Codex Theodosianus* (S. 142) aufbewahrt hat. Er ist von der Forschung wohl noch immer nicht voll ausgeschöpft. (Eine Fundgrube der Belehrung über die den Kaisergesetzen des Codex Theodosianus zugrundeliegenden Verhältnisse ist der 1583 erstmals erschienene Kommentar des Humanisten Jac. Godofredus zu diesem Gesetzbuch). Eine wertvolle Gesamtübersicht über den Aufbau des spätrömischen Staates am Anfang des 5. Jahrhunderts ist die *Notitia dignitatum*, eine Art Staatshandbuch, in dem die Zivilämter und die militärischen Kommandostellen mit den ihnen unterstellten Truppenteilen unter Angabe der Amtsinsignien und Abzeichen zusammengestellt sind (Ausgaben v. A. Böcking, 2 Bände, 1839–53, mit Kommentar, und von O. Seeck, 1876).

Wie im Bereich der Prinzipatszeit, so haben uns auch in dem der spätrömischen Geschichte die monumentalen Quellen viel neue Erkenntnisse gebracht und viel Bekanntes erst richtig verstehen gelehrt. Unter den Inschriften befinden sich Dokumente von großer Wichtigkeit, wie z. B. das Preisedikt Diokletians vom Jahre 301 n. Chr., in dem der (freilich erfolglose) Versuch unternommen worden ist, die Währungs- und Wirtschaftskrise, welche seit dem 3. Jahrhundert das Reich erschütterte, durch ein umfassendes System von Höchstpreisen zu beheben. (Ausgaben v. Th. M o m m s e n u. H. B l ü m n e r , Edictum Diocletiani de pretiis rerum venalium, 1893 u. v. S. L a u f f e r, 1971, mit den seither hinzugefundenen Fragmenten). Die ägyptischen Papyrusurkunden lehren uns die wirtschaftlichen und sozialen Verhältnisse und die Verwaltung wenigstens eines Teilgebiets des spätrömischen Reiches im Spiegel der Vorgänge des täglichen Lebens kennen.

In den Darstellungen des römischen Staatsrechts von M o m m s e n und S i b e r ist die Verfassung der späten Kaiserzeit überhaupt nicht oder nur in dürftigem Überblick behandelt. Doch ist ihr jetzt der V. Bd. von D e M a r t i n o s Storia della costituzione romana gewidmet, und in dem dreibändigen Werk des englischen Historikers A. H. M. J o n e s , The Later Roman Empire 286–602 (1964), besitzen wir eine sehr genaue, stets unmittelbar aus den Quellen geschöpfte Darstellung sowohl der gesellschaftlichen und ökonomischen Verhältnisse als auch der Staatsverwaltung unter dem Dominat. Neben ihr treten jetzt die älteren historischen Werke von O. S e e c k (Gesch. d. Untergangs d. antiken Welt, 6 Bde., Bd. I in 4., Bd. II–V in 2. Aufl. 1920–1) und E. S t e i n (Gesch. d. spätröm. Reichs, Bd. I 1928; Bd. II in franz. Sprache unter d. Titel Histoire du Bas-Empire II 1949; Neudruck d. ganzen Werks franz. 1968) zum mindesten für die Bedürfnisse des Rechtshistorikers in den Hintergrund. Als klassisches Beispiel älterer Geschichtsschreibung behält seine Bedeutung E. G i b b o n , The History of the Decline and Fall of the Roman Empire (erschienen 1776–88, zahlreiche Neuausgaben, auch deutsche Übersetzungen). Für eine Reihe wichtiger Einzelfragen des politischen, sozialen und wirtschaftlichen Lebens in der Periode des Übergangs und in der Spätzeit besitzen wir vorzügliche Monographien, von denen wenigstens einige genannt seien: Über die halbfreien, an die Scholle gebundenen ländlichen Pächter (*coloni*) M. R o s t o w z e w (= Rostovtzeff), Studien z. Geschichte d. röm. Kolonates (1910). Zwangsamt und Dienstverpflichtung im Interesse des Staates (*munus*, λειτουργία) behandelt für den Bereich der ägyptischen Papyri F. O e r t e l , Die Liturgie (1917). Umfangreiche Literatur gibt es zu der Steuerverfassung des spätrömischen Reichs: Die wichtigsten Werke findet man bei R o s t o v t z e f f , Gesellsch. und Wirtsch. II, S. 373, Anm. 5 Über Verwaltung und soziale Verhältnisse Ägyptens in spätrömischer Zeit s. die betr. Abschnitte von M i t t e i s - W i l c k e n , Grundzüge d. Papyruskunde (o. S. 172) und M. G e l z e r , Studien z. byzantin. Verwaltung Ägyptens (1909). Zum Feudalismus d. Spätzeit vgl. F. de Z u l u e t a, De patrociniis vicorum (Oxford Studies in Social and Legal History, 1919). Über die Ideologie des spätrömischen Kaisertums s. W. E n ß l i n , Gottkaiser und Kaiser v. Gottes Gnaden (Sitzungsberichte d. Bayerischen Akademie d. Wissensch., Philos.-hist. Abt. 1943, 6) und J. A. S t r a u b , Vom Herrscherideal in d. Spätantike (1939). Wie die für den Dominat charakteristischen äußeren Attribute des Herrschers, die man lange Zeit für eine direkte Entlehnung vom neupersischen Königtum des ausgehenden 3. Jh. n. Chr. hielt, in Wahrheit schon im Verlaufe der Prinzipatszeit allmählich aufgekommen sind, zeigen die beiden o. S. 172 f. angeführten Abhandlungen von A l f ö l d i. Über die Gründe der Krise im 3. Jh. n. Chr. handelt F. A l t h e i m , Niedergang d. Alten Welt. Eine Untersuchung der Ursachen (1952).

Grundlegend für die Geschichte der Gerichtsverfassung und des Rechtsgangs in spätrömischer Zeit ist noch immer der 3. Band des Werks von M. A. v. B e t h m a n n - H o l l w e g , D. röm. Civilprozeß (1866). Die wichtigsten unter den späteren Beiträgen zu diesem Gegenstand stammen von A. S t e i n w e n t e r. Sie sind verarbeitet und im einzelnen nachgewiesen in der ausgezeichneten Darstellung des spätrömischen Prozesses bei M. Kaser, D. röm. Zivilprozeßr. (s. o. S. 186) 410 ff. Neue Einsichten in Gestalt und Wesen des spätrömischen, insbesondere justinianischen Prozesses brachten die Arbeiten von U. Zilletti (Studi sull' processo civile giustinianeo, 1965, u. a.) und vor allem das eindringende, in Kasers Werk noch nicht berücksichtigte Buch von D. Simon, Unters. zum justinian. Zivilprozeß (1969). Über die bischöfliche Justiz s. zuletzt W. Selb, Ztschr. d. Sav.-Stift. 84 (1967) 162 ff. (mit Angabe der zahlreichen älteren Untersuchungen).

Zu § 10 *(Die Rechtsentwicklung der Spätzeit bis auf Justinian):*

Eine gründliche Darstellung der Quellengeschichte des 4. und 5. Jahrhunderts findet man jetzt in dem Werk von J. Gaudemet, La formation du droit séculier et du droit de l'Eglise aux IVe et Ve siècles (1957). Ferner enthält der 1959 erschienene II. Bd. von M. Kasers Röm. Privatr. in seiner Einleitung eine allgemeine Würdigung der nachklassischen Rechtsentwicklung mit reichen Literaturhinweisen. Auf beide Werke sei hiermit auch hinsichtlich der im folgenden berührten Einzelfragen ein für allemal hingewiesen. Einen Überblick über ‚Recht und Gesellschaft in der Spätantike' vermittelt das Urban-Buch 74 v. F. Wieacker.

Die Quellenverhältnisse für die Geschichte der nachklassischen Rechtswissenschaft sind bereits auf S. 131 ff. angedeutet. Das wenige, was wir aus der justinianischen Gesetzgebung und ihren griechischen Kommentaren (s. § 12 I), auch aus einigen außerjuristischen Quellen, wie den Briefen des syrischen Sophisten Libanius (314–393 n. Chr.), erfahren, bezieht sich auf die Rechtsschulen von Berytos und Konstantinopel. Im übrigen ist die Forschung auf die Erfassung und Einordnung des anonym oder unter klassischen Namen überlieferten nachklassischen Schrifttums angewiesen. Die Darstellung im Text versucht die Hauptresultate zu verwerten, welche die Forschung der letzten Jahrzehnte erbracht hat. Daß die meisten anonymen und pseudonymen Schriften, die uns vor allem aus weströmischer Überlieferung bekannt sind, der Spätzeit des 3. und dem frühen 4. Jh. angehören, hat man schon in den Jahren nach 1920 erkannt. Neueren Datums ist dagegen die Lehre, daß die große Masse der vorjustinianischen Verfälschungen in den Klassikerfragmenten der justinianischen Digesten ebenfalls aus dieser frühen Periode der nachklassischen Jurisprudenz stammen. Ihr erster entschiedener Vertreter war F. Schulz, Gesch. d. röm. Rechtswiss. 168, 199, 280 f.; sie wurde dann von F. Wieacker, Ztschr. d. Sav.-Stift, 67 (1950) 360 ff., und H. J. Wolff Seminar 7 (1949) 76 ff.; Festschrift F. Schulz II 145 ff. u. a. durch Einzeluntersuchungen unterbaut und weiterentwickelt. Zuletzt hat sie F. Wieacker in einer umfangreichen Abhandlung „Textstufen klassischer Juristen" (Abh. d. Göttinger Akad. d. Wiss., Philol.-hist. Kl., 3. Folge, Nr. 45, 1960) erneut überprüft und ausgebaut. Daß ihr eine gewisse Gefahr einseitiger Zuspitzung innewohnt, wird M. Kaser, Ztschr. d. Sav.-Stift. 69 (1952), 60 ff., zuzugeben sein. In der Hauptsache aber erscheint sie einleuchtend, auch wenn der Einzelnachweis notwendigerweise sehr fragmentarisch bleiben muß. Ein zweiter, überaus bedeutender Fortschritt im Bereich der nachklassischen Rechtsgeschichte ist, wie schon im Text angedeutet, die Erschließung des „Vulgarrechts" durch E. Levy. S. insbes. West Roman Vulgar Law, The Law of Property (Memoirs of the American Philosophical Society 29, 1951); Weström. Vulgarrecht, Das Obligationenrecht (Forschungen z. röm. R. 7, 1956). Eine eindringende und anregende Untersuchung über ‚Vulgarismus u. Klassizismus im Recht

d. Spätantike' hat, angeregt durch die Forschungen Levys, F. Wieacker in den Sitzungsber. d. Heidelberger Akad. d. Wiss. (1955, 3) veröffentlicht (knapper und gemeinverständlicher: Vom röm. Recht, 2. Aufl., 222 ff.).

Die o. S. 133 ff. erwähnten, außerhalb der justinianischen Gesetzgebung überlieferten Schriften findet man zusammen mit den Gaiusinstitutionen und anderen Resten der klassischen und nachklassischen Rechtsliteratur in folgenden Sammlungen: P. Krüger – Th. Mommsen – G. Studemund, Collectio librorum iuris anteiustiniani (3 Bände, Bd. I., Gaiusinstitutionen, Bd. II, 1878, Regulae Ulpiani, Pauli Sententiae, Bd. III, 1890, alles übrige). – E. Seckel – B. Kübler, Jurisprudentiae anteiustinianae reliquiae (Bd. I, Gaiusinstitutionen, Bd. II 1, 1911, Regulae Ulpiani u. Paulussentenzen, Bd. II 2, 1927, das übrige). Außerdem in den o. S. 172 genannten Sammlungen von Girard u. Riccobono-Baviera-Ferrini. Eine Sonderausgabe der Regulae Ulpiani mit kritisch-analytischem Kommentar ist F. Schulz, Die Epitome Ulpiani des Codex Vaticanus Reginae 1128 (Jurist. Texte f. Vorlesungen u. Übungen 3, 1926). 1945 erschien in USA eine genaue Analyse der Anfangstitel der Paulussentenzen von E. Levy, Pauli Sententiae, a Palingenesia of the Opening Titles as a Specimen of Research in West Roman Vulgar Law; sie weist die stufenweise Veränderung dieses nachklassischen Textes vom Ausgang des dritten bis zum fünften Jahrhundert nach. Das umfangreiche Schrifttum zur Collatio legum Mosaicarum et Romanarum, das sich vor allem mit Entstehungszeit und Zweck dieser Schrift befaßt, am vollständigsten bei F. Schulz, Gesch. d. röm. Rechtswiss. 394, Anm. 1. Die westgotische „Interpretatio z. d. Paulussentenzen" haben M. Kaser u. F. Schwarz 1956 gesondert herausgegeben.

Über die Rechtsschule von Berytos besitzen wir eine eingehende Monographie von P. Collinet, Histoire de l'école de Beyrouth (Etudes historiques sur le droit de Justinien II, 1925). Die Methoden der oströmischen Rechtsschulen erörtert und vergleicht mit der Arbeitsweise der mittelalterlichen Glossatoren (s. S. 162 f.) F. Pringsheim, Beryt u Bologna (Freiburger Festschr. f. O. Lenel. 1921, S. 204 ff.). Die länger bekannten Überreste der literarischen Arbeiten dieser Schulen, insbes. die sog. Sinaischolien, findet man b. Seckel-Kübler II 2 (s. o.). Über die seither neugefundenen Bruchstücke solcher Arbeiten s. F. Schulz, Gesch. d. röm. Rechtsw. 411 ff. Auch die Kommentarwerke des 6. Jh. zur justinianischen Gesetzgebung (s. S. 159 f.), vor allem der Codex-Kommentar des Thalelaios, enthalten Anführungen aus der Literatur der vorjustinianischen Rechtsschulen; diese Zeugnisse analysiert D. Simon, Ztschr. d. Sav.-Stift. 87 (1970), 315 ff. Das Syrisch-römische Rechtsbuch ist herausgegeben von C. G. Bruns u. E. Sachau (1880); später gefundene syrische Rezensionen b. Sachau, Syrische Rechtsbücher I (1907). Daß darin nur römisches Recht dargestellt ist, hat zuerst der Semitist C. A. Nallino, Studi in onore di P. Bonfante I (1930), 201 ff., erkannt. Vgl. jetzt die Abhandlung v. W. Selb, Z. Bedeutung d. Syr.-röm. Rechtsb. (1964), in der gezeigt wird, daß die Annahme, das Rechtsbuch enthalte auch griechische und orientalische Normen, auf sprachlichen und juristischen Mißverständnissen beruht.

Das ziemlich umfängliche, meist italienische Schrifttum der letzten Jahrzehnte zur spätrömischen Kaisergesetzgebung befaßt sich vorwiegend mit der Frage griechisch-orientalischer und namentlich christlicher Einflüsse. Genauere Angaben in den Literaturnachträgen zu Jörs-Kunkel-Wenger, Röm. Recht 397, zu § 31, Anm. 11. Dazu das dreibändige Werk von B. Biondi, Il diritto romano cristiano (1952–54) u. schließlich J. Gaudemet, L'Eglise dans l'empire rom. (1958) mit sehr behutsamen Ausführungen über die Einflüsse d. christl. Lehre auf das röm. Recht, 507 ff. Über die Codices Gregorianus und Hermogenianus s. vor allem G. Rotondi, Scritti giur. I 111 ff.; eine Zusammenstellung der außerhalb des Cod. Just. überlieferten Reste dieser Codices b. Krüger-Mommsen-Studemund, Collectio (s. o.) III; eine Palingenesie des C. Herm. einschließlich der von Justinian übernommenen Konstitutionen b. A. Cenderelli, Ricerche sul Cod. Herm. (1965). Die maßgebende Edition des Codex Theodosianus hat Th. Mommsen geschaffen: Theodosiani libri XVI, Bd. I (1905, Neudr. 1966); der II. Bd. v. P. M. Meyer enthält die posttheodosianischen Novellen. Unvollendet blieb die Ausgabe des C. Th. v. P. Krüger (Heft 1, 1923). Englische Übersetzung des C. Th. v. C. Pharr (1952). Über den Kommentar des Jac. Godofredus s. o. S. 191.

Die seit der Humanistenzeit unangefochtene Meinung, das Edictum Theoderici stamme vom Ostgotenkönig Theoderich d. Gr., ist durch die Untersuchungen von P. Rasi, Archivio giuridico 145 (1953) 105 ff., und G. Vismara, Cuadernos del Instituto Juridico Español, Roma, 5 (1956), 49 ff., als fragwürdig erwiesen worden. Die Vermutung, daß es unter dem westgotischen Herrscher Theoderich II. vom römischen *praef. praetorio Galliarum* Magnus erlassen worden ist, hat A. d'Ors, Estudios Visigoticos II, El Codigo de Eurico (1960) 8, aufgestellt (zustimmend E. Levy, Ztschr. d. Sav.-Stift. 79, 1962, 479 f.). In Estudios Visigoticos I (veröffentl. in dem o. genannten, Bd. der Cuadernos 91 ff.) verficht d'Ors die Theorie von der territorialen, d. h. nicht auf Römer oder Goten beschränkten Geltung aller westgotischen Rechtsaufzeichnungen (o. S. 143, Anm. 12). Das Edictum Theoderici, der Codex Euricianus und die Lex Romana Burgundionum findet man in der großen Quellensammlung zur Geschichte des deutschen Mittelalters, den Monumenta Germaniae (Abt. Leges, Bd. V, I. III) und b. Riccobono-Baviera, Fontes iuris Rom. II. Eine Neuedition des Cod. Eur. auf Grund neuer Lesung der Handschr. und eine eindringende Analyse dieses Rechtsbuches bietet d'Ors, Estudios Visigoticos II (s. o.); dazu die bereits zitierte Besprechung von Levy. Die Lex Romana Visigotorum muß in der alten Ausgabe v. G. Hänel (1849) benutzt werden (Neudruck 1962).

Zu § 11 *(Die justinianische Gesetzgebung)*

Aus der reichen Literatur über Justinian, seine Politik und sein Gesetzgebungswerk kann hier nur einiges genannt werden: Von allgemein historischen Darstellungen die umfängliche Monographie von Ch. Diehl, Justinien et la civilisation byzantine (1901), das nicht minder groß angelegte Werk von B. Rubin, D. Zeitalter Justinians (bisher nur Bd. 1, 1960) und die Gesch. d. byzantin. Staates von G. Ostrogorsky (3. Aufl. 1963); über Justinians Gesetzgebungswerk das besonders dessen christlichen Elementen zugewandte Buch von B. Biondi. Giustiniano primo principe e legislatore cattolico (1963), die in Ges. Abhandl. II (1961) 9 ff. zusammengestellten Aufsätze F. Pringsheims (D. archaistische Tendenz Justinians; D. Entstehungszeit d. Digestenplanes u. d. Rechtsschulen; The Character of Justinians Legislation; Justinians Prohibition of Commentaries to the Digest), G. G. Archis Abhandlungen Giustiniano uomo del suo tempo und La valutazione critica del Corpus iuris, beide in: Giustinanio legislatore (1970), die auf einer Fülle von Einzeluntersuchungen beruhende Arbeit von K.-H. Schindler, Justinians Haltung zur Klassik (1966) und die Würdigung des Gesetzgebungswerks bei F. Wieacker, Vom röm. Recht, 2. Aufl. 242 ff.

Wie schon aus der Darstellung o. S. 151 ff. ersichtlich, hat sich die Forschung über den Hergang der justinianischen Gesetzgebung vornehmlich mit der Entstehung der

Digesten befaßt. Die wichtigsten Arbeiten hierüber sind dort in den Anmerkungen genannt. Zu erwähnen bleibt noch als Zusammenfassung der älteren Untersuchungen das Buch von H. K r ü g e r , D. Herstellung d. Digesten (1922). – Grundlegende Studien über die Quellen des Codex Justinianus und über die Quinquaginta decisiones enthält der erste Band der Scritti giuridici von G. R o t o n d i (1922). – Die Quellenanalyse der Institutionen ist entscheidend gefördert worden von C. F e r r i n i (Opere giuridiche II, 1928, S. 307 ff.) – Über die Novellen Justinians: P. N o a i l l e s , Les collections de novelles (2 Bände, 1912–14). Charakter und Herkunft des Authenticum und der Epitome Juliani erörtert H. J. S c h e l t e m a , Tijdschr. voor Rechtsgeschiedenis 31 (1963) 275 ff. Ein Manuale Novellarum von N. V a n d e r W a l (1964) erschließt den sachlichen Gehalt der Novellen.

Die philologische Herstellung des heute maßgebenden Textes der justinianischen Kodifikation ist das Werk Th. M o m m s e n s und seiner Mitarbeiter. Für die Digesten ist grundlegend die „große Ausgabe" M o m m s e n s (Digesta Justiniani Augusti, 2 Bände, 1870; Neudr. 1962–63), für den Codex Justinianus die Ausgabe v. P. K r ü - g e r (1877). Auf ihnen beruhen die entsprechenden Teile der Gesamtausgabe des Corpus iuris civilis von M o m m s e n , K r ü g e r , S c h o e l l und K r o l l (Neudruck zuletzt 1962–63). Die Institutionen sind darin v. P. K r ü g e r bearbeitet (auch selbständige Ausgabe), die Novellen von S c h o e l l u. K r o l l. Gegenüber dieser Stereotypausgabe (die also in sämtlichen Auflagen denselben Text bietet) sind alle älteren Gesamtausgaben des Corpus iuris höchstens behelfsweise benutzbar. Eine Taschenausgabe der Digesten, die im wesentlichen auf Mommsens Text beruht, ist P. B o n - f a n t e - C. F a d d a - C. F e r r i n i - S. R i c c o b o n o - V. S c i a l o j a, Digesta Justiniani Augusti (2 Bände auf Dünndruckpapier, 1908–31).

Mommsens Digestenausgabe, eines seiner großen Meisterwerke, folgt den editorischen Methoden, die in der Philologie seiner Zeit als gültig angesehen wurden. Zu ihnen gehörte insbesondere der Grundsatz, daß man, wenn irgend möglich, den Archetypus der Überlieferung, d. h. diejenige Handschrift, von der alle jüngeren abstammen, entweder unter den noch vorhandenen ermitteln oder aus ihnen rekonstruieren müsse. Nun konnte Mommsen in der Tat nachweisen, daß die sehr zahlreichen Handschriften der Digesten, die im hohen und späteren Mittelalter in Italien entstanden sind (die sog. Vulgatüberlieferung), allesamt auf eine nicht mehr vorhandene Handschrift (den Codex S) zurückgehen, und daß diese ihrerseits von einer im 6. Jh. in Konstantinopel geschriebenen, heute in der Laurentianischen Bibliothek zu Florenz befindlichen Handschrift (der Florentina) abstammt. Er sah daher in der Florentina den Archetypus der gesamten Digestenüberlieferung und stützte seine Textherstellung durchaus auf sie, während er den Vulgathandschriften nur geringe Beachtung schenkte. Schon H. U. K a n t o r o w i c z , Ztschr. d. Sav.-Stift. 30 (1909), 183 ff., hat indessen gezeigt, daß der Schreiber des Codex S außer der Florentina noch eine andere, von ihr unabhängige Handschrift benutzt hat, die mitunter den richtigen Text bot. Inzwischen haben sich die philologischen Editionsmethoden nicht unerheblich gewandelt. Man rechnet in höherem Maße als früher mit einer Kontamination verschiedener Überlieferungsstränge und stellt darum die Ermittlung eines Archetypus nicht mehr so entschieden wie zu Mommsens Zeiten in den Mittelpunkt der editorischen Arbeit. Was sich bei der Anwendung moderner überlieferungskritischer Methoden auf den Digestentext über die Ergebnisse von Mommsen und Kantorowicz hinaus erreichen läßt, zeigt an einer Reihe von Beispielen die Abhandlung von J. M i q u é l , Ztschr. d. Sav.-Stift. 80 (1963), 233 ff. Zu den interessantesten Resultaten dieser Arbeit gehört die glaubhafte Hypothese, daß der justinianische Gesetzgeber auch nach der

Publikation der Digesten an deren Text noch gewisse Korrekturen vorgenommen hat, die in die bereits verbreiteten Handschriften nachgetragen wurden, die Florentina (bzw. ihre Vorlage) aber nicht mehr erreicht haben, während sie wiederum der Vulgatüberlieferung durch die zweite Vorlage des Codex S übermittelt worden sind.

Sowohl eine Darstellung der Probleme der Digestenüberlieferung (nach dem damaligen Stande) wie eine klare und faßliche Einführung in die Methoden der Interpolationenkritik gab 1916 F. Schulz, Einführung in d. Studium d. Digesten. Die von Schulz entwickelten und durch Beispiele erläuterten Grundsätze haben für die praktische Handhabung der Quellenkritik großenteils auch heute noch Gültigkeit, obwohl sich inzwischen die Anschauungen über die historischen Voraussetzungen und die dogmengeschichtliche Bedeutung der Interpolationenforschung erheblich gewandelt haben. Hierüber ist o. S. 153 ff. bereits das Wichtigste gesagt. Es bedarf nur noch einiger ergänzender Hinweise und Literaturangaben. Die Periode intensiver Interpolationenforschung begann in Deutschland in den achtziger Jahren des vorigen Jahrhunderts. 1887 veröffentlichte O. Gradenwitz bereits ein ganzes Buch über „Interpolationen in den Pandekten", das in erster Linie der Methode und den Kriterien der Echtheitskritik gewidmet ist. In Italien hatte I. Alibrandi (gest. 1894) schon in den voraufgehenden Jahrzehnten damit begonnen, die Echtheitskritik an der justinianischen Überlieferung als Instrument für die Wiedergewinnung des klassischen Rechts zu handhaben. Nachfolger fand er erst, als sich die Interpolationenkritik auch in Deutschland durchgesetzt hatte. Den Höhepunkt des interpolationenkritischen Radikalismus bezeichnen in Deutschland die Schriften von G. v. Beseler (Beitr. z. Kritik d. röm. Rechtsquellen I–IV, 1910–1920, und Aufsätze, zumeist in d. Ztschr. d. Savigny-Stiftung v. Bd. 43, 1922, an), in Italien die Arbeiten von E. Albertario (gesammelt in Studi di diritto romano, 6 Bde., 1933 ff.). In anderen Ländern, z. B. in Frankreich, hat man die Interpolationenforschung zumeist mit etwas größerer Zurückhaltung betrieben. In Italien vertrat S. Riccobono in zahlreichen Schriften eine konservativere Richtung der Echtheitskritik. In den Jahren nach 1910 begann man Verfälschungen, die man in den Klassikerfragmenten erkannte oder zu erkennen glaubte, wenn man in ihnen tiefergehende Veränderungen der juristischen Denkformen erblickte, auf ‚die Byzantiner', d. h. auf den vorjustinianischen Schulbetrieb zurückzuführen (vgl. z. B. J. Partschs Studien über die Lehre vom Scheingeschäft und über das Dogma des Synallagma in Ztschr. d. Sav.-Stift. 42, 1922, 227 ff. u. Aus nachgelassenen u. kleineren verstreuten Schr., 1931, 122 ff. u. 3 ff.; F. Pringsheim, Animus donandi, Ztschr. d. Sav.-Stift. 42, 273 ff.; W. Kunkel, Ztschr. d. Sav.-Stift. 45, 1925, 347 ff.). Literaturangaben zur neueren ‚Textstufenforschung', die solche Veränderungen vielmehr der frühnachklassischen Rechtswissenschaft vornehmlich des Westens zuschreibt, findet man o. S. 193. Ausführlich über die Grenzen der Interpolationenkritik' (so der Untertitel) handelt jetzt M. Kaser in dem Vortrag ‚Zur Glaubwürdigkeit d. röm. Rechtsquellen' (1968, Sonderdr. aus Atti del II. Congr. intern. della Soc. Italiana di Storia del Diritto); sein Standpunkt entspricht in weitem Maße dem des Verf., aber nicht z. B. in der Einschätzung der östlichen Rechtsschulen, denen er nach Ansicht des Verf. noch zuviel Produktivität zutraut, während er die Einwirkung der frühnachklassischen Schulwissenschaft vielleicht unterschätzt. In dieser Hinsicht steht der Verf. der Auffassung F. Wieackers näher, der jedoch insgesamt der Überlieferung der Klassikertexte mit sehr viel mehr Skepsis begegnet.

Die Interpolationenforschung hat sich eine Reihe wichtiger Hilfsmittel geschaffen. Der Übersicht über sämtliche, in zahllosen Büchern und Aufsätzen in ganz verschiedenen Zusammenhängen geäußerten Interpolationenbehauptungen dient der Index

Interpolationum quae in Justiniani Digestis inesse dicuntur, begründet von L. M i t t e i s u. herausgeg. von E. L e v y u. E. R a b e l (2 Bde. 1929–31 u. bisher 1 Supplementheft; vgl. schon S. 154, Anm. 23; dort auch über Fortführungspläne); dazu für den Codex G. B r o g g i n i , Ind. interp. quae in Justiniani Codice inesse dicuntur (1969, reicht bis zum J. 1935). Was hier für die Digesten und den Codex geleistet ist, will für die anderwärts überlieferten Juristenschriften bieten: E. V o l t e r r a, Indice delle glosse, delle interpolazioni e delle principali ricostruzioni segnalate dalla critica nelle fonti pregiustinianee occidentali (I–III in Rivista di storia del diritto italiano 8, 1935, u. 9, 1936). – Alle Worte und Wendungen, die man als typisch nachklassisch und darum als Kennzeichen der Unechtheit angesprochen hat, sammelte A. G u a r n e r i C i t a t i, Indice delle parole frasi e costrutti ritenuti indizio di interpolazione (Fondazione Castelli 4, 1927; Supplemente: Studi in onore di S. Riccobono I, 1934, 701 ff. und Festschrift P. Koschacker I, 1939, 117 ff.). – Die vollständige Erfassung sowohl der Sprache wie auch des sachlichen Gehalts der römischen Rechtsquellen ist möglich mit Hilfe eines Systems von Wörterbüchern und Indices, die grundsätzlich jeden Beleg, der sich in dem betreffenden Quellenkreis findet, verzeichnen. Das umfangreichste und wichtigste dieser Werke ist das Vocabularium Jurisprudentiae Romanae (VJR), das seit 1894 erscheint und zum größeren Teile vollendet ist; es umfaßt die Digesten und die Mehrzahl der außerhalb der justinianischen Gesetzgebung überlieferten Juristenschriften (soweit diese nämlich unter den Namen klassischer Autoren erhalten sind). Für den Codex Justinianus besitzen wir das Vocabularium Codicis Justiniani v. R. v. M a y r u. M. S a n N i c o l ò (2 Bände 1923 u. 25), für den Codex Theodosianus den Heidelberger Index z. Theod. v. O. G r a d e n w i t z (1925). Alle literarischen Rechtsquellen, die von diesen Werken nicht erfaßt sind, erschließt E. L e v y , Ergänzungsindex zu ius und leges (1930). Erschöpfende Wortindices besitzen wir schließlich auch zu den Gaiusinstitutionen (die aber auch im VJR berücksichtigt sind): Z a n z u c c h i, Vocabolario delle istituzioni di Gaio (o. J.), und zu den bei B r u n s , Fontes (7. Aufl.) gesammelten Quellen (in einem besonderen Bande dieses Werks). Für die außerjuristische Überlieferung wird man, soweit nicht, wie z. B. für Cicero, Spezialwörterbücher vorhanden sind, den Thesaurus linguae Latinae heranziehen, ein umfassendes Wörterbuch, das auf einer vollständigen Verzettelung des gesamten römischen Schrifttums (bis ins 4. Jh. n. Chr.) beruht; mehr als die Hälfte des Thesaurus ist bisher erschienen.

Während die bisher genannten Werke für die Zwecke der Forschung geschaffen sind, dient das Handwörterbuch z. d. Quellen des röm. Rechts von H e u m a n n , in 9. Aufl. bearbeitet v. E. S e c k e l (1907, Neudr. 1958), in erster Linie den Bedürfnissen der Studierenden; auch dieses Wörterbuch ist jedoch von hohem wissenschaftlichem Wert, es enthält insbesondere auch bedeutsame eigene Forschungsergebnisse Seckels. Ein ausgezeichnetes S a c h lexikon des römischen Rechts mit reichen Literaturangaben ist A. B e r g e r , Encyclopedic Dictionary of Roman Law (Transactions of the American Philos. Society, 1953).

Zu § 12 *(Anhang: Das Nachleben des römischen Rechts)*:

I. I m O r i e n t

Für die Geschichte des römischen Rechts im byzantinischen Bereich ist die beste Darstellung noch immer C. E. Z a c h a r i a e v. L i n g e n t h a l , Geschichte d. griechisch-römischen Rechts (3. Aufl. 1892, Neudr. 1955). Auf ihr beruht im wesentlichen auch noch die letzte ausführliche Zusammenfassung bei L. W e n g e r, D. Quellen d.

röm. R. (1958) 679 ff. Auf neuere Spezialliteratur zur byzantinischen Rechtsgeschichte kann hier ebensowenig eingegangen werden wie auf die Ausgaben byzantinischer Rechtsquellen mit Ausnahme der Basiliken. Diese müssen zu einem kleinen Teil immer noch in der für ihre Zeit sehr verdienstlichen, aber wie man heute weiß, keineswegs fehlerfreien Ausgabe von C. G. Heimbach benutzt werden (6 Bände, 1833–70, mit Scholien u. lateinischer Übersetzung aller Texte; dazu Supplemente v. Zachariae v. Lingenthal 1846, Ferrini u. Mercati 1897). Von der neuen Ausgabe der holländischen Romanisten Scheltema u. Van der Wal sind bisher 13 Bde (Text d. Bücher I–LII, Scholien zu Buch I–XLIII) erschienen (1953–68). Zur Kontroverse über die Existenz der Anonymus-Katene vgl. einerseits Scheltema, Tijdschr. voor Rechtsgeschiedenis 25 (1957), 286 ff., andererseits Pringsheim, Ztschr. d. Sav.-Stift. 80 (1963), 286 ff. Das im Text ausgesprochene Urteil über die Leistungen der byzantinischen Juristen stützt sich auf die eindringenden Analysen von D. Simon, Unters. z. justinian. Zivilproz. (1969, bes. S. 363 ff.); Ztschr. d. Sav.-Stift. 86 (1969), 334 ff. u. 87 (1970), 315 ff. Zu einem nicht sehr viel günstigeren Ergebnis war schon D. Nörr bei seinen Studien über d. Fahrlässigkeit im byz. Vertragsrecht (1960, bes. S. 110 ff.) gekommen.

II. Im Westen

Hierfür können im Anschluß an die knappen Andeutungen des Textes nur einige wenige Literaturhinweise gegeben werden. Zum ganzen Abschnitt vgl. das großangelegte, lebendig geschriebene und an grundlegenden Einsichten reiche Buch von P. Koschaker, Europa und das römische Recht (1947, 4. unveränd. Aufl. 1966) und die durch umfassende Weite des Gesichtskreises und geistvolle Deutung der Entwicklungszusammenhänge hervorragende Darstellung der ‚Privatrechtsgeschichte der Neuzeit' von F. Wieacker (1952, 2. Aufl. 1967). Speziell für die Geschichte des römischen Rechts im Mittelalter ist noch immer nicht in vollem Umfang ersetzt, wenngleich weithin überholt das große Werk von F. C. v. Savigny, Gesch. d. röm. R. im Mittelalter (7 Bde in 2. Aufl. 1850–51). Die internationale Gemeinschaftsarbeit, die unter dem Titel Jus Romanum Medii Aevi die hier bestehende Lücke schließen soll, wird hoffentlich nach dem Tode ihres bisherigen wissenschaftlichen Leiters E. Genzmer weitergeführt werden; ein beträchtlicher Teil der Beiträge liegt bereits vor (darunter F. Wieacker, Allg. Zustände u. Rechtszustände gegen Ende d. weström. Reichs, 1963, u. H. Coing, Röm. Recht in Deutschland, 1964); es fehlt aber insbesondere noch das Kernstück, die Behandlung der italienischen Rechtswissenschaft des Mittelalters. Ein weiteres Werk, das Quellen und Literatur der europäischen Rechtsgeschichte von den Glossatoren bis an die Schwelle der Gegenwart erfassen soll, entsteht unter der Leitung v. H. Coing im Max-Planck-Institut f. Europäische Rechtsgesch.; monographische Vorarbeiten dazu erscheinen in der Publikationsreihe dieses Instituts ‚Ius commune' (bish. 3 Bde), während die Abhandlungsreihe ‚Forschungen z. neueren Privatrechtsgesch.' in der Hauptsache Beiträge zur inneren Rechtsgeschichte, d. h. zur Dogmengeschichte des Privatrechts enthält.

Eine ausgezeichnete Einführung in Arbeit u. Methode der Glossatoren findet man bei E. Genzmer, Die justinian. Kodifikation u. d. Glossatoren (in Atti del Congresso intern. di diritto romano, Bologna 1933, I 347 ff.). Von den Postglossatoren und ihrer geschichtlichen Leistung handelt das umfangreiche Buch v. W. Engelmann, Die Wiedergeburt der Rechtskultur in Italien durch d. wissenschaftl. Lehre (1938); zur Ergänzung muß man daneben die Ausführungen E. Genzmers, Ztschr. d. Sav.-

Stift. 61 (1941), 276 ff., heranziehen, da Engelmanns Werk bei allen großen Verdiensten nicht frei von Fehlurteilen ist. – Seit etwa drei Menschenaltern ist die Rezeption des römischen Rechts immer wieder Gegenstand eindringender Untersuchungen gewesen, die bald das Ganze dieses geschichtlichen Vorgangs, bald einzelne sachliche und räumliche Teilgebiete zum Gegenstand hatten. Die beste Gesamtdarstellung enthält jetzt das o. genannte Buch von Wieacker. Einen wichtigen Beitrag zur Frühgeschichte der Rezeption liefert das 1962 erschienene Buch von W. Trusen, Anfänge d. gelehrten Rechts in Deutschland. – Die humanistische Rechtswissenschaft wartet noch auf ihren Geschichtsschreiber; es gibt nur monographische Arbeiten sehr verschiedenen Wertes über einzelne humanistische Juristen. Eine Würdigung der humanistischen Jurisprudenz vom Standpunkt der deutschen Wissenschaftsgeschichte findet man bei R. v. Stintzing, Geschichte d. deutschen Rechtswissenschaft I (1880). Dieses Werk und seine noch wertvollere Fortsetzung von E. Landsberg ist noch immer unentbehrlich, wenn man die Entwicklung der römischrechtlichen Wissenschaft in Deutschland bis ans Ende des 19. Jahrhunderts in ihren Einzelheiten verfolgen will. Unter den von Erik Wolf, Große Rechtsdenker (4. Aufl., 1963) mit bewundernswerter Kunst aus den geistesgeschichtlichen Hintergründen herausgearbeiteten Porträts deutscher Juristen ist die Wissenschaft vom römischen Recht durch Zasius, Savigny, Jhering und Windscheid vertreten. Savigny, Windscheid und Jhering sind in ihrer persönlichen Eigenart und ihrer geschichtlichen Bedeutung vorzüglich gewürdigt v. F. Wieacker, Gründer u. Bewahrer (1959) 107 ff. Über Th. Mommsen besitzen wir das hervorragende Werk von A. Heuß, Th. M. u. d. 19. Jh. (1956); von der großen Mommsen-Biographie von L. Wickert sind bisher 3 Bde. erschienen (1959–1969). Zahlreiche Einzelbeiträge von Rechtshistorikern aller europäischen Länder über das Fortleben und die geschichtliche Mission des römischen Rechts enthält schließlich die unter dem Namen L'Europa e il diritto romano erschienene Gedächtnisschrift für Paul Koschaker (2 Bde. 1954).

REGISTER